21世紀の道徳

学問、功利主義、ジェンダー、幸福を考える

ベンジャミン・クリッツァー

晶文社

ブックデザイン　鈴木成一デザイン室

まえがき

『21世紀の道徳』という書名の通り、この本は道徳についての本であるし、倫理学や哲学に関する本でもある。

哲学というと、世間の常識や一般的な考え方とはかけ離れた、画期的な議論や突拍子のない主張をするものだと思っている人が多いだろう。

この本のなかでも、様々なかたちで「常識はずれ」な主張が展開されている。具体例を挙げてみよう。

- わたしたちは、牛や鶏などの家畜に対して、人間に対するのと同じくらいの配慮をするべきである。
- 道徳や社会問題について深く考察するときには、「人権」という発想は障害になるから用いないほうがいい。
- 寄付をしたり援助をしたりするなら、自国の人ではなく、外国の貧困層を対象にするべきだ。

- 男性が女性よりもコミュニケーションがヘタクソであるのは、男性は生まれつき女性に比べて共感能力が欠けている傾向があるからだ。
- 共感は道徳的な判断を導きだすとは限らず、非道徳的な判断につながることも多い。
- 金銭や社会的地位などに対する欲求を満たそうとしないほうが、幸福になれる。
- 現代の人類のＩＱは過去に比べて飛躍的に上昇しており、そのことは、世界から暴力を減らして平和を拡大することにつながっている。

それと同時に、この本では、「常識通り」であり普通の人々にとっては当たり前のことにしか思われないような主張が、わざわざ力説されている。

- ある問題について対策を考えたいなら、その問題が起こる原因について正確に理解しなければならない。
- 大学で文学や哲学などが教えられることには、社会にとってなにかしらの意味がある。
- 五人がトロッコに轢き殺されることよりかは、一人がトロッコに轢き殺されることのほうがまだマシだ。
- 大多数の人は「恋人と結婚したい」という願望を自然に抱いている。
- なにかの目標を定めてがんばっているひとのほうが、そうでない人よりも幸福になりやすい。

● 仕事をするなら、やりがいがあるにこしたことはない。

この本のなかでは、常識はずれな主張も、常識通りの主張も、おおむね同じような考え方から導きだされている。それは、なんらかの事実についてのできるだけ正しい知識に基づきながら、ものごとの意味や価値について論理的に思考することだ。これこそが、わたしにとっての「哲学的思考」である。いまも昔も、多くの哲学者はこのような思考を目指して、実践してきた（そうでない哲学者もちらほらいるようだけれど）。そして、事実についての正確な知識と論理的な思考は、常識通りでつまらない答えにたどりつくこともあれば、わたしたちの常識を問い直す意外な回答を導きだすこともあるのだ。

つまり、哲学的思考はときに突飛に思えるような主張を生み出すこともあるが、「突飛な主張をすること」自体は哲学の目的ではない。それは、あるトピックやテーマについて予断を入れずに真剣に考えたときにたまに生じる可能性のある、副産物のようなものだ。重要なのは、主張が突飛であるかどうかでなく、その主張が正しいかどうかである。

もうひとつ指摘しておこう。哲学といえば、「答えの出ない問いに悩みつづけることだ」と言われることもある。だけれど、わたしはそうは思わない。悩みつづけることなんて学問ではないし、答えを出せない思考なんて意味がない。なんだかんだ言っても、哲学的思考とは、わたしたちを悩ませる物事についてなんらかのかたちで**正解**を出すことのできる考え方なのだ。

＊

この本の第1部では、自然科学の知見と倫理学を結び付ける「ダーウィン左翼」論を紹介したり、「人文学は何の役に立つのか？」という問いに答えたりすることで、「学問とはどうあるべきか」というテーマについてわたしなりの見解が示される。また、「動物に対する差別」という問題を取り上げて考えることで、哲学的な思考方法とはどのようなものであるかを具体的に実演してみせよう。

読者のみなさまには、この第1部の論考を通じて、哲学や思想とは**地に足のついたもの**であるべきだということを納得していただければ幸いだ。「人間と動物は平等な道徳的配慮に値する」というラディカルな主張ですら、科学的知見に対する穏当なスタンスとごく素朴な論理的思考から導き出すことができるのだから。

第2部では、「最大多数の最大幸福」を追求する「功利主義」の考え方を、様々な切り口から紹介してみせる。

功利主義の評判は世間では芳しくなく、倫理学の教科書などでも、他の主義主張と対比してそれらの長所を強調するための「噛ませ犬」のような、ぞんざいな扱い方をされることが多々ある。また、多数派のためには少数派を犠牲にすることを許容しかねない考え方であるために、政治や社会を腐敗させる悪魔的な思想として糾弾されることも多い。

しかし、それらの批判にもかかわらず、功利主義は魅力的だ。功利主義とは、ほかのタイプの倫理学的な考え方よりもはるかに論理的で、厄介な問題に対しても正解を導きだすことのできる、明快な考え方である。また、わたしたちの常識を揺さぶって目を覚まさせて、外国の人々や動物たちに対してわたしたちが負っている道徳的義務を突きつけてくる思想でもあるのだ。

ひとたび倫理学の教科書を本棚に閉まって海外の事情を調べてみれば、功利主義が動物の権利運動の火付け役となったり「効果的な利他主義」運動を導いたりすることで、ほかのどんな考え方よりも世界に対して**ポジティブな影響を実際に生じさせている**ことが理解できるだろう。現代における功利主義の代表的な論客でありこの本でもたびたび取り上げられることになるピーター・シンガーが「最も影響力のある現代の哲学者」と呼ばれていることは、伊達じゃないのだ。

第3部はジェンダー論だ。この部における論考は、「男性と女性との間には思考様式や興味の傾向に生物学的な差が存在している」「性に関して人間が抱く様々な欲求は、社会によって押し付けられるものではなく、生まれつき身に備わっているものである」などなど、性に関する「**生物学的**」な側面を重視した事実認識に基づいている。したがって、性に関する「社会的」な要素を重視する、主流派のジェンダー論者やフェミニストたちが主張しているものとはおよそ真逆の議論が展開されることになる。おそらく、この本のなかでももっとも読者たちの意見が分かれて、議論を招いたり批判を浴びせられたりすることになるパートだろう。

フェミニズムに対するわたしのスタンスを簡潔に記すと、以下のようになる。まず、「男性と女性（や性的少数者）は平等な道徳的配慮に値する」「性別や性的志向・性自認などを理由にした差別は不当であり、認められるべきでない」といった規範的な命題や主張については、わたしもフェミニストたちに同意する。入試や就職におけるアファーマティブ・アクション、議員数や企業の役員数におけるクォータ制の導入、公的な空間で性的な画像やイラストを掲示することの制限など、問題を解決するための具体的な対策についても、おおむね賛同している。

しかし、問題が起こる原因に関する彼女たちの**分析**には疑問を抱くところが多い。それ以上に、彼女たちの分析に対して当たり前に生じるはずの疑問や批判がまともな議論の対象ともならずに、糾弾されるか黙殺されるかで済まされがちな風潮に懸念を抱いている。ひと昔前ならともかく、近年は数多くの雑誌や番組でフェミニズムが特集される時代となっており、言論や学問の世界でもフェミニストはもはや少数派ではなくなっている。だからこそ、ほかのすべての議論と同じように、彼女たちがおこなっている議論もそろそろ批判の俎上に載せられるべきだ。

このパートでわたしが展開している議論には粗雑なところも多いかもしれないが、それはそれとして、ジェンダーをめぐる近年の風潮に一石を投じられるくらいには内容のある主張を展開したつもりである。

第4部は幸福論となる。このパートではストア哲学やアリストテレスなどの古代ギリシャの哲学者たちの思想を、現代の研究者たちによる解説を頼りにしながら紹介していこう。また、巷の様々な思想家たちが「仕事」というトピックについて語ってきたことについても触れられる。

ただし、第4部では、他の部よりもさらに心理学や生物学の知見が強調されることになる。この部に収めた論考でも繰り返されるように、大切なのは昔の哲学者がどんなことを語ったかではなく、彼らが語ったことが正しかったのかどうかであるからだ。

幸福や仕事についてわたしが論じる主張はおよそ「常識通り」のものである。したがって、健常な価値観をしている人や、夢や目標に向かって人生を前向きに歩んでいる人にとっては、この部の論考は当たり前のことばかりが書かれているようでつまらなく思えるかもしれない。しかし、世の中には、ひねくれてねじ曲がった価値観を持っている人や、後ろ向きで無気力な人生を過ごしている人も多々いる。そして、現代の日本における思想や言論は、彼らを鼓舞して立ち上がらせるのではなく、彼らを甘やかして無為な人生に留まらせようとするもののほうが多い。

わたしが観察したところ、言論に関する二つの潮流が、この傾向の原因となっている。ひとつは、現代社会におけるなにもかもを「資本主義」や「新自由主義」などと結びつけて、高尚な文化に触れたときの感動や仕事における充実感や家庭を築くことへの願望などについて「それらの感覚や願望は資本主義や権力が経済や社会を都合よく運営するために人々に植えつけたものであり、イデオロギーの産物であるため、本質的にはなんの価値もない」という風に断定して切り捨てるタイプの主張が流行っていること。もうひとつは、「自己責任論」を否定して、人々が抱えているありとあらゆる苦悩をすべて政治や権力構造などに結びつけて、個人レベルに思える問題であっても社会レベルの対処が必要である、と力説するタイプの主張が流行っていることだ。前者はニヒリストの批評家がヘラヘラしながら語りがちな主張であり、後者は情熱的な社会運動家たちが真剣に唱えている主張である。

どちらの議論にせよ、まったくの間違いというわけでもないかもしれない。しかし、彼や彼女の議論は往々にして**極端**だ。この二つの議論を真に受けた若者たちは、「すべての幸福や価値はつくりごとなのだから自分ががんばってそれらを獲得しようとすることには意味がなく、自分に降りかかってくる問題はすべて社会や政治のせいだから自分自身で対処しようとしてもなにも解決できない」と思いこむことになる。問題なのは、このような無力感や他責的な考え方は、それを内面化した本人の人生を不幸な方向へと導くということだ。

実際のところ、大多数の人から価値のあると思われている物事にはほんとうに価値があるし、自分の人生に責任を負えるのは自分しかいない。第4部に収めた論考は、昨今の風潮に対する「解毒剤」を提示する意図で執筆した。無責任な思想に影響されて間違った人生を歩み出そうとしている若者たち（や中年たち）に考え直すきっかけを与えるものとなれば幸いだ。

最終章では、第1部から第4部までに論じてきた内容をふりかえながら、「道徳的に考えること」というトピックについて考察する。「理性」と「感情」の対立、進化の歴史がわたしたちに課した生物学的な制限にどのように向き合うか、間違いのない道徳的判断とはどのようなものであるか、といったテーマはこの本の各章に通底している。最終章では、これらのテーマについて、ひとまずの結論を下してみせよう。

＊

本文を読みすすめた読者はすぐに気がつくと思うが、この本は引用がやたらと多い。また、論文はほとんど参照されないし、哲学の本であるくせに古代や近代の哲学者たちの文章が引用されることも少ない。その代わりに、現代の哲学者たちの著書は多数登場する（彼ら自身の主張が展開されている著書もあれば、過去の哲学者の主張について現代の研究者が解説している著書も参照している）。また、心理学者を中心に、生物学者や社会学者などが執筆したポピュラー・サイエンスの本も様々に登場する。

したがって、この本の内容はまったくアカデミックなものにはなっていない。専門的な意味での「正確さ」や「客観性」にも、おそらく欠けているだろう。その代わりにわたしが追及したのは「**おもしろさ**」である。

倫理学の考え方とは実におもしろいものであるが、大半の倫理学者たちはそのおもしろさを伝えるのがヘタクソだ。また、ポピュラー・サイエンスの本は専門家からは馬鹿にされがちであるが、ポピュラー・サイエンスの名著では、科学的な知見や研究結果を紹介するに留まらず、並の哲学者たちのそれよりもずっと有意義で興味深い世界観や思考方法が提示されている。

倫理学のおもしろさ、そして心理学をはじめとする他の様々な学問のおもしろさをひとりでも多くの読者に伝えることが、この本の最大の目的である。だから、もし引用部分を読んで「おもしろい」と思った本があれば、ぜひ本屋で買ったり図書館で借りたりして実物を手に取ってみてほしい。

21世紀の道徳＊目次

第2部 功利主義

第1部 現代における学問的知見のあり方

第1章
リベラルだからこそ「進化論」から目を逸らしてはいけない

1999年に出版された『A Darwinian Left』は、英語版の原著が70ページ、2003年に出版された邦訳版の『現実的な左翼に進化する』でも本文が100ページほどしかない、薄くて小さな書物だ。出版当時はともかく、それから20年経った現代では、あまり振り返られることがないような本である。

しかし、この本で提唱されている「ダーウィニアン・レフト」という考え方は、いまなお現代に通用するものだ。

『現実的な左翼に進化する』の著者は、オーストラリア出身の倫理学者であるピーター・シンガー。功利主義の理論に基づいて、動物に対する道徳的配慮の必要性や重度障害を負った新生児の安楽死の容認など、様々な主張を展開しており、たびたび論争を呼んできた。また、最近では、ビル・ゲイツやウォーレン・バフェットなどの世界の大富豪が実践している「効果的な利他主義」の提唱者としても有名になっている人物である。

あまり知られていないことであるが、シンガーはヘーゲルやマルクスといったドイツの哲学者たちについての入門書も著している。[*1] そして、『現実的な左翼に進化する』でも、冒頭からマルクスが取り上げられているのだ。……ただし、否定的にではあるが。

左派に新しい息吹を与える考え方

『現実的な左翼に進化する』の「はじめに」では、19世紀の無政府主義者であるミハイル・バクーニンの著書に対して共産主義者であるカール・マルクスが付したコメントについて、論じられている。

バクーニンは、共産主義体制は「少数の特権階級による多数の人民の支配」になるだろうと予言して、「……彼らは人民の代表ではなく自分たち自身の代表となる。人民を支配するという自らの要求の代表となるのだ。こういったことに疑いをさしはさむ者は、人間の本性についてまるでわかっていないと言えるだろう」と論じた（シンガー、10頁）。マルクスは、バクーニンのこの主張を「権威についての悪夢」だと断じて、取り合おうとしなかった。……しかし、その後に共産主義が辿った歴史を見てみれば、バクーニンの予言はまさに的中していたといえる。

バクーニンの指摘通り、マルクスは人間の本性についてまるでわかっていなかったのかもしれない。シンガーは、「フォイエルバッハに関するテーゼ」からマルクスの人間観の核心となる文章を引用している。

……人間の本性というものは、それぞれの個人に固有の抽象的な観念や作用ではない。実際には社会的諸関係の総和なのである。（シンガー、11頁）

そして、シンガーはこう論じるのだ。

この信念からすれば、もしあなたが「社会的諸関係の総和」を全面的に変えることさえできれば、人間の本性もまるで違うものに変えられるだろう。この主張はマルクス主義の根幹をなすものであり、小文字のmで始まるマルキスト（広い意味でのマルキスト）の考え方の基本である。結果としてこれは左派の思想の全体に大きな影響を及ぼしている。（シンガー、11頁）

＊1—ピーター・シンガー『マルクス（オックスフォード大学PMシリーズ）』重田晃一訳、雄松堂出版、1989年。
ピーター・シンガー『ヘーゲル入門——精神の冒険』島崎隆訳、青木書店、1995年。

実際には、「人間の本性」とは「社会的関係の総和」だけではない。それぞれの人間がどんな思考や欲求を抱いてどんな行動をするかということは、社会的なものとは別の要素にも影響されている。それは、進化の歴史によってどんな人間にも生まれつき身に付けさせられることになった、生物学的な側面だ。

……私はここで、左派に新しい息吹を与える新しい考え方を生み出すための、ある方法を示したい。それは、人間の社会的、政治的、経済的活動に対して、人間の本性についての現代的な理解をもとに、アプローチすることだ。今や左派は、我々は進化によって出来てきた動物であること、それは解剖学的なものやDNAだけが関係するのでなく、行動についてもまた然りなのだということを真剣に捉えるときにある。ダーウィン主義的左派（ダーウィニアン・レフト）が生まれるべきときが来ているのだ。（シンガー、13-14頁）

虐げられ搾取されている人々の苦しみを和らげる

『現実的な左翼に進化する』の核となる主張は、以下のようなものだ。

まず、「左派の本質」とは、「弱者や貧者、虐げられ搾取されている人々、あるいは単に低いレヴェルの生活でさえ維持できない人々」（17頁）の痛みや苦しみを和らげるために、彼らに苦痛をもたらす状況を改善することを目標とすることにある。しかし、マルクス主義にすがりついたままでは、その目標を達成することはできない。マルクスは人間の本性について誤った理解をしていたために、人々に苦痛をもたらす状況の原因についても誤った分析をしてしまった。そして、原因についての分析が誤っているために、原因に対処して目標を達成するための手段も誤ったものしか考えつかなかった。だから、マルクス主義は失敗した。

左派の目標を正しく達成するためには正しい手段を考える必要があり、正しい手段を考えるためには問題の原因について正しく理解しなければならない。そして、人間の社会に存在する問題の原因を理解するためには、人間の本性についての正しい理解も不可欠だ。だからこそ、左派はマルクスからダーウィンに鞍替えしなければならないのである。

あえて指摘しておくと、「弱者の苦痛を和らげること」を左派の本質とする考え方は、必ずしも広く共有されたものではない。この主張には、「最大多数の最大幸福」や「すべての人の利益への平等な配慮」を目標とする、シンガー流の功利主義の思想が強く反映されている。

左派のなかには、目標を達成すること自体は最重要ではなく、不正義を認めないという態度を明らかにすることや、権力に対する抵抗をおこない続けることのほうが重要だ、と考えている人もいるだろう。また、シンガー自身も留意しているように、苦痛を軽減することよりも平等な社会を実現することのほうが重要である、と考える左派も多いはずだ。……とはいえ、「目標を達成するための正しい手段を考えるうえでは、原因についての正しい理解が必要だ」

という主張そのものは、文句の付けようもない正論である。

そして、『現実的な左翼に進化する』の出版から20年経ったいまとなっては、統計や資料を駆使して原因についての正確な理解を得たうえで、最適な対策を打ち出すことを重要視する「データ主義」は、一部の左派のあいだではトレンドとなっている。

たとえば公衆衛生学者のハンス・ロスリングの著書『FACTFULNESS――10の思い込みを乗り越え、データを基に世界を正しく見る習慣』は、その題名からして「正確さ」を重要視していることが明らかだ。進化心理学者のスティーブン・ピンカーも『暴力の人類史』や『21世紀の啓蒙――理性、科学、ヒューマニズム、進歩』などでデータと科学的事実に立脚した思考の重要性を説いている。資本主義や帝国主義を警戒する左派のなかには、グローバリズムや西洋的な啓蒙主義のメリットを強調するロスリングやピンカーの議論を忌み嫌う人も多い。しかし、彼らが「保守」ではなく「リベラル」に分類されることはまず間違いない。そして、世界中の弱者たちの苦痛をできるだけ和らげることを目標に据えて、その目標を達成するために現実を見据えた問題分析と提案をおこなっているという点では、ロスリングもピンカーも、シンガーが言うところの「左派の本質」に適っているのである。

「人間の本性には生物学的な側面がある」という考え方は、多くの知識人たちや学問分野のあいだでは、もはや当たり前のものとして定着している。現在では、心理学や哲学はもちろんのこと、経済学や政治学などでも、ダーウィニズムに基づいた議論が様々に展開されるようになっているのだ。

左派のダーウィン嫌い

その一方で、多くの左派のあいだでは、ダーウィニズムはいまだに受け入れられていない。それどころか、ダーウィニズムに基づいた議論は嫌悪や拒絶の対象となりつづけている側面もあるのだ。

『現実的な左翼に進化する』では、「左派のダーウィン嫌い」という現象についても論じられている。

まず明確であるのが、ダーウィニズムは右派に好まれて利用されてきた、という歴史的経緯だ。たとえば、アンドリュー・カーネギーやロックフェラー2世といった資産家たちは、放任的資本主義を正当化する根拠として「適者生存」の原理を持ち出していた。また、「有害」な遺伝子の拡散を予防するという名目で、福祉や医療費を削減して弱者を切り捨てる優生学的な社会政策が主張されてきたという歴史もある。「これまでダーウィニズムを強調してきた連中は自分たちとは正反対の主張ばっかりしてきたのだから、ダーウィニズムに基づいた左派なんてあり得るわけがない」という懸念を左派が抱くことには、もっともなところもあるのだ。

このような懸念に対するシンガーの回答は、過去の右派たちは進化の歴史という事実から「社会はこうあるべきだ」という規範を導いていたが、「〜である」から「〜すべきだ」を導くことはそもそも「自然主義的誤謬」と呼ばれる誤った論法であった、というものである。これをふまえたうえでダーウィニアン・レフトが守るべき心構えのひとつが、「『そういうのが本性である』から『それが正しい』へと決して推論しないこと」（シンガー、102頁）とされる。

ダーウィニアン・レフトの目標である「弱者の苦痛を和らげる」もひとつの規範ではあるが、この規範は人間の本性に関する事実とは別のところから導き出されたものである。事実が重要になってくるのは、この目標を達成するための手段を考える段階になってからだ。つまり、ダーウィニズムから規範を導き出そうとした放任資本主義者や優生主義者とは主張の順路が異なるのであり、ダーウィニアン・レフトは自然主義的誤謬を犯しているわけではないのだ。

ブルジョア社会の産物か？

左派がダーウィニズムを嫌うもうひとつの理由が、「人がどうあるかを決めているのは意識ではない。その逆であり、社会的な存在が意識を規定するのだ。」（シンガー、41頁）というマルクスの主張に代表されるような、「人間の本性は変わりうる」という信念である。

左派のあいだには、空想的ですらある理想主義を奉じる傾向が存在する。彼らの多くは、人々が自発的に協力をおこなって、争いが発生することなくみんなが自由で平和に生きていける、完全無欠な世の中を目指してきた。……もし、人々の仲が悪くなったり、裏切りやズルをおこなう人があらわれたり、抑圧や争いが発生したりする背景には生物学的な原因が存在するとしたら、社会や文化をどれだけ発展させたところで世の中が完全に理想的なものになることはないだろう。だからこそ、一部の左派は「悪い事態が起こっている原因はすべて社会や文化に起因する」と断定して、ダーウィニズムを否定しつづけてきたのだ。そうすれば、「理想的で完全な世の中がいつか到来するかもしれない」という夢を見つづけることができるためである。

マルクスとエンゲルスはダーウィニズムに対する関心を大いに持っていたが、結局は、自分たちの理論にとって都合の良いところだけをつまみ食いするかたちでしか取り入れなかった。彼らはダーウィンの理論をブルジョア社会の産物であるとみなして、全面的に受け入れることは拒否したのだ。……そして、ソ連のルイセンコのような科学者は、ダーウィニズムのブルジョア性を非難しつつ、それよりもずっとイデオロギーまみれな科学理論を展開したのである。

１９７０年代におこなわれた社会生物学論争でも、リチャード・ルウォンティンやスティーブン・グールドのような左派寄りの学者たちは、人間の行動や社会について進化論に基づいて考えようとしたエドワード・ウィルソンやリチャード・ドーキンスの主張をイデオロギー的なものだとして批判した。現代でも、ロスリングやピンカーの主張を否定しようとする人たちは、彼らの主張の「隠れた前提」を暴こうとしたり、ポジション・トークであると非難したりすることに熱心だ。

「一見すると中立で客観的な科学的知見であっても、その知見が主張される背景には、政治的な意図や差別的な思想が存在する」といった批判が的を射ている場合もあるだろう。しかし、左派の人たちは「社会が意識を決定する」というマルクス主義的な考え方や、「完全無欠な世の中」という自分たちの理想にとって都合の悪い知見から目を逸らすために、そのような知見を唱えている人たちの議論からことさらに悪意を発見して「悪い連中の言うことだから耳を傾けなくていいのだ」と自分たちを納得させている、としか考えられないような事例も多い。

ピンカーの著書『人間の本性を考える――心は「空白の石版」か』では、ジョン・ロックやトマス・ホッブズ、ジャン=ジャック・ルソーなどの17世紀や18世紀の哲学者たちの議論にまで遡りながら、「人間の特徴や傾向には生まれつき先天的に備わったものがある」という主張と「人間の特徴や傾向はすべて社会や文化の影響で後天的に備わったものである」という主張が対立してきた論争の歴史が描かれている。そして、この本のなかでピンカーが示しているのは、前者ではなく後者の主張のほうがイデオロギーに強く影響されてきたという事実である。

人間の生物学的な特徴という「不都合な真実」を無視することで、左派はいつまで経っても理想主義的な人間観を抱きつづけて、完全な社会を夢見ることができる。しかし、現実の世界において事態を改善することを目標とするのならば、夢から目覚めて事実を直視しなければならないのだ。

利他行動や協力についての進化論的見方

『現実的な左翼に進化する』の後半では、人間が行う競争や私利私欲の追求、地位への執着、そして互恵的な利他行動や協力などについての進化論的な見方が具体的に取り上げられている。シンガーがそのような議論をおこなっているのは、ネガティブな結果をもたらす行動を抑制するにせよポジティブな結果をもたらす行動を促進するにせよ、それらの行動の背景にある原因を正しく理解できなければ適切な施策を実施することはできない、という問題意識に基づいてのことだ。

これらの具体的な問題についての議論は興味深くはあるが、人間の進化や心理に関する知識は日々更新されていることを考えると、20年前になされていた議論を現代の読者がそのまま受け入れることは難しいようにも思える。特に、協力や利他行動については進化生物学者たちのあいだでも意見が分かれており、現在でもなお激しい議論がなされているトピックであるため、20年前のものではなくアップデートされた知見に基づいて考えるべきところであるだろう。

また、この本では経済的な競争や地位の不平等についての議論は紙幅を割いて取り上げられている一方で、人種差別や性差別といったトピックについてはごく僅かにしか触れられていない。そもそも小著であるから取り上げられるトピックの数が制限されざるを得ないとはいえ、現代の左派の多くは経済の問題だけでなく人種や性やアイデンティティの問題についても熱心に主張していることをふまえると、これらの問題についてダーウィニアン・レフトの立場からはどのような主張が展開されるべきかについては、改めて論じられる必要がある。

とはいえ、シンガーは、「すべての不平等が、差別や偏見、抑圧や社会条件に原因があると決めてかかるべきでない」ということを、ダーウィニアン・レフトの心構えのひとつとして示している。経済の不平等と同じように、人種間の不平等や性別間の不平等についても、その問題の社会的な原因と生物学的な原因の両方について正確に理解したうえで適切な処置をとるべきである、ということが基本的な方針となるはずだ。

不愉快で不都合な事実と向き合うために

先述したロスリングやピンカーのようなビッグネームに限らずとも、経済の不平等や差別の問題に対処して人々の苦痛を和らげようとする様々な活動の現場において、ダーウィニアン・レフト的な発想を実践している人々が、今日では数多くいると思われる。人間の本性についての知識は日々蓄積されているのであり、自分が直面する課題に対処するためにその知識を利用しようとする人は、自然とあらわれるはずだからだ。その一方で、先述した通り、左派の多くには現代でもダーウィニズムに対する反発が根強く残っていることも確かである。

もしあなたが左派であったり、弱者の痛みや苦しみを和らげるために現状を改善することを望んでいたりするなら、『現実的な左翼に進化する』を読むことには多いに意義があるだろう。ダーウィニズムに限らず、たとえば「資本主義のメリット」や「社会の同質性が高くて抑圧的であるときにもたらされる利点」といった、左派が目を逸らしたくなりがちな不愉快で不都合な事実全般に対してどのように向き合うべきであるかを考える土台となる本であるからだ。

左派でない読者であっても、自然的な事実と価値や規範との関係というテーマについて平易に論じたこの本は、倫理学的な考え方への入門書として役に立つかもしれない。また、「社会が意識を決定する」というマルクスの発想や、バクーニンが共産主義に対して向けた「人間の本性をまるでわかっていない」という批判について知っておくことは、現代の学者たちや論説家たちが交わしている議論を検討するうえでも大いに参考になるはずである。『現実的な左翼に進化する』が出版されてから20年が経過したとはいえ、ダーウィニアン・レフトの考え方を知ることには、いまなお意義があるのだ。

参考文献

・ピーター・シンガー『現実的な左翼に進化する（シリーズ「進化論の現在」）』竹内久美子、新潮社、2003年。

第2章

人文学は何の役に立つのか？

2020年10月11日、橋下徹・元大阪府知事は「日本の人文系の学者の酷さ」を指摘するツイートを投稿した。

日本の人文系の学者の酷さが次から次へと出てくる。こやつらは「自分は賢い！一般国民はバカ」という認識が骨の髄まで染みている。こやつらの共通点は、税金もらって自分の好きなことができる時間を与えてもらって勉強させてもらっていることについての謙虚さが微塵もないこと。
しかも社会に対して何の貢献をしているのかわからん仕事でも学問の自由の名目で許される。もう少し謙虚になれ。その謙虚さがないことが、学術会議に対して国民の圧倒的応援が生まれない原因だと、もうそろそろ気付けよ。*2

橋下のツイートは、同年の9月に起きた、日本学術会議が推薦した新会員候補を菅義偉首相が任命しなかったという事件を受けてのものである。

学術会議の問題については、学者たちは政権の恣意に振りまわされる被害者であったはずだ。しかし、市井の人々は必ずしも「学者」や「学問」の味方をしたわけではなかった。むしろ、菅や橋下といった政治家たちのほうに共感して、彼らの言動を支持した人も多かったのである。

これはいまに始まったことではない。学問や学者に対する敵意は、学術会議任命拒否問題が起こるはるか以前から、日本社会に共有されてきたのだ。

人文学に対する根本的な疑問

橋下のツイートが、市井の人々がアカデミアに対して持っている敵意を煽ることで自分が支持を得るための、ポピュリズム的な戦略を前提とした投稿であることは明白だろう。

そして、「市井の人々はなぜ、学者や学問に反発や敵意を抱くのか」というトピックは、すでにかなり多くの人々が語っていることでもある。この問題に関する本も、古典的なものから新しいものまで、数多く出ている。インターネットでもこの問題は「日本社会における反知性主義」といった枠組みで語られることが多く、学者や院生や学問ファンの人たちがSNSやブログなどで自分たちの意見を各々に展開している。

だから、ここで「日本社会における反知性主義」といったテーマについてわたしが持論を展開しても、なにか新鮮な意見が言えるということはないだろう。

……とはいえ、学術会議の問題は本来ならば文系も理系も関係なく学問全般に関わることであるはずなのに、橋下のツイートでは「人文系の学者」が狙い打ちにされていることは、すこし興味深い。また、人文系に浴びせる非難として「社会に対して何の貢献をしているのかわからん」という言葉が選ばれていることについても、考えてみる価値はあるように思える。「人文系の学問は社会に対してどんな貢献をもたらしているのか?」、あるいは「人文学は何の役に立つのか?」という問いは、しばしば議論のタネとなるものだ。

大前提として、理系の学問は科学技術を発展させて産業や医療に貢献するという点で「役に立っている」ことが明白であるのに比べて、文系の学問は何の役に立っているかということが直感的にはわかりづらいために説明が必要とされる、ということはあるだろう。

だが、人文系の学問と学者たちに対して「何の役に立つのか?」という問いが向けられるとき、そこには単なる疑問ではなく、非難の意図が含まれていることも多い。つまり、市井の人々は人文学の存在意義をわかっていないというだけでなく、人文学に関わるものや人文学者たちのことを積極的に嫌っているおそれがあるのだ。

＊2—https://twitter.com/hashimoto_lo/status/1315093415571288064

その一方で、人文系の学問に関わる学者や読書家などのあいだには、「人文系の学問は何の役に立つのか」という問いについて正面から回答することを拒みたがる傾向が存在するようである。

外野から見ていれば「『人文学は、これこれこういう理由で、こういうふうに役立つ』と答えればいいのに」と思うものだし、実際にそのような回答をする人もいるのだが、そうでない人も多い。そして、回答を拒む人たちは、「人文学は何の役に立つのか？」という問いがなされること自体に憤りを覚えたり、心外であると感じたりするようだ。彼らからすれば、そのような問いは的外れであるだけでなく、非道徳的で反社会的なものなのである。

その理由の一部は、「何の役に立つのか？」という問いは単なる疑問だけでなく敵意を含むものであると、問われる側も察している点にあるのだろう。

しかし、わたしが興味深く思うのは、彼らのそのような反応は、人文学に関わる人々の一部に共有されるファッションやマナーを体現していることである。そして、それ自体が、たとえば「理系」の学問には抱かれないような懐疑が「文系」の学問に対しては抱かれて、独特の反発や敵意が生まれる理由のひとつになっているかもしれない。

さて、前置きが長くなってしまったが、本章では、「人文学は何の役に立つのか？」という問いについて、わたしなりの答えを与えてみよう。

まずは、人文学に関わる人がこの問いに対する回答を拒否するときに用いる「戦術」について、三つのパターンに分けて解説する。

疑問に見せかけた「攻撃」

一つめの戦術は、先述したような、問う側の「敵意」に注目したものだ。

人文学の意義が問われたときには、以下のような反論がなされる場合がある。

「『人文学は何の役に立つのか?』という問いをしてくること自体が、実際には疑問に見せかけた『攻撃』であり、それに対して答えることに意味はない。相手は回答を求めているのではなく、ただ、人文系の学問とそれを専攻する学者を攻撃するための口実を必要としているだけだからだ」。

このような反論は、たとえば先述の橋下のツイートに対するものとしては的を射ているように思える。

ポピュリズム的な政治家やタレントは、すでに多くの人から嫌われているものを大衆の目の前に吊るし上げて非難し、「公開処刑」することで、大衆の溜飲を下げさせ、彼らからの支持を得ようとする。彼らの目的は「人文学を攻撃すること」や「人文系の学者をやりこめること」と、それを通じて「支持を得ること」にあるのであり、「人文学は何の役に立つのか」という問題について議論することは、実際には目的とされていないのだ。もし、人文系の学問が社会に対してなしている貢献について丁寧に説明されても、橋下がそれを理解して納得する姿勢を外に示すことはないだろう。人文系の学者に対話や理解の姿勢を示して妥協をしてしまえば、大衆をスカッとさせて溜飲を下げさせて、支持を得るという目的が果たされないからだ。

とはいえ、疑問ではなく攻撃のために「人文学は何の役に立つのか?」という問いを発してくる人がいるからといって、それは、人文学徒たちが説明責任を放棄していい理由にはならない。

どんな大学のどんな学問分野にも、多かれ少なかれ税金は投入されている。つまり、他のことに使えるはずの公金が、人文系の学部に投入されていることは事実なのだ。他の国に比べるとずっと少なく、人文学という制度を支えるためには全く足りていない量の金額であったとしても、それなりの金額ではある。そして、ごく単純に考えると、その公金が別のところに投入されていれば、人の生命が救えたり、少子化対策になったり、国防を増強したり、あるいは科学技術の発展につながっていたりしたかもしれない。人文学が公金を得ている以上は、その理由は説明されて正当化されなければならないはずだ。

つまり、「人文学は何の役に立つのか?」という問いは、敵意を含んでいたり攻撃として用いられたりすることがあるとしても、それ自体は真っ当な問いなのである。

質問に対して、質問で答える

二つめの戦術は、「『役に立つ』の定義とは何か?」と、質問を質問で返すものだ。これはとくに哲学系の人がやりがちな反論であるから、「哲学っぽい」戦術だと名付けてもいいだろう。

この反論のもう少し丁寧なバージョンとして、「『役に立つ』という言葉の定義自体を問うことが、哲学をはじめとする人文学の役割だ。何かを役に立つと判断したり役に立たないと判断したりすること自体が、人文学がないと成り立たないのだ」という言い方がされる場合もある。

どちらにせよ、「役に立つ」という言葉の定義を云々すること、そして人文学には言葉に定義を与えることについての特権性があるということを匂わすことで、「何の役に立つのか?」ということについて答えることを回避しようとするのが、哲学っぽい戦術の特徴だ。

たしかに、わたしたちが日常的に使っている言葉について深掘りして、厳密な定義を与えることは、人文学の仕事のひとつではある。

たとえば、もしも相手が「役に立つ」という言葉について「お金を稼げる」とか「経済や軍事などの国力に貢献する」などの限定的な意味しか与えていないのであれば、そのことを指摘して、「『役に立つ』という言葉には様々な意味があり得る」という点を示すことは、議論において有益な行為であるだろう。

しかし、言葉について厳密に定義することは人文学の仕事のひとつではあるが、それだけが人文学の仕事ではない。そして、人文学の現場においても、言葉を厳密には定義しなかったりほどほどの定義で済ませたりしておいてから具体的な物事について議論がおこなわれることは珍しくない。定義論とは往々にしてキリがないものであり、定義にばかりこだわっていたら具体的な議論にまですすめることができなくなってしまうためだ。

そして、実際のところ、こういう議論の場において「『役に立つ』の定義とは何か？」と聞き返してくる人の多くは、厳密な定義を与えたり議論を生産的なものにしようとしたりしているわけではない。彼らはただ単に相手の疑問を混ぜっ返しているだけなのであり、それで相手が返答に困れば儲けもの、という浅はかな期待を抱いているのにすぎないようなのである。

しかし、説明責任を求められている側が定義論を選択的に持ち出して議論を煙に巻こうとするのは、不誠実というしかない行為だ。このような反論は、言っている本人やごく一部の人文学徒からは「うまいこと言い返してやった」ように聞こえるかもしれないが、大半の人にとっては、問いに対して真面目に向き合わずに議論から逃げようとしているようにしか思われないだろう。

そもそも、「人文学は何の役に立つのか？」に関する議論の場では、人文学徒は自分たちの存在意義を証明しなければならないという点で弱い立場にある。弱い立場にある人が議論を混ぜっ返して問いから逃げようとすることは、戦略的に見るとむしろ不利益をもたらすものだ。議論の様子を眺めているオーディエンスたちから、「問いに対して不誠実な回答しかできないのだから、やっぱり人文学に存在意義なんてないんだな」と判断されてしまうおそれがあるためである。

中立的な立場からの質問ではない

二つめの戦術が「哲学っぽい」ものだとすれば、三つめの戦術は「社会学っぽい」ものだといえる。この戦術では、何かについて「役に立つかどうか」という観点から判断しようとすること自体が、なんらかの「主義」に影響された価値中立的でない行為であるとされる。具体的には、以下のような回答がなされるのだ。

「何かについて『役に立つのか?』と問うこと自体が、そもそも中立な質問ではなく、近代主義や功利主義などの特定の立場からなされるものだ。もしその問いが人間に向けられたら、生産性のない人間は存在意義がないから生きていなくてもいい、という優生思想になるだろう。つまり、役に立ったり価値がなかったりしなければ存在してはいけない、という考え方自体が問題であるのだから、『役に立つのか?』という問いには答えないことによって、その根源にある悪質な考え方を否定すべきである」。

……とはいえ、現状の社会では人文学以外にも多くのものが「役に立つのか?」という観点から判断されて、そのうえでどれだけの資金や公金を投入するかどうかが決定されていることは、れっきとした事実だ。企業にせよ国家にせよ、それどころか家計をやりくりする主婦やお小づかいをもらった小学生であっても、限られた予算を何に使用するかを判断するときには、生産性や効率や効用などを考慮しながら「役に立つかどうか」を検討するものだろう。そのような行為は、なんらかの「主義」に影響されたものではなく、どんな社会においても大昔からおこなわれている普遍的な営みなのである。

さらに、言うまでもなく、「役に立つかどうか」という観点から物事を判断することが優生思想に直結するという証拠は全くない。そして、他のものに対して「役に立つのか？」という問いが向けられているなかで人文学だけがその問いを回避したところで、「役に立つのか？」という問いの根源にあるとされる近代主義や功利主義を否定できるはずもないのだ。

そもそも、相手はなにも「人文学には価値がなくて役に立たないのであれば、人文学は存在してはいけない」とまで主張しているわけではない。大半の場合は、「他のところにもまわせる公金を人文学にまわせというなら、それを正当化するだけの価値が人文学にあることや、人文学がなんらかの役に立つことを示せ」と要請しているだけなのだ。先述したように、これ自体は真っ当な要請である。そして、人文学だけが『価値』や『役に立つ』を云々することは特定の主義に基づいた発想であり悪質な思想に直結するので、その質問には答えません」と回答を拒否できる道理はないのだ。


上述した三つの戦術のうち「哲学っぽい」ものと「社会学っぽい」もののどちらも、人文学に関わる人に特有のファッションやマナーに影響されている。

人文学を専攻する人たちのあいだでは、問いに答えることよりも、問いをズラしたり問いの前提を問い直したりすること（つまり、問いをうやむやにして回答を回避すること）のほうが知的で高尚であり、格好いいとされることが多い。逆に、問いに対して正面から答えることは野暮で格好が悪いことであるとされるのだ。実際に大学で人文学を専攻して、ゼミや読書会などに出席していた人であれば、この傾向には心当たりがあるかもしれない。そうでなくても、現代の高名な思想家や批評家の本をいくつか手に取って読んでいれば、この傾向の存在を察することはできるはずだ。

とはいえ、回答を回避すること自体は、人文学の本質であるというわけでもない。

そして、「人文学は何の役に立つのか?」という問いを正面から受け止めて、答えを提示しようとしている人文学者も、ちらほら存在しているのである。

批判的思考と想像力

理系の学問については、高度な計算や化学実験やプログラミングができるようになって新しいものを設計することが可能になったり、機械や人体の構造やメカニズムについて正確に理解することで問題が起こった場合の対処ができるようになったりするなど、その学問を修めることでどのような能力が得られて、そこからどのような価値を生み出せるようになるかは、具体的でわかりやすい。

それに比べると、人文学を修めた人が得られる能力とそれによって生み出される価値とは、曖昧にしか論じられないものである。

また、理系の学問によって得られる能力が「技術」的なものであることが多い一方で、文系の学問によって得られる能力は「批判的思考」であったり「想像力」であったりと、存在を証明することが難しいものである点も厄介だ。ある人がどのような技術を身につけているかについては、その技術に対応する課題に取り組んでそれを解決することで客観的に証明することができるが、想像力や批判的思考についてはそういうわけにはいかない。

さらには、高度な技術はどこかでそれを学ばなければ習得することが不可能である一方で、批判的思考や想像力は、それ自体は大半の人にもとから備わっているものである。人文学を学ぶことはこれらの能力を深めさせてはくれるが、人文学を学ばなくても優れた批判的思考や想像力を発揮できる人はいるだろうし、その逆の場合もあるだろう。人文学は、せいぜいが「涵《かん》養《よう》」という程度のはたらきしかできないかもしれない。

それでは、人文学は社会に対してどのような貢献をしており、どのように役に立っているのか？

幾人かの論者が指摘しているのは、「民主主義が健全に機能するためには、一定数以上の市民が人文学に触れて、批判的思考や想像力を適切に培わなければならない」ということである。

箱の外に出て思考する力

たとえば、日本の哲学者である三谷尚澄は、著書『哲学してもいいですか？——文系学部不要論へのささやかな反論』のなかで、哲学を学ぶことの意義は批判的思考とともに「箱の外に出て思考する力」を養うことである、と論じている。

職業教育などにおいては、あらかじめ目的とルールが「箱の中の論理」として定められており、ルールが不変であることを前提としたうえで、目的を合理的に満たすための教育が行われる。一方で、哲学の教育においては、「箱」を成り立たせるルールに変動が起こり、これまでの前提が通じなくなったときにも、一旦「箱」の外に出てルールと目的を設定しなおす能力が身につけられる。いわば、必要に応じて思考の習慣を切り替えられる能力である。

もちろん、世に暮らす人びとの全員もしくは大多数に対して、こういった「思考の習慣の切り替え」を望もうとは思わない。後にまたふれることになるが、自分たちの思考や行動の基盤を形成している習慣に変更を加えることが、どれほどの困難を伴う要求であるかはわたしも理解しているつもりだ。しかし、このことが、十人に一人か二人でよい、「箱の外」で思考する習慣を身につけ、また「中のルール」を第一とする人びとに向けて対案を提起する能力を備えた人間が存在することの意義を否定することにつながるわけではないはずだ。（三谷、148頁）

学生たちが「箱の外」で思考する習慣を身につけることには、どのような社会的意義があるのだろうか?

三谷によると、箱の外に出て思考をおこなう態度や習慣を身につけた学生は、「異質なもの」や「自分とは違った考え方や意見」に対する「感受性」や「耐性」を得られるようになる。つまり、これまで自分たちが触れてこなかった物事についても冷静に判断できるようになったり、過去に経験してこなかった新奇な事態が発生したときにも柔軟に対応できるようになったりするということだ。

たとえば、自分たちの暮らすコミュニティにおいて、外国から来た隣人とのちょっとしたいざこざが生じたときなどにどのような態度をとることができるか。そんなときに、「これだから外国人は」とか「わたしはやっぱりあの国の人間が嫌いだ」とか、自分たちにとってだけ都合の良い言説のなかに閉じこもるのではなく、「ひょっとすると、基本的な生活習慣の違いかもしれないよな」と一呼吸おくことができるということ。そして、そういった感情から結論への飛躍を一時のあいだ宙吊りにすることで、「感情的なライト右翼」たちの発言に待ったをかけることのできる人間が、社会のあちこちに存在しているということ。

単独で取り出してみれば、これ自体は非常にささいなことであるかもしれない。しかし、地域住民のうち「十人に一人」とはいえ、「反発的衝動を抑え、感情から結論へ跳躍地点に緩衝板を設置しておく」ことの重要性を知る人間が存在し、みなに向かって発言する態度を身につけているということ。このことには、決して小さくはない社会的効果を認めることができるのではないだろうか。（三谷、151‐152頁）

三谷も認めているように、「箱の外」で思考する習慣を身につけた人の存在を増やすことで社会に与えられる効果は、なんらかの数字やデータのかたちにして表せるようなものではない。とはいえ、地域コミュニティや会社などの集団のなかに他のメンバーたちよりも幅広くメタ的な視野を持つメンバーが存在することのメリットは、明白であるように思える。

たとえば、社員たちがひとつの考え方にとらわれているせいで成功の見込みのないプロジェクトが止められずに進行してしまっている状況では、「待った」と声をあげられる人材の価値は計り知れないだろう。また、既存の習慣やシステムについてその存在意義を冷静に検討することができる人が自治会にいることで、地域の人にとって負担となっていた行事を中止するという判断ができたり、非効率な仕組みが改められたりするかもしれない。国レベルでみても、投票する際に一時の風潮やメディアの恣意的な報道、しがらみや縁故といった「箱の中」にとらわれず、各政党や候補者の主張や政治能力について冷静に判断することができる市民の数が増えることで、民主主義社会において「選挙」というシステムが担っている役割が適切に機能するはずだ。

「箱の外」で思考をおこなうことについて、三谷は「哲学の器量（アレーテー）」とも表現している。そして、大学教育を通じて「哲学の器量」を備えた市民を育成されることの重要性は否定できない、と彼は論じるのだ。

外に出ているつもりが別の箱に収まっている

三谷の主張については、わたしもおおむねは賛同している。

ただし、哲学の教育を受けた学生や教授たちですら、本人は「箱」の外に出て思考していると思っているつもりが、実際には「哲学っぽい態度」という新しい「箱」を作ってそのなかに収まっているだけ、という危険性については常に留意しなければならないだろう。

たとえば、先述したような、「哲学っぽい」回答や「社会学っぽい」回答をおこなうという戦術を採用しているタイプの人は、本人は批判的思考をおこなっているつもりであっても、実際には典型的なパターンやクリシェを繰り返しているだけである可能性が高い。

また、ほんとうに「箱の外」に出て思考しているのであれば様々な問題に対する回答は多種多様なものになりそうなところを、人文学者たちの間には、どんな問題についても「左派」や「リベラル」などの特定の政治的態度に偏った回答が主流となりがちである、という傾向が存在している。

これについては、「そもそも左派やリベラルは右派や保守に比べて理性的な政治的態度であるのだから、批判的思考をおこなったのちに得られる結論が左派やリベラルに傾くのはごく自然なことなのだ」と論じることもできるだろう。……とはいえ、人文系の学者たちの「左傾化」を非難する人たちのなかには、彼らの政治的傾向は批判的思考に基づいたものではなく、アカデミアの政治的なパワーバランスや同調圧力の結果ではないか、と疑っている人もいるはずだ。わたしが観察した限りでも、左っぽいものにはとりあえず同意して、右っぽいものを目にしたら脊髄反射で否定する学者が多数いることは否めない。

わたしたちの思考は様々なバイアスにとらわれている。そのなかでも、党派性や所属集団に由来するバイアスはかなり根深いものだ。ナショナリズムにとらわれない主張を展開している人は、一見すると「箱」の外に出ているように思えても、実際にはアカデミックな共同体や教条的なリベラリズムといった別の「箱」のなかにいるだけかもしれない。市民たちが人文学者たちに敵意を抱くとき、その理由の一部には「偉そうにしているけれど、学者たちだって自分たちと同じように、周りの空気に流されたり他の人の言ったことを鵜呑みにしていたりするのではないか」という疑念が存在する可能性はぬぐえないのだ。

……とはいえ、上述したような問題を考慮しても、「『哲学の器量』を備えた市民を育成する」という三谷の議論そのものは、哲学教育の社会的意義を論じる主張としてはかなり妥当なものであるように思える。

しかし、哲学では論理性や抽象性がとくに重んじられるために、具体的な物事に注目する学問の多い人文系の学問のなかではやや特殊な立ち位置にいる。そのため、文学や歴史学などについては、「批判的思考」や「哲学の器量」とは異なるポイントから、その社会的意義を論じる必要があるだろう。

民主主義を健全に機能させるためには

ここで、アメリカの哲学者であるマーサ・ヌスバウムの著書『経済成長がすべてか？——デモクラシーが人文学を必要とする理由』を紹介しよう。ヌスバウムは、民主主義を健全に機能させるためには市民たちは批判的思考とともに想像力を身につける必要があると強調することで、哲学にとどまらず文学や芸術など人文学全般の社会的意義を主張しているのだ。

市民は、事実に基づく知識と論理だけでは彼らを取り巻く複雑な世界とうまく関わることはできません。これら二つの市民の能力と密接に関連している第三の能力は、物語的想像力とでも呼ぶべきものです。これは、異なる人の立場に自分が置かれたらどうだろうかと考え、その人の物語の知的な読者となり、そのような状況に置かれた人の心情や願望や欲求を理解できる能力のことです。思いやりの涵養は、西洋諸国であれ非西洋諸国であれ、民主教育についてのもっとも優れた考え方の根幹をなしています。こうした涵養の多くは家族においてなされる必要がありますが、学校および大学も重要な役割を果たしています。この役割をしっかり果たしたいのであれば、学校は人文学や芸術をカリキュラムの中心に据え、他人の眼から世界を見る能力を活発化し洗練するような、参加型の教育を築いていく必要があります。（ヌスバウム、125頁）

つまり、学校や大学における芸術の役割は二つあります。遊びと感情移入の一般的な能力を養うことと、各文化固有の盲点を扱うことです。一番目の役割は、学生が生きている時代や場所から隔たった作品――どのような作品でもよいというわけではありませんが――によって果たされます。二番目の役割に関しては、社会不安の領域により焦点を当てる必要があります。この二つの役割はある意味では連続的なものです。ひとたび一般的な能力が発達すれば、根深い盲点に取り組むことがずっと容易になるからです。（ヌスバウム、140-141頁）

哲学でも芸術でもなくとも、人文系の学問を学べば、批判的思考能力と想像力のすくなくとももどちらかは養えそうなものだ。たとえば、社会学はわたしたちが「当たり前」と思っていることを哲学とはちがったかたちで問い直す学問であるという点で、批判的思考とも関係している。また、歴史学を通じて過去の時代に起きたことを知ることは、わたしたちと同じ時代に存在する他の社会のことを想像するうえでも有益であるはずだ。

そして、市民たちが人文学によって養われた批判的思考能力と想像力を発揮することは、地域自治というレベルでも国政というレベルでも、民主主義の営みに貢献する。このような経路によって、人文学は社会にとって価値のあるものとなっているのだ。

時代遅れで戦略的に不利であったとしても

繰り返すが、わたしとしては、三谷やヌスバウムの主張は正当であると思っている。人文学が大学で研究されて、教えられることは、市民性や公共性の育成にとって重要なことであるはずだ。そういう点では、人文学は「役に立つ」と、胸を張って主張するべきである。

だが、「民主主義を健全に機能させるためには、（一定数以上の）市民が批判的思考や想像力を備えていなければならない」という前提は、ある種の人からは「エリート主義」と見なされるものであるだろう。

文字通りの民主主義であれば、たとえば日本の国籍を持っていたら、だれでも日本の国政選挙権や地方選挙権を持つのであり、その点では平等である。それに対して、批判的思考や想像力の重要性を強調することには、「それらの能力を持つ人と持たない人のあいだでは、市民としての価値や格が異なる」と主張していると思われかねないおそれがある。自分たちが批判的思考や想像力を「持たざる者」であると自覚している人たちは、このような議論を認めたがらないはずだ。

先述したように、理系的な能力とちがって文系的な能力は外部に対して存在を証明することが難しい。そのために、科学者や医者については「科学者や医者は、自分にはできないことをおこなうことができる」と認める人であっても、人文系の学者に対しては「口では偉そうなことばかりいっているが、人文系の学者でないとできないことなど存在しないじゃないか」と反感を抱くかもしれない。……そして、橋下のようなポピュリストは「自分は賢い！一般国民はバカ」や「謙虚さが微塵もない」といった言葉を用いることで、その反感を巧みに煽るのだ。

そもそも、市民が批判的思考や想像力を持つことを前提とした民主主義は、ポピュリズム的な民主主義とは真逆に等しいものである。この事実をポピュリスト政治家たちは理解しているからこそ、人文学を目の敵にしているのだろう。

さらには、アメリカや欧米の凋落が見えてきて代わりに中国が台頭してきた昨今では、そもそも市民が「民主主義」を求めなくなってきた、という可能性もある。実際、近年では日本だけでなく欧米でも若い世代ほど民主主義を軽視する傾向があることは、多くの論者によって指摘されているのだ。

となると、人文学の意義として「民主主義を健全に機能させるための市民性の涵養」を主張することは、時代遅れで不利な戦略であるかもしれない。

しかし、「時代は変わったから、別の意義を主張しなければいけない」と慌てたところで、より戦略的に有利な主張が見つかるとも限らない。たとえば「人文学もビジネスやお金儲けにつながります」と強弁して、実際にビジネスにつながった事例を持ち出したところで、「ではビジネスにつながりそうなものだけは残して、他は潰そう」となるのがオチだろう。

先述したような事情を考慮すると、「人文学は何の役に立つのか?」という問いを正面から取り上げずに、先述したような三つの戦術によって回答を回避したくなる人たちの気持ちは理解できなくもない。

しかし、不誠実な戦術によって問いから逃げることとは、市民たちに呆れられてしまって、結局は自分たちの首を絞める結果につながる。また、すでに人文学を専攻している大学生や、入学を検討している中高生などは、自分たちが学ぼうとしている学問の価値について学者たちですらまともに答えられていない姿を目にすると、「こんな学問を勉強することにほんとうに意味はあるのか?」という疑問を抱いてしまうはずだ。

だからこそ、「人文学は何の役に立つのか?」という問いに対しては、エリート主義の誹りが免れない時代遅れなものであっても、批判的思考や想像力とそれらによって成り立つ市民性や公共性の重要さについて地道に主張しつづけることが、遠回りではあるが最善の回答なのである。

参考文献

・三谷尚澄『哲学してもいいですか？——文系学部不要論へのささやかな反論』ナカニシヤ出版、２０１７年。
・マーサ・ヌスバウム『経済成長がすべてか？——デモクラシーが人文学を必要とする理由』小沢自然・小野正嗣訳、岩波書店、２０１３年。

第3章

なぜ動物を傷つけることは「差別」であるのか？

動物倫理と「種差別」

２０１２年に大学院に進学したとき、わたしが修士論文のトピックに選んだのは「アメリカの動物保護運動の歴史と、動物の扱いに関する倫理学的理論との関係」であった。大学院卒業後も「道徳的動物日記」というブログを開設し、当初はいわゆる「動物倫理」に関する考え方や概念についていろいろと解説していたものだ。

動物倫理に関する研究をしたりブログをやっていたりすると、知りあう人たちから動物保護運動や動物倫理に関する質問をされることがある。このとき、わたしは質問をしてくる人の大半が「動物保護運動や動物倫理とは間違っているものであり、否定されるべきものだ」と思っているらしいことに気づかされる。動物保護運動が動物を守るために人間の経済活動を妨害することや、動物倫理の理論では人間と変わらないくらいの道徳的地位が動物にも認められていることは、的外れで常軌を逸している、と彼らは考えているのだ。

また、２０１２年から２０２１年までの10年間で、わたしに投げかけられる質問の内容は徐々に変化していった。最初の頃は、反捕鯨運動や反イルカ漁運動について質問されることが多かった。反捕鯨や反イルカ漁の活動はアメリカ人やオーストラリア人などの欧米人がおこなう運動というイメージが強いため、アメリカ人であるわたしに質問したくなったのだろう。しかし、近年では、倫理的ビーガニズム（健康や美容に関する理由ではなく、倫理的な理由に基づいて実践される完全菜食主義）や反畜産運動について聞かれることのほうが多くなっている。この変化は、インターネットを介して自分たちの主張を発信するビーガンの数が年々増えていることにより、ふつうの人々もビーガニズムの考え方に接する機会が増えたことによるものだと考えられる。

動物倫理の問題について考える切り口はさまざまにある。人からの質問を多く受けているうちに気づかされたのは、動物の保護を主張する人も動物の利用を肯定する人も、どちらも相手の主張に反対するときには「差別」という言葉を用いていることだ。

これから説明するように、動物倫理の中心にある概念は「種差別」である。捕鯨やイルカ漁にせよ、家畜の肉や乳や卵を得るための畜産業にせよ、人間に対してはおこなわない行為を他の動物に対しておこなうことを「生物種」の違いに基づいて正当化することは人種差別や性差別と同様に「差別」である、という考え方が現代の動物保護運動やビーガニズムの核心となっているのだ。

その一方で、動物倫理の考え方に反対する人も、「差別」を持ち出すことが多い。たとえば、反捕鯨運動や反イルカ漁運動とは、欧米諸国が寄ってたかってアジアの片隅で細々とおこなわれてきた伝統文化を叩く運動であり、それはキリスト教の考えをよその国に押しつける自文化中心主義や文化帝国主義そのものであって、捕鯨やイルカ漁をおこなう漁師と日本人全体に対する差別である、と彼らは主張するのだ。また、「クジラやイルカは高度な知能を備えた動物であるから殺してはならない」という主張に対して、「ブタやウシは知能が低いから殺してもいいが、クジラやイルカは知能が高いから殺してはいけないというのは、知能に基づく差別だ」という反論がおこなわれることもある。

そもそも動物倫理の考え方では、知能の高低に関係なく、苦しみや痛みを感じる動物に苦痛を与えることや動物を殺すことは否定される。また、近年ではビーガニズムを実践する日本人も増えている。つまり、反捕鯨運動に対してなされていたような「知能に基づく差別」との批判や「自文化中心主義」との批判は、ビーガニズムには当てはまらないはずだ。しかし、批判者たちは、ビーガニズムの考え方も結局は差別であると論じる。動物にせよ植物にせよ、「生命」であることには変わりがない。だが、ビーガニズムは、苦しみや痛みを感じるという「能力」に基づいて動物と植物との間に線を引き、後者を殺害することを容認する。その点では、「生物種」に基づいて人間と動物との間に線を引き、後者を殺害することを容認する常識的な考え方と、差別的であるという点ではなんら変わりがない……肉食の慣習や畜産制度を擁護する人は、このような主張をおこなうのだ。

上述したような反論については、自身が肉や畜産物を食べる人たちであっても、反応はいくつかに分かれるだろう。「そうだそうだ、動物も植物も同じ生命なのだから、どちらかは食べてよくてどちらかを食べてはいけないというのは差別に決まっている」と賛同する人のほうが多いかもしれない。しかし、家で犬や猫を飼っていたりして日々動物と触れあっている人なら、動物に苦しみや痛みを与えることは道徳的に問題である、という主張に共感できるところはあるだろう。「苦しみや痛みを感じるかどうかということは実際に重大な差異なのであり、そこを無視することは間違っているのではないか」と考える人も、少なくないはずである。

では、いったいなにが**差別である**のか？ どんなことが**差別ではない**のか？

動物倫理の問題や、よりひろく道徳全般について考えるうえで、「差別」とは優れた切り口であるように思える。

差別とは「不合理な区別」

「差別とは何か」という問いに対する答えは、答える人の立場や属性によって異なるものかもしれない。ある社会におけるマジョリティとマイノリティとでは、それぞれが異なる経験をして異なる風景を見ながら生きているために、差別の問題について感じたり考えたりしていることはかなり違ってくるだろう。男性と女性とのあいだでも、差別に対する敏感さにはかなりの差がありそうだ。また、社会学や政治学などの学問では、それぞれの問題意識や考え方に即したかたちで「差別」という言葉が定義付けられている。

しかし、ここではあえてシンプルに言い切ってしまおう。差別とは「不合理な区別」、あるいは「正当な理由を持たない区別」だ。逆に言えば、合理的な区別や正当な理由を持つ区別は差別ではなく、ただの**区別**である。

たとえば、現代の日本社会では、日本国籍を持ち18歳以上である人ならだれもが選挙権を持つとされている。

国籍に関する条件はともかく、「18歳以上」という条件については、大半の人々が合理的で正当だと考えるだろう。17歳や16歳が選挙権を持たないことに関しては問題であると主張する人もいるかもしれないが、5歳の子どもが選挙権を持たないことまでをも非合理で不当であると考える人は、ほとんどいない。投票という行為には「自分にとって利益となる政策はどのようなものであるか」を理解したり、各党の公約の内容を理解したうえでその実現可能性を判断したり、それぞれの政治家の資質を評価したり、これまでの政治の歴史や政局の流れについての知識を持っておいたりするなど、様々な種類の複雑な知的能力が要請される。もちろん、18歳以上であっても、すべての人が投票をする際にそのような複雑な能力を駆使したうえで判断しているとは言えないかもしれない。だが、すくなくとも、5歳の子どもには投票を適切におこなうための政治的判断を下す能力がないことはほぼ確実だ。だから、5歳の子どもが選挙権を持たないことは、正当な理由に基づいた「区別」なのである。

一方で、日本でも諸外国でも、男性だけに選挙権があって女性には選挙権がないという時代が長く続いてきた。現代では、選挙権の有無を性別によって区別することは、れっきとした差別であると考えられている。18歳の女性は、すくなくとも18歳の男性と同程度には、自分にとっての利益を認識したうえで投票先を選択する能力があるはずだ。女性であるからといって、投票を適切におこなうための政治的判断能力に欠けているということにはならないから、性別を理由として選挙権を与えないことは「差別」であるのだ。同様に、人種や肌の色を理由として選挙権を持たせないことは差別である。ヨーロッパ系であってもアフリカ系であってもアジア系であっても、投票に必要とされる能力はみな同様に持っているからだ。

そして、犬や猫やチンパンジーやクジラが投票権を持たないことは、種差別ではなく「区別」であると見なせるだろう。愛玩動物に関する政策は犬や猫の生活や生命に大きな影響を与える可能性があるが、彼らには政策の内容を理解したり政策が自分の生活に与える影響について判断したりすることはできない。犬や猫は文字が読めないし、複雑な概念がわからないからだ。犬や猫よりかは知能が高いとされるチンパンジーやクジラであっても、政治家の資質や政局の流れについて判断する能力はないだろう。彼らに選挙権を与えたところで、その権利が適切に行使される可能性は皆無である。だから、犬やチンパンジーが選挙権を持たないことは、正当な理由のある区別なのだ。

選挙権の有無を年齢や生物種で分けることは正当な区別であり、性別や人種で分けることは不当な差別である、ということは明白なように思える。しかし、不当であるか正当であるかが明白ではない分け方も存在する。

たとえば、わたしはアメリカ人であるために日本での選挙権を持たないが、そのことについて「生まれてからずっと住んでいるんだし、税金も払っているんだから、選挙にくらい参加させろよ」と思う気持ちはなくもない。その一方で、「でも、外国籍の人でもなんの条件もなく投票できるとなったら、日本国籍の人たちの利益が侵害されるかもしれない」と思うところもある。外国籍の人に選挙権を与えないことは正当な区別であるに決まっていると主張する人もいれば、不当な差別でしかありえないと主張する人もいる。その中間には「条件次第によっては外国籍の人も選挙に参加できるようにするべきだ」と主張する人たちがいて、その「条件」の内容をめぐって丁々発止の議論がおこなわれてもいる。いつかは答えが出るかもしれないが、現時点では正当さがまだ定かでなく、区別であるか差別であるかが宙ぶらりんであるのだ。

いずれにせよ、選挙権の有無を分ける際に核心となるのは「投票を適切におこなうための政治的判断を下す能力」だ。なぜその能力が重要になるかというと、その能力を持っている存在であれば、選挙に参加することで自分の**利益**に関わるコミットメントをすることができるからである。選挙権の有無が年齢や生物種という基準で分別されているのは、それらの基準によって選挙権に関わる利益を持つ存在と持たない存在とを分別することができるからだ。逆にいえば、年齢や生物種による区別は正当ではあるが本質的なものではなく、政治的判断を下す能力の有無や選挙権に関わる利益を間接的に測るための、便宜的なものである。

動物はなんの権利も持たない

「権利」という言葉については、ひとかたまりのセットや束になっているというイメージを持っている人が多いようだ。

たとえば、『基本的人権』という言葉には自由権や生存権などの複数の権利が含められている。自由権や生存権が守る利益の内容は異なっており、それぞれの利益がなぜ守られなければいけないかということはそれぞれ別の理路で議論されるべきことである。だが、わたしたちが普段の生活において物事を考えたり、司法や行政の場で法律が実際に運用されたりする際においては、「それぞれの権利はなんのために存在しているのか」を毎回いちいち論じるわけにはいかない。だから、理由はさておき、とにかくわたしたちには諸々の権利がセットになって保証されていることが自明の前提となっている。

しかし、実際には、自由権や平等権やその他の諸々の権利が法律で保証された背景には、権利ごとに異なる理由が存在する。自由や平等に関する利益はほぼすべての人が持つからこそそれらが基本的人権だとして保証されている一方で、一部の人しか持たない利益を保証するための基本的でない権利も存在する。何かを創作しない人は著作権や意匠権を持たないし、他人に貸す土地を持たない人には「底地権」がない。それらの人は、著作権や底地権が保証するような利益をそもそも持っていないからだ。細かく見てみると、人間たちのあいだでも、権利というものがそれぞれの持つ利益に応じて不均等に配分されることがわかるはずだ。

そして、現行法では、原則として動物は何の権利も持たない。

たしかに、動物に与える理由がまったくない権利も多数存在する。選挙権はもちろんのこと、著作権や底地権を動物たちに対して認める理由も存在しないだろう。動物たちは創作活動をすることや土地を貸すことに関する利益を持たないからだ。

その一方で、生存権や自由権については断言することができない。日本の法律では生存権は「健康で文化的な最低限度の生活を営む権利」とされているが、文化的な生活についてはさておき、健康な生活を営むことに関する利益は動物にもあるはずだ。犬でも猫でも、不健康な生活を過ごすと病気になって苦しむことになり、不利益を被るからである。また、大半の動物たちは人間と同じように、自由に行動できることを望む。それまでジャングルのなかで自由に生きていたチンパンジーが檻に入れられたり身体を拘束されたりしたら、不快や不安を感じて、脱出するためにもがくであろう。

不当に身体に侵害を加えられることのない権利である「身体権」に関わる利益は、かなりの部分まで、動物も人間と同じように持っていそうなものだ。わたしたちは、理由や同意もなく誰かに拳で殴られたり、鞭で叩かれたり、包丁で刺されたりしたくないと思っている。そういうことをされたら痛みや苦しみを感じて不利益を被るからだ。そして、犬や猫やチンパンジーも、殴られたり叩かれたり刺されたりすると痛みや苦しみを感じるのである。

選挙権や底地権の有無を生物種に基づいて分けることは合理的な区別であった。だが、生存権や身体権については様子が異なる。健康な生活に関する利益や身体を侵害されないことに関する利益は、人間と同じように動物たちも持っているのだ。そうなると、生物種に基づく区別は不当になってくる。そう、それは**種差別**なのである。

利益に対する平等な配慮

これまでに述べてきたような考え方のまとめとして、ピーター・シンガーの著作『動物の解放』から引用しよう。

人間と動物のあいだにはいくつかの重要なちがいがある。そしてこれらのちがいはそれぞれが有している権利においてなんらかのちがいを生じるにちがいない。しかし、この明らかな事実を認識することは、平等の基本原理をヒト以外の動物に拡張すべきだという主張に対する障害とはならない。男性と女性のあいだに存在するちがいも同様に打ち消すことができないものである。そして女性解放の支持者たちは、これらのちがいが権利のちがいを生じるかもしれないということを承知している。多くのフェミニストは、女性は必要があれば人工妊娠中絶を行なう権利をもっていると主張している。これらのフェミニストたちが男性と女性の平等を求めるキャンペーンを行なっているからといって、彼女らが妊娠中絶を行なう男性の権利も支持しなければならないということにはならない。男性は妊娠中絶を行なうことができないので、彼がそれを行なう権利について論じることは無意味なのである。女性解放や動物解放がそのようなナンセンスにまきこまれるべき理由はない。平等という基本原理をあるグループから別のグループへ拡張することは、私たちが両者を正確に同じやり方で扱わなければならないとか、両者にまったく同じ権利を付与しなければならないということを意味するわけではない。私たちがそうすべきかどうかは、その二つのグループの成員の本性によってちがってくるであろう。平等の基本原則は同一の扱いを要求するわけではない。それは平等な配慮を要求するのである。異なる存在に対して平等な配慮を行なった場合には、異なった扱いや異なった権利が結論として引きだされることになるかもしれない。（シンガー、22-23頁）

上述の引用文に表れている考え方は**「利益に対する平等な配慮」の原理**と呼ばれるものであり、シンガーの思想の核心となっている（ただし、シンガーによると、「利益に対する平等な配慮」の原理は、彼に限らずほかの多くの倫理学者や哲学者がそれぞれ異なるかたちで表現してきたものだ）。

「種差別」という言葉はシンガーが発明したわけではないし、動物への道徳的配慮の必要性を主張する議論も『動物の解放』が出版される以前から存在していた。しかし、シンガーの『動物の解放』は、出版されてから現代にいたるまで動物保護運動の理論的支柱となっているし、動物倫理が倫理学のサブジャンルとして医療倫理や環境倫理と並ぶほどの存在感を持つようになったのも、まず間違いなくシンガーの功績だ。だから、「種差別とは何か?」というテーマについても、シンガーの主張をベースとしながら論じることは適切であるだろう。

「権利」という言葉からは離れる

ここまでの議論において、わたしは説明の都合から「権利」という言葉を多用してきた。大半の人は道徳的な問題について権利の有無という観点から考えることが多いために、差別と区別の違いについて論じるうえでも権利という言葉を用いたほうが、説明が簡単になるからだ。とはいえ、次章で詳しく論じるように、道徳的な問題についてより根本的に考えるためには、そもそも「権利」という言葉からは離れたほうがよい。

『動物の解放』のなかで、シンガーは功利主義者のジェレミー・ベンサムが動物の「権利」について語った議論を引き合いに出している。そして、「問題となるのは、理性を働かせることができるかどうか、とか、話すことができるかどうか、ではなくて、苦しむことができるかどうかということである」で締められるベンサムの文章を引用したうえで、シンガーは以下のように論じるのだ。

ベンサムは私が引用した文章において「権利」について語っているが、その議論は実際には権利についてというよりも、むしろ平等についてのものである。ベンサムは周知のように「自然権」は「ナンセンス」であると述べ、「自然であり規定できない権利」を「支柱に乗ったナンセンス」と呼んだ。彼は人々と動物が道徳的に受けるべき保護に簡潔に言及する方法として、道徳的権利について語った。しかし、道徳的議論の現実の重みは、権利の存在の主張に依拠するわけではない。というのは、今度はこれが、苦しみと幸せの可能性にもとづいて正当化されねばならないからである。このようにして私たちは、権利の究極的性質についての哲学的論争に巻き込まれることなく、動物のための平等を主張できる。

一部の哲学者は、大いに苦労しながら、動物が権利を持たないことを示すための議論を組み立てたが、それらは本書の議論を論駁する試みとしては間違っていた。彼らは、権利を持つためには自律的でなければならない、あるいはコミュニティの成員でなければならない、あるいは他者の権利を尊重する能力を持たねばならない、あるいは正義の感覚を持たねばならないと主張した。これらの主張は動物解放の論拠とは関係ない。権利という用語は、便利な政治的省略表現である。それはベンサムの時代にそうであったよりも、三〇秒のテレビニュース断片の時代においていっそう役に立つ。しかし私たちの動物に対する態度のラディカルな変革のための議論においては、それはまったく必要ない。

もしある当事者が苦しむならば、その苦しみを考慮に入れることを拒否することは、道徳的に正当化できない。当事者がどんな生きものであろうと、平等の原則は、その苦しみが他の生きものの同様な苦しみと同等に——大ざっぱな苦しみの比較が成り立ちうる限りにおいて——考慮を与えられることを要求するのである。もしその当事者が苦しむことができなかったり、よろこびや幸福を享受することができなかったりするならば、何も考慮しなくてよい。だから、感覚（sentience）をもつということ（苦しんだりよろこびを享受したりする能力を厳密に表わす簡潔な表現とはいえないかもしれないが、便宜上この感覚ということばを使う）は、その生きものの利益を考慮するかどうかについての、唯一の妥当な判断基準である。知性や合理性のようなその他の特質を判断基準とすることは、恣意的であるとのそしりを免れないであろう。皮膚の色のようなその他の特質を選ばない理由は何か？（シンガー、29‐30頁）

ここでシンガーが念頭に置いているのは、動物に対する道徳的配慮の必要性を否定する人たちがおこなう、定番の反論のことである。

動物倫理を否定する人たちは、動物は権利に対応する「義務」の存在を認識して守るための知性を持たないから、動物に権利を認めることはできない、と主張することが多い。または、道徳とは人間どうしの合理的な社会契約に由来するものであるから、社会契約に参加できるだけの合理性を持たない動物は道徳の対象にならない、と主張することもある。道徳とはなんらかの**相互性**に基づくものであると前提したうえで、動物は人間に対して道徳的に行為することができないから人間も動物に対して道徳的に行為する必要はない、と彼らは論じるのだ。

相互性は必要とされない

たしかに、ある種の利益が道徳的に配慮されるためには相互性が必要とされる場合もある。たとえば、国や地域でおこなわれる選挙に参加するためには対象の国や地域に税金を納めていることや一定期間居住していることが条件とされるが、これは不合理な条件ではないように思える。その国や地域に対してなにもコミットメントをしていない人までが投票できてしまうと、その地域の住民たちの意思が選挙の結果に適切に反映される可能性が低くなってしまう。つまり、選挙に参加できるのは同じ国や地域に住んでいて同じように税金を納めている人たちだけにしておかないと、その人たちの利益が侵害されるのを防ぐことができなくなってしまうから、そうでない人たちの利益を制限することは許容されるのだ。また、選挙に限らず、諸々の経済活動における契約行為や、恋愛や夫婦関係に関することなど、道徳的な問題に相互性が必要とされる場面は多々ありそうなものである。

けれども、健康に生きることに関する利益や苦しめられたり痛めつけられたりしないことに関する利益が道徳的に配慮されることにまで、相互性が必要とされるものだろうか？

赤ちゃんは義務の存在を認識するための知性を持っていなさそうだし、社会契約に参加できるだけの合理性も持っていないだろう。しかし、だからと言って赤ちゃんを殴ったり首を絞めて殺したりすることを道徳的に問題ない、と言える人はいないはずだ。これに対して、「赤ちゃんは成長したら知性や合理性を持つ大人になる可能性があるから、特例として道徳的に配慮する必要がある」と反論する人もいる。だが、人間のなかには、大人になってもほかの人たちと同じような知性や合理性を持たない人たちがいる（重度の知的障害者の人たちや、深刻な認知症の人たちなど）。そのような人たちは、高度な知性や合理性を持っている人たちのようには道徳に関する複雑な思考をはたらかせて道徳的に行為することができないかもしれない。だからと言って、生きることや苦しまないことに関する彼らの利益を考慮しなくていいということになるのだろうか？

「殴ったら痛みを感じる存在を無意味に殴ってはいけない」という規範や「生きたいと思っている存在を意味もなく殺してはいけない」という規範を守るうえで、相手がどんな知性を持っているかとか道徳的に行為できる存在であるかどうかは、ほとんど関係がないはずなのだ。

だとすれば、赤ちゃんや知的障害者の人たちを苦しめたり殺したりすることが非道徳であるのと同じように、犬や猫や牛や豚や鶏を苦しめたり殺したりすることも非道徳である。先述したように、健康な生活に関する利益や身体を侵害されないことに関する利益は、動物たちも人間たちと同じように持っているからだ。知性や合理性の有無や高低は赤ちゃんや知的障害者の人たちを苦しめたり殺したりすることを容認する理由にならないのだから、同じように、動物たちを苦しめたり殺したりすることを容認する理由にもならない。それに対して、「動物たちはホモ・サピエンスとは異なる生物種なのだから、仲間である人間たちに対してとは異なる扱いをしてもいいのだ」と反論するとすれば、その発想はまさに**種差別**である。

上述してきたような考え方が、現代の動物保護運動や倫理的ビーガニズムの根底にある、「動物倫理」の理論の基礎となるものだ。

植物も動物と同等に扱うべきか?

さて、冒頭で述べたように、ビーガニズムに対しては「動物も植物も同じ生命であるから、どちらかを殺害して食べることを許容して、もう片方を殺害して食べることは許容されないというのは差別だ」という批判がなされることが多い。

だが、植物は感覚や意識を持たない。そのために、動物たちが持つような「苦しまないこと」や「痛めつけられないこと」に関する利益を、植物はそもそも持たない。「利益に対する平等な配慮」の考え方のポイントは、行為者がおこなう行為そのものではなく、その行為が被行為者に与える**結果**のほうを問題視することにある。ある対象をナイフで傷つけるという行為は、その対象が人間の赤ちゃんであっても猫や鶏であっても、「痛みを発生させる」という同様の結果をもたらすから、道徳的に問題となる。しかし、対象が植物である場合には痛みは発生しない。さらに、植物には意識もないのだから、恐怖や焦りなどのその他のネガティブな感覚や感情も発生しない。だから、「人間の赤ちゃんをナイフで傷つけてはいけないが、猫はナイフで傷つけてもよい」という主張は不合理な差別であるが、「人間の赤ちゃんをナイフで傷つけてはいけないが、植物はナイフで傷つけてもよい」という主張は合理的な区別である。同じように、「食べるために牛や鶏を殺害することは許されないが、食べるために植物を殺害することは許される」という主張も、差別ではなく合理的な区別であるのだ。

この議論に対してよくおこなわれる反論が、「植物にも動物と同じような感覚や意識が存在する」というものだ。この主張を補強するために、なんらかの最新の科学的発見が持ち出されることもある。しかし、そこで主張される「感覚」や「意識」とは、わたしたちがそれらの言葉にふつう持たせる意味をはるかに超えた、かなり幅広くて曖昧な概念であることがほとんどだ。すくなくとも、植物は動物のような神経を持たないという解剖学的な理由と、そもそも動くことのできない存在である植物が痛覚を発達させるメリットが存在しないという進化論的な理由から（痛覚とは刺激から逃避するための反応として進化してきたものである）、植物が痛覚を持つという可能性は皆無に等しい。同じ理由から、牛や鶏などの哺乳類や鳥類が痛覚を持つことは、ほぼ確実である。魚類や甲殻類にも痛覚が存在する可能性はかなり高いと言われているし、昆虫が痛覚を持つ可能性だって植物に比べればずっと高い。そして、合理的な判断とは、可能性の高低を適切に考慮した判断のことでもある。だから、「植物も痛みを感じるかもしれない」とか「動物は痛みを感じないかもしれない」という**可能性の話**を持ち出しても、結局のところ結論は変わらないのだ。

では、痛覚や意識の話を度外視して「植物も動物も同じ生命である」と主張すれば、ビーガニズムに対する反論は成立するのだろうか？　残念ながら、対象が生命であるかどうかということ自体は、道徳的にはさほど重要な問題ではない。後述するように、感覚や意識を持つ生命にとっては「殺される」ということは危害になり得る。しかし、感覚や意識を持たない存在は、自分の生命に対していかなる利益を持ちようもない。だから、殺されることも危害にはならないのである。

「どんな生命にも同じ価値があり、同じように大切にするべきだ」という言葉はもっともらしく聞こえるものだし、簡単ですぐに学べるルールでもあるから、子ども相手に教えるものとしては、「利益に対する平等な配慮」のような難しくて複雑な道徳的原理よりも適しているだろう。しかし、すべての生命に同じ価値を認めて同じように大切に扱おうとする規範は、苦痛や危害を発生させる行為とそうでない行為との区別をつけられなくしてしまう。だれかに痛みや苦しみを与える可能性がある問題について考えるときには、慣れ親しんだ言葉に基づいた単純な発想から脱却して、複雑に考えることが必要とされるのだ。

生に対する利益と「知性」の関係

上述したように、動物と植物とは明確に線引きすることができる。前者は感覚を持つために「苦しまないこと」や「痛めつけられないこと」への利益を持つから、その利益が配慮されるべきだ。しかし、後者は感覚を持たないためにそれらの利益を持たず、したがってそれらの利益が配慮される必要性はない。

ところで、苦痛を受けないことに比べると、「死なされないこと」についての利益は複雑だ。ここまでの議論では、「知性」は道徳的配慮をするかしないかの基準としては不適切なものであるかのように論じてきた。だが、実を言うと、ある存在が自分の生に対してどんな利益を持つかには「知性」が密接に関わっているのである。

ごく特殊な人を除けば、わたしたちはだれもが「死にたくない」と思っている。自分の人生はかけがえのない大切なものであり、恐怖や苦痛をいっさい感じない安楽死であったとしても、自分の人生が終わらせられることはあってほしくないと思っているはずだ。わたしたちがそう思えるのは、人間には言葉や知性があって、「自分」という概念や「死」という概念を理解できているためである。また、未来についての予測がおこなえて、明日のことや来月のことや来年のことも考慮に入れながら「これからはこういうことをしたい」「自分はこんな人間になりたい」といった長期的な目標や計画を立てられるからでもある。死は、その人の人生を終了させることで「死にたくない」という気持ちに反する結果を生じさせたり、その人が人生で立てていた目標や計画を頓挫させたりする。だからこそ、死はわたしたちに危害をもたらすのであり、可能なら避けられるべきことなのだ。

問題なのは、動物たちは自分の生についてどこまでの利益を持っているのか、ということである。大半の動物たちは言葉を持たない以上、「自分」という概念や「死」という概念も理解していない可能性がある。また、長期的な予測を立てて行動できる動物の種類は限られているようであり、生に対する目標や計画を立てられる動物たちがどれだけいるかも疑わしい。その一方で、どうやら言葉が理解できるようであったり、死の概念が理解できていたり、長期的な目標を立てることができたりしそうな動物もいるようなのだ。

知性の高い動物たちは、ふつうの人間ほどには「生」に対して強い利益を持っていないとしても、知性の低い動物たちや、あるいは人間の赤ちゃんや重度な知的障害者よりは強い利益を「生」に対して持っている。だから、知性の高い動物が死ぬことを知性の低い動物が死ぬことよりも重大な危害であるとみなして、どちらかが死ななければいけないときに後者を死なせることは、**種差別ではなく**合理的な区別だ。逆に、「人間だから」という理由で赤ちゃんや重度な知的障害者たちが死ぬことを知性の高い動物が死ぬことよりも重大な危害であると見積もることは、合理的な区別ではなく**種差別である**。

クジラやイルカ、チンパンジーなどの動物を殺すことが重大視されているのは、上述したような考え方にしたがってのことだ。これまでにおこなわれてきた様々な研究や実験や観察の結果、クジラ類や霊長類の動物たちは言語を使用できていたり「自分」や「死」という概念を理解できていたり長期的な目標を立てることができたりする可能性が、ほかの動物よりも高いからである。

区別することを放棄する根拠にはならない

この考え方に対してすぐに出てくる批判は「結局は可能性の問題であり、わたしたち人間が理解していないだけで、ほかの動物たちも彼らなりのやり方で死の概念を理解したり、長期的な目標を立てていたりするかもしれない」というものだ。そして、この批判には的を射ているところもある。動物たちがどんな知性を持つか、彼らはどんなかたちで世界を認識しているかは、究極のところはわたしたちにはわからない。意識というものは個体ごとに備わり個体ごとに完結するものであり、自分以外の存在がどんな意識を備えているかを直接的に理解するのは、原理的に不可能だからだ。

また、間接的なかたちで動物たちの知性や認識を理解するためにおこなわれる研究や実験や観察についても、その結果や内容に関する議論は日々更新されている。クジラ類や霊長類はわたしたちが思っているほど賢い存在ではないと主張する学者もいる。その逆に、猫や鳥や魚や虫などはこれまでわたしたちが理解していたよりもずっと高い知性を持った存在である、ということを示す新しい研究結果が日々生み出されていたりもする。

しかし、動物たちの知性についてわたしたちには100パーセント正確にはわからないからといって、そのことは、生に関して彼らが持っている利益の問題を考慮する際に、比較して区別をおこなうことを放棄する根拠となるのだろうか?

テントウムシが死ぬことより人間が死ぬことのほうがほぼすべての場合において重大な問題であることは、真面目に考えれば大半の人が同意できるはずだ。ネズミが死ぬことよりも人間が死ぬことのほうが重大であるし、猫の死に比べてもやはり人間の死のほうが重大であるだろう。同じように、テントウムシやネズミが死ぬことよりもクジラやチンパンジーが死ぬことのほうが重大であるように思える。ここで「テントウムシの知性についてもクジラの知性についても人間には100パーセント正確にはわからないのだから、比較できるものではない」と反論する人もいるだろうが、大半の人は、すこし本気になって考えればテントウムシの死とクジラの死は**比較できる**ことに同意せざるをえないはずだ。様々な根拠から、クジラの死はテントウムシの死よりも重大な事態であるということの蓋然性の高さは判断できる。そして、蓋然性の高さにしたがって区別をおこなうことは合理的であり、蓋然性を無視した区別は非合理であるのだ。

最善の判断を志向しつづけること

シンガーによる「利益に対する平等な配慮」の原理でも、そのほかの倫理学者たちの考え方でも、行為の善し悪しを判断するためにはなんらかの**基準**が用いられることが多い。その一方で、基準を用いた判断の不確かさを非難する人も多々いる。ある基準に盲点があったり恣意性があったりすることを指摘して、基準を修正することは有意義であろう。しかし、基準そのものを否定すると、道徳についていっさい判断することができなくなってしまう。だから、限界や欠点があるとしても、区別であるか差別であるかを判断するための基準は絶対に必要なのだ。

アメリカの倫理学者ゲイリー・ヴァーナーの著書『Personhood, Ethics, and Animal Cognition : Situating Animals in Hare's Two Level Utilitarianism（人格、倫理学、動物の認識能力――ヘアの二層功利主義で動物を位置付ける）』から、「基準」の必要性や蓋然性の高さに基づいた判断の必要性について論じられている箇所を、訳して引用しよう。

基準に基づいた私の議論に対する、哲学者のコリン・アレンによる批判に対する私の最初の返答は、「ラムズフェルドの返答」と呼ぶことができるかもしれない。最高の装備や改良型の高機動多用途装輪車両が、イラクに向かうアメリカ軍の全軍に対しては配備されていない、という批判に対して、アメリカの元国防長官のドナルド・ラムズフェルドが言ったとされる返答に由来しているからである。ラムズフェルドはこう言ったのだ。「君も知っているように、戦争には手元にある軍隊で行かなければならないんだ。自分がこれだけほしいと思っている軍隊や、後からこれだけほしかったと思うことになる軍隊で戦争に行けるわけじゃない」。ラムズフェルドと同様に、私もこう言おう。**倫理的な判断は、自分がほしいと思っている証拠ではなく、自分が手にしている証拠に基づいて行わなければならない。**

科学者や、心の哲学を専門にしている哲学者なら、無期限に結論を保留する余裕があるかもしれない。しかし、倫理学者や立法者は、その判断を下すときに入手可能な最善の証拠に基づいて判断を下さなければならない。そして、日々の生活においてはすべての人が倫理学者である。私はいつも自分のことを「倫理学者」ではなく「倫理理論学者（ethical theorist）」と呼んでいる。ポピュラーメディアは「倫理学者」のことを、自分に投げかけられたすべての倫理的問題への答えを持っている人だと描写するからだ。しかし、問題が投げかけられたときの私の答えとは、多くの場合は「その答えは、事実がどんなものであるかによる」というものになる。「日々の生活においてはすべての人が倫理学者なのだ」という私の主張は、すべての倫理的問題に対して表明できる意見をあらゆる人が持っていることを意味してはいない。私が言いたいのは、私たちの全員が、倫理的な議論の対象となる判断を数え切れないほど多く下している、ということなのだ。その判断の多くは待つヒマのないものであるし、その問題に関して必要であったり求められたりする情報をすべて集める前に判断を下す必要がある。このことは、立法者にとっては明白なことだ。立法者は、広い範囲に重大な結果をもたらす政策や法律を不完全な情報に基づいて頻繁に制定しなければならない。しかし、立法者に比べると判断の与える影響は少ないといえ、同じことは私たちの全員に当てはまるのだ。（Varner、115‐116頁）

現実とは不確かなものだ。ある行為がどんな結果をもたらすかには、予想のできない部分が常に存在する。行為をした後であっても、それによって実際には誰に対してどんな結果がもたらされたかを判断するのが難しい場合すらある。合理的だと確信しておこなった区別が、基準が間違っていたために実際は不合理な差別であった、という事態も多々あるだろう。しかし、第5章でも論じるように、わたしたちはトレードオフのジレンマから逃れることができない。結局のところ、**倫理的な判断とはトレードオフに対して最善の回答をおこなおうとする判断のことである。**いま得られる限りの情報を参照しながら、偏見や思い込みをできる限り排除して、間違っていたことが判明した場合にはすぐに修正をしながらも、最善の判断を志向しつづけることが倫理学なのだ。だとすれば、現代の動物保護運動や倫理的ビーガニズムの背景にある「種差別」に関する議論は、ただしく倫理的なものであると言うほかない。

参考文献

・ピーター・シンガー『動物の解放 改訂版』戸田清訳、人文書院、２０１１年。
・Varner, Gary E. *Personhood, Ethics, and Animal Cognition : Situating Animals in Hare's Two Level Utilitarianism*. Oxford University Press, 2012.

第2部 功利主義

第4章

「権利」という言葉は使わないほうがいいかもしれない

社会で起こっている問題や道徳が絡む問題についてわたしたちが考えるときには、「権利」や「人権」という言葉を用いることが多い。

権利という言葉は、契約に関する場面などでは「義務」とセットで用いられることもある。しかし、社会問題や道徳問題においては、権利とは「絶対に守られるべきものであり、それが侵害されている時点で道徳的に不正な状況が発生しているもの」と意味されていることが多いようだ。権利という言葉にこのような意味を持たせる用法は、法哲学においては「切り札としての人権」論と呼ばれる。

そして、世の中にはまさに「不正」であるとしか言いようがない状況がある。そのような状況に対しては、「人権が侵害されている」という言葉は問題なくあてはまるように思える。

たとえば、アメリカの警察による無抵抗な黒人市民の射殺事件、中国政府によるウイグル人の弾圧、東京入国管理局における収容者の虐待など。これらの事態では、力のない弱者や市民の人権が公権力によって侵害されていることが明白であると、多くの人が認めている。通り魔や強盗殺人、強姦などの性暴力、親による子どもの虐待などにおいても、その被害者の人権が侵害されていることを大半の人は認めるはずだ。

アメリカの警察や中国政府や日本の入管当局など、権利を侵害していると批判されている側であれば、批判されている行為や状況を自分たちが発生させた理由をくどくどと述べて、「人権侵害には当たらない」と反論しようとするかもしれない。それぞれの国における保守的・右翼的な政治家や市民たちも、その主張に同調するだろう。しかし、当該国の外に住んでいる人や、国内でも「自国の政府がやることはなんでも正しい」とは思っていない人であれば、政府側がいくら言い訳しようと耳を貸さずに「この状況は人権侵害である」と判断するはずだ。政府と同じように通り魔や強姦魔や虐待親にも、自分の行為を正当化する言い分があるのかもしれない。しかし、彼らが自分の行為をいくら正当化したところで、部外者の目から見れば、状況が「不正」であることは議論の余地なく明白なのである。

権利と権利はしばしば対立する

他方で、誰かが「権利が侵害されている」と訴えてはいるが、その状況が「不正」であるかどうかはただちには判断できない、という状況も存在する。当事者たちのあいだで異なる権利が対立している場合だ。

たとえば、近年の日本では、公共の場に掲示されていた性的な要素の強いイラストが市民の批判によって撤収される、という事態がたびたび起こっている。イラストの作者やその支持者は、「表現の自由の権利」が侵害されている、と訴えるだろう。しかし、撤収を要求した市民も、「女性が性的なモノとして表現されない権利」や「女性が公の場で環境的セクハラを受けない権利」などを主張しているのだ。この場合、イラストが撤収されたことで前者の権利が侵害されたが、後者の権利は保護された。しかし、もしイラストが撤収されずに掲示されたままであった場合には、状況は逆になっていたのである。

禁煙運動に対して「自由にタバコを吸う権利」を標榜して反対している人がいるが、彼らの権利は他の人々の「受動喫煙の被害にあわない権利」と対立する。コロナ禍においては「マスクをつけない権利」や「行動を制限されない権利」が、「感染症をうつされない権利」や「安全な社会に暮らす権利」と対立しているといえるだろう。

また、妊娠中絶の問題の背景には、「選ぶ権利」を訴える女性たちと、胎児の「生きる権利」を胎児に代わって訴える市民や宗教家たちとの論争の歴史がある。そして、宗教的な理由によって自分の子どもが病院で輸血を受けることを拒否する人は、子どもの「適切な治療を受ける権利」を侵害しているとの批判に対して、「信仰の自由の権利」を訴えるはずだ。

強い信条を持つ人であれば、これらの事例についても、「表現の自由は絶対的なものであり、どんな理由があろうと表現が撤回させられることは不正なことだ」とか「胎児は成人と同等の権利を持たないことは自明であり、女性の選ぶ権利は常に胎児の生きる権利より優先される」などと言い切ってしまうことができるだろう。

しかし、大半の人々はそうではない。各問題で対立している権利の両方について理解を示して、それぞれの側の言い分のどちらにも「もっともらしさ」を感じる。そして、どちらの権利が優先されるべきか、ただちに言い切ることはできないはずだ。

政府や当局による弾圧や個人のおこなう凶悪犯罪などが不正であることに議論の余地がないのとは違って、権利と権利とが対立する問題には、議論の余地がたっぷりと存在している。

議論の余地がない事例では、政府当局や加害犯が自分たちの行為を正当化するためにどんな理由を並べたとしても、「でもあなたたちは人権を侵害しているのであり、その行為は認められない」と言って、彼らの主張を拒むことができる。「弾圧する権利」や「加害する権利」をふつうの人にも納得のいくような理屈で主張することは、おそらくほぼ不可能だ。そこでは権利と権利が対立する事態は起こっていないのであり、**トレードオフ**は発生しておらず、バランスをとったり利害を調整したりすることを考慮する必要はない。ただ、「不正な行為を止めろ」と要求するだけでいい。このような事例においては、「権利」という言葉が担うべき役割が正しく機能しているように思える。

他方で、権利と権利が対立する事態では、トレードオフが発生している。どこかでバランスをとったり利害を調整したりすることが要求されるはずだ。対立する当事者のうちのどちらかの権利を守る代わりに、どちらかの権利が侵害されることを許容しなければいけない。あるいは、両方の当事者の権利に一定の制限をかけたところに、利害のバランスが一致する妥協点のようなものがあるかもしれない。いずれにせよ、このような事態では権利は絶対的なものではなくなる。権利がなんらかのかたちで侵害されたり制限がかけられたりしたとしても、その状況が「不正」であるとは限らなくなるからだ。

そして、権利が絶対的なものでなくなるとしたら、代わりの**基準**が必要になる。どちらの権利を優先するべきか、権利に対する制限はどのようにかけるべきか、というトレードオフを考える段階になったなら、もはや「権利」という発想に頼ることはできなくなるのだ。

権利同士の対立を解決する功利主義

「権利」の相対化をおこない、権利と権利との対立に別の基準を持ち込むことによって事態を解決する発想のなかでも代表なものが、「最大多数の最大幸福」を重視する**功利主義**だ。

功利主義にかかれば、権利と権利が対立する問題も、「どうすれば幸福を最大化できるか」という問題に還元される。当事者たちのうち片方の権利を優先したほうがより多くの幸福が生み出せることが自明であるなら、そうするべきだ。どうあがいても誰かが不利益を被る状況であるが、当事者の両方の権利にほどほどの制限をかけることで生じる不利益が最小化されるなら、そうするべきである。

功利主義に基づいて考えようとすると、幸福をどうやって計算するか、特定の権利を制限することで生じる長期的な結果や二次的な結果についてはどこまで考慮するべきか、といった難問が新たに生まれることはたしかである。しかし、少なくとも権利同士の対立を解決する道筋は明確になる。権利だけに基づいて考えると、「権利は絶対に守られるべきだ」という発想に縛られてしまうために、ジレンマに対処できない。しかし、功利主義であれば、「なぜ権利は守られるべきか」というところから思考をスタートして、権利の先にあるものに目を向けることで、トレードオフに対処することができるようになるのだ。

というわけで、権利同士が対立する、「議論の余地のある」問題に対処するうえでは、功利主義は有益である。しかし、功利主義を徹底すると、「議論の余地のない」問題においても権利が相対化されて人権侵害が容認されかねないことはたしかだ。「最大多数の最大幸福」が実現できるのであれば、警官が黒人市民を射殺することも政府がウイグル人を弾圧することも入管当局が収容者を虐待することも認められる、ということになってしまうのではないか？

倫理学者を含む多くの人々が功利主義を批判して否定する理由はいくつか存在するが、おそらく最大の理由は、「功利主義は場合によっては基本的人権の侵害すら容認する」という点にあるだろう。

けれども、功利主義を批判したところで、権利同士が対立したときのジレンマをどうするかという問題は残りつづける。そして、功利主義の創始者であるジェレミー・ベンサムをはじめとして、18世紀から現在に至るまで、功利主義者たちは批判をおそれずに「権利は絶対的なものではない」と論じつづけてきた。彼らの主張には、耳を傾けてみる価値があるはずだ。

この章では、功利主義において「権利」がどう論じられるかを詳しく示すために、功利主義に書かれた本のなかでも比較的最近のものである、ジョシュア・グリーンの『モラル・トライブズ——共存の道徳哲学へ』でおこなわれている議論を紹介しよう。

「共有地の悲劇」を回避するために

グリーンは、哲学者であると同時に、実験心理学や神経科学を研究する心理学者である。『モラル・トライブズ』にも彼のこれまでの研究が反映されており、「道徳に関して人間が抱く心理はどういうものか」に関する主張が展開された後で、その心理学的知見を前提としながら「我々は道徳の問題をどのように考えるべきか?」という規範的な主張が論じられる、という構成になっている。

ただし、注意するべきは、グリーンは「道徳に関する人間の心理はこうなっているから、道徳に関する理論もそれに従うべきだ」とは論じていないことだ。むしろ、彼の主張はその逆である。『モラル・トライブズ』では「道徳に関する人間の心理には欠点や限界があるからこそ、道徳に関する理論は、心理的な反応に左右されない理性的なものでなければいけない」という主張が展開されているのだ。

グリーンによると、道徳に関して人間が持つ様々な心理や、世界各地の社会でそれぞれに発展してきた道徳や規範に関する慣習や制度は、元々は「共有地の悲劇」を回避するために進化してきたものである。共有地の悲劇とは、集団に属する個人たちが合理的に自分の利益を追求してしまうと、結果として集団全体にとっては不利益が生じたり集団が破滅したりしてしまう、という状況のことを指す。このような状況では、個人は自分の利益を追求することを止めて、他人と歩調を合わせて「協力」することを選択しなければならない。

「私」の利益と「私たち」の利益が対立するジレンマが起きたときに、「私たち」の利益を優先させるように促すのが、道徳の持つ機能である。通常、ある生物の心や行動とはその個体にとっての利益や、遺伝子の一部を共有する子や親族の利益しか考慮しないように進化するものだ。人間も、本来であればその例外ではない。しかし、人間には「道徳」という名の感情が備わっているがゆえに、集団のために協力をおこない、協力行動によって発生する恩恵を受けることが可能になっているのだ。

協力に役立つ道徳感情のなかには、共感、感謝、許し、忠誠心、謙遜、高潔さ、畏怖、義憤といったポジティブなイメージの強いものがある。他方で、怒り、嫌悪感、復讐心、羞恥心、罪悪感、他人に対する厳しさ、ゴシップ、自意識、恥じ入り、部族主義、処罰感情など、一見すると道徳的であるとは思えない感情も、実際には、集団内での協力を成立させる機能を持つている。ポジティブなものにせよネガティブなものにせよ、これらの感情は自己利益の追求を抑制して他の人と協力するようにわたしたちを促すか、協力せずに自己利益を追求している他人を非難したり処罰したりするようにわたしたちを誘導するのだ。そして、宗教や伝統を通じて集団内に共有されてきた慣習や制度は、これらの道徳感情の役割を補強するのである。

また、道徳感情は他の情動と同じように自動的に機能する。共感や感謝にせよ、怒りや嫌悪感にせよ、「このような気持ちを感じたいから、いまから感じよう」と思って感じられるものではない。それらの感情を引き起こすトリガーとなる出来事や状況に触れることで、本人の意思とは関係なく、情動が発生するのだ。

道徳の「オートモード」と「マニュアルモード」

グリーンは、経済学者のダニエル・カーネマンが『ファスト&スロー』で展開した「二重過程理論」を下敷きにしながら、道徳感情のことを「オートモードの道徳」と表現している。

情動は自動的なプロセスであり、行動の**効率性**を上げるための装置なのだ。カメラのオートモードのように、情動は、一般に適応的な、何をすべきかについて意識的思考を必要としない行動を生み出す。そしてカメラのオートモードのように、環境からのインプットを行動としてのアウトプットにどう対応させるかという情動反応の設計は、過去の経験と

いう教訓を組み込んでいる。（グリーン、176頁）

対処すべき問題が「集団内」のものである限りは、オートモードの道徳はうまく機能する。集団の構成員たちを互いに協力するように誘導したり、他人を出し抜いて自分だけ利益を得ようとするフリーライダーの存在を突き止めて処罰をおこなわせたりすることができるからだ。集団内のジレンマについては、感情ではなく理性に基づいて計画的・打算的に判断しようとする人のほうが、不適切で誤った行動にたどり着いてしまいやすいのである。

しかし、オートモードの道徳が有効に機能しない場合もある。それは、集団内ではなく集団間における対立、「私たち」と「彼ら」との利益が衝突する場合だ。

たとえば、道徳感情の一種でもある部族主義は、「私たち」の範囲内に含まれる人への配慮を促す代わりに、その範囲の外にいる人たちに対する冷淡さや敵対意識をもたらしてしまう。また、「人はどの程度まで自己利益を求めることが許されるべきであり、どの程度まで集団のために協力をおこなうことが求められるべきか」というバランスについては、集団によって慣習的な規範が異なり、個人主義に偏っている集団もあれば全体主義に偏っている規範もある。どのようなものをタブーとするか、どのような行為が罪でありそれに対してはどれほどの罰が与えられるべきか、またはどんな神を信じるかについても、集団によって異なるのだ。

異なる集団同士が出くわす状況とは、部族主義や価値観の不一致によって、そもそも対立が生じやすい状況である。そして、グローバル化や国内での多様性が発展している現代では、異なる集団同士が衝突する状況が、かつてなく増えている。

感情に基づいたオートモードの道徳は、あくまで集団内のジレンマを解決するために発展したものであり、集団間のジレンマを対処する役には立たない。むしろ、オートモードの道徳は部族主義を加熱させて問題を悪化させてしまう可能性が高い。そのため、集団間の問題に対処するためには、感情ではなく理性に基づいた、マニュアルモードの道徳が必要とされる。マニュアルモードはオートモードに比べて効率性が低い代わりに、自動的な反応に頼らずに問題についてじっくり分析して適切な対処方法について考えることを可能にする、柔軟性の高いモードであるからだ。

マニュアルモードの道徳にも、いくつかの候補がある。「権利」に基づく発想のほか、神の教えから答えを見つけようとする方法、数学の定理を証明するように道徳的真理を証明しようとする方法、科学的事実に基づいて道徳を証明しようとする方法などだ。しかし、グリーンは、これらのいずれの方法も問題があるものとして否定する。

そもそも、グリーンが求めているのはあくまで「違った価値観を持つ異なる集団が衝突して、道徳に関する問題について争っているときに、問題に回答を与えて解決するための道徳とは何か」という、**実用主義的なもの**としての道徳だ。倫理学者の多くは「道徳的真理」が実在することを論じようとしたり、またはそのような真理が存在しないことを証明しようとしたりするが、彼の関心はそこにはない。
そして、実用主義の観点からグリーンが選択する道徳が、**功利主義**なのである。

「メタ道徳」としての功利主義

功利主義であれば、すべての問題を、それが人々の「幸福」にいかなる影響を与えるか、という問題に落とし込んで論じることができる。問題について異なる対処法が提案されているときには、それぞれの対処法が人々の幸福に対してどのような影響が与えられるか、という「結果」の予測に基づいて判断することができるためだ。

そして、どれだけ直感に適していたり特定の部族の慣習に一致していたりする提案であっても、人々の幸福に芳しくない影響を与える結果が予測されるなら、その提案は却下されることになる。功利主義は、異なる対処法の良し悪しを測って、より優れたほうを選択することのできる基準となるのだ（そのため、グリーンは功利主義のことを「メタ道徳」や「共通通貨」とも呼んでいる）。

功利主義は道徳に関する様々な直感や慣習に反しているために、感情的には支持されにくい。しかし、どんな集団に属する人であろうと、理性を用いて「なにが大切なのか」「なにを重視するべきなのか」を冷静に考えてみれば、大半の人は功利主義を支持するであろう、とグリーンは論じる。

『モラル・トライブズ』では、「押すと、自分が骨折することを避けられるボタン」「押すと、誰かが骨折することを避けられるボタン」「押すと、誰かが骨折することを避けられる代わりに別の誰かが蚊に刺されるボタン」「一人の骨折を避けられるボタンAと十人の骨折を避けられるボタンB」といった思考実験が提示される。そして、ごく一部の冷淡な人やサイコパスを除けば、どんな集団に属する人であってもボタンを押す（最後の問題ではボタンBを押す）であろう、とグリーンは予測する。自分が慣れ親しんでいる慣習や制度がどのようなものであろうと、マニュアルモードを用いれば、自分だけでなく他者の幸福についても配慮できるうえ、「結果」や「数」を考慮した結論を下すことができるはずであるからだ。

> まず、私たちは、他の条件がすべて等しければ、少ない幸福より多い幸福を好み、それは自分たちだけでなく他者に対してもあてはまることをはっきりさせた。次に、他者について考えるときは、個人の幸福の多寡だけでなく、影響を受ける人の数も配慮することを確認した。最後に、各個人の幸福の多寡と影響を受ける人数の両方を考慮に入れ、すべての個人の幸福の総和を気にかけることをあきらかにした。他の条件がすべて等しければ、私たちはすべての人の幸福の総和が増すことを好む。（グリーン、254頁）

グリーンによると、「感情」に基づいて判断する人たちが功利主義に反発することも、「理性」に基づいて判断する人たちが功利主義を支持することのどちらも、どの国のどんな社会の人々にも共通する普遍的な傾向だ。わたしたちの身体に備わっているオートモードの道徳感情は功利主義に逆らうようにできており、わたしたちの脳に潜在するマニュアルモードの思考回路は功利主義を支持するようにできているためである。

しかし、先述したように、功利主義に対する最大の批判は「最大多数の最大幸福が達成されるのであれば、功利主義は場合によっては基本的人権の侵害すら容認する」というものであった。なかでもとりわけ有名なものが、『正義論』を著した政治哲学者のジョン・ロールズによる、「功利主義は奴隷制を原理的に否定することができない」という議論だ。

この問題に対して、グリーンはどう答えているのか？　彼は、「奴隷制度によって奴隷にもたらされる不幸が、奴隷主や他の人たちが得られる幸福を上回ることは有り得ない」と論じる。そして、功利主義に対する反論を、以下のようにして退けるのである。

……さしあたって重要なのは、現実世界の功利主義は、批判者たちがいうような、奴隷制度のようにあきらかに不当な社会的取り決めにつながるものではないということだ。あなたが、功利主義について原理的に何をいおうと、実際問題として、世界を可能なかぎり幸福にすることは抑圧につながらない。（グリーン、373 - 374頁）

この主張は、倫理や道徳についての哲学的な議論としてみれば、かなり逃げ腰で不十分なものであるだろう。功利主義に対する批判者を納得させることは難しいように思える。

しかし、先述したように、グリーンが功利主義を支持するのは、道徳的真理を明らかにするためではなく、実際に起きている社会問題や道徳問題について適切な判断をおこなって解決するという実用主義的な目的のためだ。したがって、功利主義には原理的にどのような問題が含まれるかよりも、功利主義が実際の場面ではどのような判断をおこなうか、のほうが重要である。そして、代替案となるほかのどの理論と比べても功利主義は最善の選択肢である、と彼は結論するのだ。

なぜ「権利」から距離を置くべきか

以上、オートモードの道徳とマニュアルモードによる道徳の二重過程論、そしてマニュアルモードのなかでも最善の選択肢としての功利主義、というグリーンの主張を紹介してきた。

そろそろ、この章の本題に戻ろう。なぜ、「権利」という言葉は使わないほうがいいのか？

グリーンによると、「権利」という言葉を用いた議論自体は、功利主義と同じように、マニュアルモードを用いた道徳の一種である。

ただし、功利主義は、マニュアルモードを「客観的で公平な立場から、道徳的な問題に対処して、解決する」という目的で使用した場合にたどり着く理論であった。他方で、権利という言葉を用いた議論は、「主観的な感情を、客観的で公平に聞こえる言葉で正当化する」という目的でマニュアルモードを使用した場合に陥るものであるのだ。

　言うまでもなく、「権利」や「義務」とは物理的にこの世に存在するものではなく、社会的・法的な約束ごとや了解のなかに存在する抽象的な概念である。だが、わたしたちが「権利がある」「義務がある」と言ったりするときには、権利や義務が**そこにある**かのように感じられる。「そこに権利は存在するのだ」と言ってしまえば、実際には自分の主観的な感情を表明しているだけでしかない言葉でも、まるで客観的な事実を説明しているかのように聞こえる。だからこそわたしたちは「権利」と「義務」の言い回しを好むのだ、とグリーンは論じている。

> 　ある人にある権利があると言うとき、あなたは、その人に指が一〇本あるという事実のように、その人が所有するものについての客観的事実を述べているように見える。
>
> 　私が正しいならば、権利と義務は、とらえどころのない感情を、理解し操作できる、より物体めいたものに変換する、マニュアルモードの企てなのだ。マニュアルモードはもっぱら、行為、出来事、そして、それらを結ぶ因果関係といった外界の物質的な事物を処理するために存在する。であるなら、マニュアルモードの本来の概念体系は、具体的な「名詞」と「動詞」の概念体系である。それでは、オートモードの出力である、どこからともなく湧きあがる謎の感情を、どう理解すればよいだろう？　それさえなければ完全に理に

> かなっていそうな行動に異議を申し立てる（もしくは、それさえなければ選択の余地がありそうな行動を命じる）謎の感情のことだ。答えはこうだ。オートモードは、こうした感情を外部にあるものの心像として表象している。感情が名詞化されるのだ。なされるべきではないと言う不定形の感情が、「権利」と呼ばれる……（中略）……現実のものの心像としてイメージされる。（グリーン、４０５-４０６頁）

つまり、「権利」とは、わたしたちの内側にある感情を正当化して強弁するために、その感情が実在する物体であるかのようなもっともらしい表現を与えたもの、であるのかもしれない。

功利主義と比べての難点

功利主義と比べると、権利に基づいた議論には様々な難点が存在する。

まず、功利主義なら、問題に対する対処法を証拠に基づいて評価することができる。ある対処法が問題を解決することに成功したか失敗したかは、その対処法が人々の幸福を促進させたかどうかで測れば、実証することができるのだ。また、もし誰かがオートモードの感情を功利主義的な理屈で正当化しようとした場合にも、「その主張にしたがっても、人々の幸福を増やすという結果はもたらされない」ことが示せれば、その主張を退けることができる。功利主義的な主張には**反証の余地**があり、そのために、感情の正当化として濫用されることを予防することができるのだ。

しかし、権利に基づいた主張は、証拠によって評価することはできない。また、グリーンによると、「どの人がどの権利を持つのか」を定めようとする理論は、現時点ではすべて循環論法に陥っている。その主張がどれだけ理性的で論理的に聞こえようとも、権利に訴える議論とは、自分たちの感情や価値観を根拠なしに押しつけるものでしかないのだ。

また、功利主義は、わたしたちの意識の外側にある「結果」をも考慮に入れる。そのために、ある社会ですっかり定着していて常識とされている慣習や制度についても、それが引き起こしている結果を冷静に見つめ直すことで問題の存在を発見して、異議を唱えることが可能になるのだ。創始者であるベンサムやJ・S・ミルの時代から、功利主義は奴隷制度に反対して女性を男性と平等に扱うことを求め、同性愛者に対する差別を非難して、さらには動物に対しても道徳的に配慮する必要性を説くことができた。功利主義者は権利を批判するとはいえ、現代の社会に定着している「権利」の多くは、功利主義者たちによって発見されてきたものなのだ。

他方で、「権利」という発想だけに頼る人は、すでに制度的に認められている権利ばかりを重視してしまい、法律などで権利が制定されていない存在に対しては目を向けられなくなってしまうおそれがある。18世紀にアメリカやフランスで採択された「人権宣言」が、女性の権利も、白人以外の人々の権利も考慮に入れていなかったことは象徴的だ。現代においても、動物の権利運動は、「肉を食べる権利」などの「人権」が障壁となって阻まれている状態にあるといえるだろう。

「権利」は適用範囲を見極めて

それでも、功利主義による権利批判には、やはり不安が残る。冒頭でわたしが「議論の余地がない」と呼んだ事態……無実の市民の殺害、少数民族への弾圧、難民や移民に対する虐待などを非難するうえでは、「権利」という言葉は意味を持つように思える。このような事態を非難するのに、「その行為は全体として人々の幸福を減らしているから、正しくない」という言い回しを用いるのはまわりくどく、本質からもズレている気がするものだ。

功利主義は、このような事態でも「権利」という言葉を否定するのだろうか？

実際には、功利主義者たちの大半も、**方便**として権利という言葉を使うことは認めている。ただし、それは権利の存在を認めているからではなく、権利という言葉を用いたほうが善い結果がもたらされる場合に限るのだが。

グリーンは、情動を強く刺激する「権利」という言葉が人種差別撤廃運動の成功に果たした役割などを評価しつつ、あくまで実用主義の観点から、以下のように論じている。

> 私たち、現代の羊飼いは、奴隷制度、レイプ、大虐殺は、断じて受け入れられないと合意している。その理由は様々だ。ある者は神の意志に、ある者は人権に訴える。私と似た

考えの人たちは、圧倒的で不要な苦しみをそれらが引き起こすために反対している。そして、おそらくほとんどの人は、道徳的常識の問題として、心の中でとくに正当化することもなく、たんに反対している。しかし私たちはみな、これらのことはまったく受け入れられないという点で合意している。言い換えると、一部の道徳判断は、本当に共通感覚《コモンセンス》（常識）なのだ。共通とは普遍という意味ではない。実用的・政治的目的にとって十分共通という意味だ。これは解決済みの問題なのだ。

本当に解決済みの道徳問題を扱う場合には、権利を持ち出すことに意味がある。なぜか？　権利の言い回しは、私たちのもっとも堅固な道徳的傾倒を的確に表現しているからだ。いくつかの確固とした信念をもち、いくつかの考えを即座にはねつけるのはよいことだ。それは、こういったあらゆる事例に関して、私たちが正しいと保証されているからではない。間違っているリスクの方が、ぐらついているリスクより小さいからだ。（グリーン、409‐410頁）

結局、権利という言葉を用いることが適切なのは「解決済みの問題」の場合に限られるようだ。

逆に言えば、「表現の自由の権利」と「女性が性的なモノとして表現されない権利」とが衝突する事例のような、現在進行形で論争が起きている未解決の問題では、権利という言葉を用いることはやはり不適切なのである。

必要となるのはトレードオフを処理できる考え方

最後にひとつだけ、わたしの考えを述べよう。

「権利」を主張するロジックは、国や政府や権力から市民の利益を守るためという文脈では、おおむね有効に機能するように思える。問題なのは、**市民と市民とのあいだで利益が対立している事例**において、権力に対するときと同じように「権利」という単語が用いられることだ。「表現の自由の権利」が権力から保護されることは正当だろうが、その表現が他の市民を傷つけている場合には、もはや批判を受けつけない絶対的な権利であると言い張ることはできなくなる。

たとえば、これまで権力の大部分は男性によって握られてきたからこそ女性たちの権利を権力から守ることは重要であるが、その女性たちの利益がさらにマイノリティで弱い立場にある存在と衝突する場合には、女性の権利だけを主張することはもはや通じない。

しかし、グリーンが論じたように、「権利」という名詞はまるでそれが現実に存在するかのような印象を人々に与える。対権力の文脈では「表現の自由の権利」や「女性の権利」という言葉が有益であるゆえに、実際に何度も用いられてきたからこそ、それらの権利が存在するという感覚が人々に強く刷り込まれた。だから別の文脈でも、権利という言葉から離れることができなくなってしまったのである。
しかし、何度も言うように、権利と権利が対立した時点で、権利に訴える議論はもはや問題解決には役立たないものとなる。そこで必要となるのは、たとえば功利主義のような、トレードオフを冷静に処理できる考え方なのだ。

参考文献

・ジョシュア・グリーン『モラル・トライブズ――共存の道徳哲学へ（上下）』竹田円訳、岩波書店、2015年。

第5章

「トロッコ問題」について考えなければいけない理由

「トロッコ問題」についてご存知の方は多いだろう。

この思考実験は、日本では2010年に翻訳されたマイケル・サンデルの『これからの正義の話をしよう』で取り上げられ、NHKの「ハーバード白熱教室」でもサンデル教授が学生たちにトロッコ問題を投げかける姿が放映されたことで、多くの人の印象に残ることになった。

哲学論文のかたちでトロッコ問題が最初に登場したのは、20世紀の後半である。そこから数十年のあいだに何十人もの哲学者たちがこの問題について議論をおこない、「分岐線」問題や「歩道橋」問題をはじめとする様々なシチュエーションを考案してきたことで、今日も新たなトロッコ問題が生み出されている。

他方で、サンデル教授がブームになった頃から、日本ではトロッコ問題に対する批判が目立つようになってきた。批判者たちは、限定された状況で「一人の命を守るか、五人の命を救うか」という選択を突きつけてくるトロッコ問題は、そのような事態を引き起こした者の責任を有耶無耶にしてわたしたちの考えの幅を意図的に狭めさせる、擬似問題であるとみなしているのだ。

本章では、哲学ライターのデイヴィッド・エドモンズがトロッコ問題の歴史をまとめた『太った男を殺しますか？』や、前章でも紹介したジョシュア・グリーンの『モラル・トライブズ――共存の道徳哲学へ』を手がかりにしながら、「トロッコ問題についてわたしたちはどう向き合うべきか」ということを考えていこう。

「分岐線問題」の概要

トロッコ問題を最初に考案したのは、倫理学者のフィリッパ・フットである。１９６７年に彼女が『オックスフォード・レビュー』に発表した論文「中絶の問題と二重結果論」では、トロッコ問題のなかでも「分岐線」や「スイッチ」と称されるバージョンのものが提案された。フットが提案した「分岐線」は、もっともオーソドックスでわたしたちにとってなじみ深いタイプのトロッコ問題だ。

・線路脇に立っているあなたは、ブレーキが故障して暴走するトロッコを目撃する。そして、トロッコが向かう先には、**五人**の人が線路に縛りつけられている。あなたがなにもしなければ、五人は列車に轢かれて死ぬ。しかし、あなたのそばには線路の方向を切り替えるためのレバーがある。このレバーを倒せば、トロッコは分岐線に引き込まれて、五人が縛りつけられているのとは別の線路に向かう。ただし、切り替えた先の線路にも、**一人**の人が縛りつけられている。トロッコが分岐線に引き込まれた場合には、この一人が列車に轢かれて死ぬ。

このジレンマに「トロッコ問題」という呼び名が与えられたのは１９７６年であり、名付け親はフットと同じく倫理学者のジュディス・ジャーヴィス・トムソンだ。

そして、フットが「分岐線」問題が考案してから18年後の１９８５年、トムソンは「歩道橋」問題を考案したのである。

「歩道橋」問題の概要は、以下の通り。

・あなたは、線路の上にかかった歩道橋に立っている。線路を見下ろしてみると、ブレーキが故障して暴走するトロッコと、その先に**五人**の人たちが縛りつけられているのを目撃した。今回は線路は一本道であり、トロッコの向かう先を切り替えるレバーはない。しかし、歩道橋には、あなただけでなく**一人**のものすごく太った男もいる。もしあなたが彼を歩道橋から突き落とせば、太った男は線路に落下して、暴走するトロッコはその巨体に衝突するだろう。衝撃により、トロッコは五人の人を轢く前に停止する。ただし、太った男は命を落とすことになる。（なお、あなたが線路に飛び込んでも、体重が足りないためにトロッコを停止させることはできない）。

元にあるのは「二重結果論」についての考察

そもそもフットが分岐線問題を提案したのは、「**二重結果論**」について考えるためであった。二重結果論とは、ある人の行動がもたらす帰結を「本人が意図した結果」と「本人は意図していないが、生じることが予見された結果」とに区別したうえで、行動を起こした人が責任を問われるのは「意図した結果」だけであり、「予見された結果」については責任を問われない、とする考え方である。

二重結果論は、カトリック神学において「例外的に中絶が認められるのはどのような場合か」を議論する際に用いられてきた。通常、カトリックでは胎児の命には成人の命と同等の価値があるとされ、中絶は認められない。しかし、中絶をしなければ妊婦の生命が危ういという場合には、妊婦を救う目的のために中絶をおこなうことは認められる。たとえば、妊婦の子宮に腫瘍があって、子宮摘出をするしか彼女の命を救う方法がない、という場合だ。このとき、子宮を摘出するという行為の**目的**は妊婦の命を救うことにあり、胎児を死亡させることではない。つまり、通常の中絶では胎児を死亡させることは「意図した結果」となるのに対して、妊婦を救うための行為の結果として胎児が死亡することは「予見された結果」でしかないのだ。そのため、通常なら中絶を認めないカトリックも、この場合においては中絶を認める。妊婦にも医者にも、予見された結果の責任を問うことはできないからだ。

分岐線問題は、二重結果が問題となる状況をわかりやすく抽象化したものである。スイッチのレバーを倒すことの目的は、あくまでも五人の命を救うことだ。レバーを倒すことで分岐線にいる一人は死んでしまうことは予見されるが、それはレバーを倒すことの目的ではない。だから、いついかなる場合でも人の命を奪うべきではないという信念を抱いている人ですら、分岐線問題でレバーを倒すという行為については、二重結果の考え方に従って容認することができるのだ。

しかし、同じく「五人の命が救われる代わりに、一人の命が奪われる」という結果をもたらす行為であっても、歩道橋問題で「太った男を突き落とす」ことは、分岐線問題で「レバーを倒す」こととはかなり事情が異なってくるようである。

すでに論じたように、分岐線のシナリオであなたは線路上の男を殺したいわけではない。だが、太った男のシナリオでは、肥満体の男（あるいはバッグを背負った男）が、路面電車と危機に瀕している五人のあいだをふさぐ必要がある。彼がそこにいなければ、五人は命を落とすことになる。彼はある目的、つまり路面電車が五人を殺す前に止めるという目的に対する手段なのだ。太った男が自発的に飛び降りるとすれば、それは尊い犠牲となるだろう。だが、あなたが彼を突き飛ばせば、自律的な人間ではなく、まるでモノであるかのように彼を利用していることになる。（エドモンズ、64頁）

二重結果論を持ち出しても、太った男を突き落とすことは容認されない。太った男が線路に衝突して、トロッコに轢かれて死亡することは、彼を突き落とした人が意図した結果であるためだ。

トムソンは二重結果論の代わりに「**権利**」という概念を持ち出すことで、分岐線問題と歩道橋問題の違いを示そうとした。スイッチのレバーを倒したところで、誰かの権利を侵害していることにはならない。他方で、太った男を突き落として殺すことは彼の権利を侵害する行為である、とトムソンは論じたのである。

嫌悪感を構成する二つの要素

実は、二重結果論や権利を持ち出さなくとも、市井の人々の大半は「分岐線問題でレバーを倒すことよりも、歩道橋問題で太った男を突き落とすことのほうがより悪い」という判断をしている。

倫理学者であり心理学者でもあるグリーンは、分岐線問題や歩道橋問題に加え、その他様々なバリエーションのトロッコ問題を被験者たちに投げかけて回答させる、という実験をおこなった。すると、分岐線問題ではレバーを倒すという判断をした人が多かったのに対して、歩道橋問題では太った男を突き落とさないという判断をした人のほうが多かったのである。

「五人の命を救うためであれば、一人の命を犠牲にすることは認められる」という考え方は、「最大多数の最大幸福」を重視して、「意図」よりも「結果」を優先する、功利主義の主張と共通している。前章でも紹介したように、『モラル・トライブズ』では、どんな文化圏に所属している人であっても、道徳問題について感情ではなく**理性**に基づいてじっくり考えた場合には、大半の人が功利主義的な判断を選択することが示されている。他方で、**感情**としては、五人の命を救うためであっても一人の命を犠牲にすることを選択するのは難しい。そして、思考に基づいた判断を下すことに対する感情の抵抗は、分岐線問題よりも歩道橋問題においてのほうが強くなる。そのために、分岐線問題では五人を救うという選択をできた人であっても、歩道橋問題では太った男の命を犠牲にすることができなかったのだ。

研究の結果、グリーンは、太った男を歩道橋から突き落とすという選択に生じる嫌悪感は二つの要素から構成されていることを突き止めた。ひとつめは、「密着効果」だ。自分の筋肉を使って他人に直接的に危害を与えるという行為は、それが想像上のものであっても、わたしたちを尻込みさせる。ふたつめは、「危害を加える意図」の有無である。生じる結果が同じであったとしても、想定した目的を実現するための手段として相手を意図的に傷つけることより、目的を実現しようとしているうちにたまた事故的に相手を傷つけてしまうことのほうが、マシな事態であるとわたしたちは判断するのだ。

つまり、二重結果論とは高邁なカトリックの神学が独自に発見したこの世の真理などではなく、わたしたちの大半が自然に持っている感情に理屈を与えて正当化したものだといえる。カトリックであろうとなかろうと、わたしたちは「意図される結果」は重要であると感じて、それに比べると「予見される結果」は重要でないように感じてしまうのである。

歩道橋問題では「密着効果」と「危害を加える意図」の両方が満たされるために、嫌悪感という感情が理性を上回る。分岐線問題にはどちらもないために、多くの人が理性的な判断を下すことができる。そこで、グリーンは歩道橋問題から密着効果だけを取り除いた「落とし戸」問題を考案して、被験者に答えさせてみた。

・線路脇に立っているあなたは、ブレーキが故障して暴走するトロッコを目撃する。そして、トロッコが向かう先には、**五人**の人が縛りつけられている。あなたがなにもしなければ、五人は列車に轢かれて死ぬ。だが、線路の上には歩道橋がかかっており、そこには**一人**のものすごく太った男が立っている。そして、歩道橋には落とし戸が仕掛けられており、あなたのそばには落とし戸を開くためのスイッチがある。あなたがスイッチを押せば、落とし戸は開いて、太った男は線路に落下する。そしてトロッコは太った男に衝突して、太った男は死ぬが、その衝撃により、暴走するトロッコは五人を轢く前に停止する。

論理的には「歩道橋」問題と「落とし戸」問題は、ほぼ等しい。これらの問題で問われているのは、トロッコを止めて五人を助けるために歩道橋から太った男を落とすかどうか、という選択だ。違いは、自分の手で男を直接突き落とすか、スイッチを使って間接的に線路に落とすか、だけである。だが、スイッチを使う「落とし戸」問題では、五人を助けるために太った男を殺すことが許容される傾向が強くなるのだ。この差分は、「密着効果」の有無によって生じていると考えられる。

ただし、「落とし戸」問題であっても、「分岐線」問題に比べると「五人を救うためであっても一人を殺すのは間違っている」と答える人のほうが多い。「分岐線」問題でレバーを倒すこととは異なり、「落とし戸」問題でスイッチを押すことには「危害を加える意図」が存在しているからだ。

しかし、「密着効果」や「危害を加える意図」が重大に感じられるのは判断を下す本人にとってだけである、ということには留意してほしい。太った男の立場からしても、線路の先に縛りつけられている五人の立場からしても、そんなあやふやな感情で自分の生死が左右されてほしくないと思うはずであろう。わたしたちが特定の行動に嫌悪感を抱き、別の行動にはそれほどの嫌悪感を抱かないとしても、その違いが道徳的に重要であるとは限らない。

理性に基づいた判断が正しいとは限らないし、感情に基づいた判断にも正当性があるはずだ、と反論する人もいるかもしれない。このような反論に対し、グリーンは「進化論的暴露論証」と呼ばれる主張を展開することで、感情よりも理性に基づいた判断を下すことの優位性を説いている。

オートモードの感情とマニュアルモードの理性

グリーンによると、「密着効果」や「危害を加える意図」がわたしたちに引き起こす嫌悪感や、ひいては道徳的な問題に関してわたしたちが抱く感情の全般は、わたしたちの祖先が、「社会」という環境に適応するために進化したことで身につけたものである。

当然のことながら、自分の身体を使って他人に危害を加えること（なぐったり、突き飛ばしたりすること）はトラブルの火種となり、自分に不利益をもたらす可能性が高い。危害を加えた人に反撃されたり、その場面を目撃していた他の人たちからの評判が悪くなったりするかもしれない。そのため、わたしたちは「密着効果」に嫌悪感を抱くことで、そのようなトラブルを起こさないように自分を無意識に押さえつけている。

「危害を加える意図」に嫌悪感を抱くのは、行為に二重結果が発生するような状況は特殊な例外であり、通常の状況でおこなわれる行為では「意図された結果」しか発生しないことに由来しているだろう。通常の状況であれば、他人に危害を加えることを意図した行為は、他人に危害を生じさせること以外の結果を生まず、ろくなことにならない。そのため、「危害を加える意図」に嫌悪感を抱くことで、他人に危害を与えるような行為をしてしまわないように自分をセーブする機能が、わたしたちには備わっているのである。

道徳感情とは、自分と他人のあいだや自分と集団とのあいだでトラブルが発生するリスクを予防するための、オートモードの安全装置として進化してきたものだといえる。そして、通常の環境であれば、大概の場合では道徳感情に従うことは正しい。自分の身体を使って他人に意図的に危害を加えることで、より多くの人々を助ける結果が得られるというのは、ごく特殊な状況でしか成立しないためだ。

しかし、トロッコ問題とはまさに「特殊な状況」である。そして、道徳感情が「通常の状況」に対応するために進化したものであるとしたら、「特殊な状況」では道徳感情に従うべきではない。必要なのは、理性に基づいて考えることだ。感情がオートモードの機能であるのに対して、理性は複雑で特殊な状況に対応するために進化してきたマニュアルモードの機能であるからだ。

ただし、理性は、オートモードの選択に理屈を与えて正当化することにも使えてしまう。たとえば、「密着効果」に対する嫌悪感や「危害を加える意図」への嫌悪感から太った男を突き落とさずに五人の命が奪われる結果を容認したことについて、「権利の侵害になるから突き落とさなかった」などの理由を後付けして、感情的な選択を理性的な選択であるかのように装ってしまうこともできるのだ。ただの感情的な選択であれば「もしかしたら、あの選択は間違っていたかもしれない」と後から反省することもできるかもしれないが、「あの選択をしたことにはこんな理由があったのだから、正しかったのだ」と正当化されてしまった選択について反省することは困難だろう。

この問題への対処法について、グリーンはインタビュー記事のなかで以下のように答えている。

インタビュアー：自分が感情の正当化をしているのではなく、道徳的な推論を正しく行っていると判断するためにはどうすればいいでしょうか？

グリーン：判断する方法のひとつとして、感情や身体的な反応としては気に食わない結論を自分自身が真剣に受け入れられているかどうかを確認する、ということがあります。自身の身体的な反応と闘うことができているかを確認するのです。もし身体的な反応と闘うことができているのなら、感情を合理化しているのではなく、実際に真剣に考えることができていると明らかにいえるでしょう。[*3]

先述してきたように、グリーンはトロッコ問題を用いた研究をすすめることによって、道徳感情の限界と、理性を用いて考えることの必要性を発見した。この発見を土台としながら、

『モラル・トライブズ』では、他の倫理学理論に対する功利主義の優位性を主張する議論が展開されることになるのだ。

市井の人々にとっても意義がある

トロッコ問題を用いた研究は、グリーンのものに限られない。

たとえば、倫理学者のフランシス・カムは「一人のうしろの六人」「回転盤」「トラクターの男」「転落」「線路道具」などなど、トロッコ問題のバリエーションを数多く生み出している（各問題におけるシチュエーションの詳細については、ここでは書き切れないので、カム本人の著作や『太った男を殺しますか？』を参照していただきたい）。そのうえで、それぞれの問題について「この問題では、五人を救うべきだ」「この問題では、一人を犠牲にすることは許されない」などと答えていくことによって、わたしたちが道徳について抱いている直観とはなんたるものであるか、わたしたちが道徳について考える際に掲げるべき原理とはいかなるものであるべきか、ということをカムは追求していくのだ。

また、トロッコ問題が意味を持つのは倫理学の研究者にとってだけではない。研究活動をしない市井の人々にとっても、トロッコ問題について考えることには大いに意味がある。

＊3—https://www.theatlantic.com/science/archive/2016/02/how-do-emotions-sway-moral-thinking/460014/

フットがトロッコ問題を考案した当初の目的は、「二重結果」について論じるためであったかもしれない。だが、現在ここまで多くの哲学者たちがトロッコ問題を論じていて、メディアやフィクション作品でもトロッコ問題が取り上げられて人々の関心を引いている理由は、トロッコ問題には「一人の命を守るか、五人の命を救うか」という**トレードオフのジレンマ**が含まれていることのほうにあるだろう。

トレードオフのジレンマは、現代社会に存在する様々な問題に通底している。たとえば、エドモンズは以下のように書いている。

> 全員を救えないこともある。政治家は生死を分ける決定をしなければならない。医療当局者もそうだ。医療資源にはかぎりがある。X人の命を救うと思われる薬に資金提供するか、Y人の命を救う別の薬に資金提供するかの選択を迫られるとき、その医療団体は――誰かを殺すことにかかわるジレンマではないとはいえ――事実上ある種のトロリー問題に直面しているのだ。（エドモンズ、23頁）

また、『太った男を殺しますか？』の第1章では「チャーチルのジレンマ」と呼ばれる事例について紹介されている。第二次世界大戦時、ロンドンの中心部を狙ってドイツ軍が放ったV1飛行爆弾は、実際には中心部ではなく、南部にある労働者階級の居住地に落下していた。

イギリスのウィンストン・チャーチル首相は、二重スパイを活用して偽情報を流すことで、「V1は中心部に命中し続けている」とドイツ軍に信じさせる、という決断を下したのである。これにより、中心部に住んでいる多数の人々の命は守られることになった。しかし、爆弾が南部に落下し続けることで、そこに暮らす少数の人々の命は奪われたのだ。

市井の人々の大半は、医療当局者や政治家が直面するようなジレンマとは無縁に生きるかもしれない。しかし、民主主義の国では、市民は政治と無縁ではない。戦時のリーダーにどんな政治家を据えるかという選択についても、「医療資源をどのように分配するか」という政策決定についても、選挙で投票したり政治活動をしたりすることで、市民は関与することができるのだ。

経済政策は人々の生死を直接的に左右する、ということが指摘されるようになって久しい。さらに、コロナ禍の昨今では、経済と公衆衛生とのトレードオフの問題がしきりに論じられている。

そして、民主主義システムにおいては、「投票しない」「議論に関わらない」という消極的な判断ですら、「多数派の判断に従う」「現状維持を肯定する」という結果につながる。民主主義社会に生きるわたしたちは、政策の決定に関する責任から逃れることはできないのだ。

だからこそ、わたしたちはトロッコ問題について考えなければいけないのである。

トロッコ問題に対する批判の背景

とはいえ、冒頭でも述べたように、サンデル教授が話題になった2010年頃から、トロッコ問題に対して批判をおこなう人たちも増えるようになった。

なかでも典型的なのは、「なぜ、一人の命を守るか五人を救うかの選択が強制されているのか?」「それ以外の方法で事態を解決するという選択は、なぜ存在しないのか?」という批判である。

たしかに、分岐線問題にせよ歩道橋問題にせよ、その状況があまりに不自然であることは否めない。現実にそんな場面に出くわした場合には、急いで五人のもとに駆けつければ、線路から解放することができるかもしれない。線路を破壊することで、トロッコを止められる可能性もあるだろう。逆に、太った男を突き落としたところでトロッコを止められるという確信が持てないことも多いはずだ。

なにより、たまたま線路の近くに居合わせた一般人である自分が、一人の命か五人の命かの選択を強制させられること自体が理不尽ではある。そのため、トロッコ問題に対する批判者たちは「それよりも、暴走するようなトロッコを作った設計者や、線路に安全装置を設けなかった管理会社、ひいてはそれを放置していた社会など、トロッコ問題が起こるような状況を生み出した者の責任を問うほうが重要だ」と主張するのである。

実を言うと、かくいうわたしも、大学院の授業でトロッコ問題について議論する時間があったときに、上記のような主張をおこなうことで回答を回避していた。大学生の頃のわたしは左派の論客たちの本やブログを熱心に読み込んでいたために、授業に参加する前から、「トロッコ問題に対して左派ならどう答えるか」ということを「予習」していたのだ。

左派は権力を批判することを好む一方で、権力を持たない個人の責任を追及することは嫌う。そのため、トロッコ問題を投げかけられたときには、「問題ある状況を作り出した権力者や、社会の責任を問え」という種類の答えをおこなうことが、彼らのあいだでは定番となっているのである。

しかし、問題の前提を否定することで回答を回避しようとすることは、思考実験に向き合う態度としてはあまりに不適切だ。

哲学者の森村進は、著書『幸福とは何か』で幸福に関するさまざまな思考実験について紹介したうえで、下記のように書いている。

> 幸福とは何かを考えるにあたって、私は本書でさまざまの思考実験を利用してきましたが、その中には非現実的な例も少なくありませんでした。この方法は現代の哲学、特に分析哲学と呼ばれている著作の中ではごくありふれたものです。しかし世の中にはそれに反発する人も少なくありません。彼らは「そんな事態は実際には発生しない」とか「その例においては〈これこれしかじか〉と前提されているが、〈これこれしかじか〉だということ

とが当事者にどうして確信できるのか?」などと言って、思考実験に向かい合おうとしません。思考実験は地に足のついた思考の敵だ、と彼らは信じているのでしょう。

たいていの場合、このような批判は的外れです。思考実験は現実に起きそうな事例の「予行演習」として意図されているのではありません。それは現実の状況を複雑化させ明快な回答を難しくしているさまざまの要素をあえて捨象することによって、われわれが持っている直観・信念を明確に意識させるために役立つ道具として提出されているのです。特に、広く受容されている見解を検討するためにはこの方法がしばしば欠かせません。

(森村、216-217頁)

また、思考実験をしない人は自分の見解にとって都合が悪い判断を直視しないために、その思考が独善的になりがちである、とも森村は指摘しているのだ。

トレードオフのジレンマからは逃れられない

左派の人々がトロッコ問題を批判する背景には、「一人の命か五人の命か、という人命のトレードオフは、現実においては擬似問題としてしか提示されない」という考え方が存在する。たとえば、「医療や福祉に対してかけられる費用は限られているから、その費用を誰にどうやって分配するか考えなければならない」と政治家が提言したとしても、実際には、富裕層に対する徴税を増やしたり産業振興にかける費用を減らしたりすることで、医療や福祉にかけられる費用を増やすことができるかもしれない。

政治家が「人命のトレードオフ」を口にするときには、前提となる条件があらかじめ設定されていて、「トレードオフをおこなわずに、問題を解決する」という選択肢が意図的に排除されているおそれがある。だとすれば、「人命のトレードオフ」という問題設定を受け入れて、選択をおこなうこと自体が間違っている。政治家の提言に誘導されるべきではない。それと同じように、トロッコ問題の設定も受け入れるべきではないのだ。……トロッコ問題批判者の多くは、こんな考え方をしているようだ。

この考え方は、「パイの切り分け方を考えるのではなく、パイを大きくする方法を考えよ」というスローガンで表現することもできるだろう。

たしかに、医療や福祉に関する具体的な政策について考える場合には、「パイを大きくする方法」について考えることを怠るべきではない。また、保守的な政治家や弱者に対して冷淡な政治家が、医療や福祉にかける予算を減らしたいという思惑を持ちながら「パイの切り分け方」について論じようとする、という事例が実際に起こっていることは、わたしにも否定できない。

しかし、パイをどこまで大きくしたところで、限りは必ず存在する。だから、いくらパイが大きくなったところで、どこかの時点でそのパイを切り分けなければいけないことは変わらないのだ。
トロッコ問題は架空の思考実験であるとはいえ、それが問いかけるようなトレードオフのジレンマは、**現実の世界**で発生しているのである。そして、現実で起こっている問題に適切に対処するためにこそ、わたしたちはトロッコ問題について考えなければいけないのだ。

幸い、こうした不慮の死のほとんどは架空の話だ。とはいえ、これらの思考実験の目的は、われわれの道徳的直観をテストし、道徳原理の確立を手助けし、それによって世界——そこでは現実の選択をせざるをえないし、現実の人間が傷ついている——に実益をもたらすことにある。（エドモンズ、5頁）

トロッコ問題に対する批判のなかには、「不謹慎さ」を指摘するものもある。「歩道橋」問題で突き落とされる男が太っている理由は「問題に回答している本人は痩せているので線路に落ちてもトロッコを止めることはできないが、太った男の体であればトロッコを止めることができる」という設定にすることで、「自分が飛び降りる」という選択肢をあらかじめ排除することにある。しかし、いくら理由のある設定だとはいえ、体型差別の誹りを免れることは難しい（そのため、近年では「リュックサックを背負った男」に設定が変更されることもあるようだ）。

カムやグリーンがおこなったような、五人の命や一人の命を危険にさらすシチュエーションを手を替え品を替え考案しては自分で回答したり他人に回答させたりする、という行為そのものに対して「人間の命や尊厳を軽んじているのではないか」と嫌悪感を抱く人もいることだろう。

だが、感情に理屈をつけて正当化することの危険性についてグリーンが言及していたことを思い出してほしい。わたしは、トロッコ問題に対して投げかけられる批判の大半は、トロッコ問題に対して抱く嫌悪感に理屈を与えて正当化したものにすぎないのではないか、と疑っている。

トロッコ問題を投げかけられたとき、大半の人は、当初は「五人を救うためであっても、一人を犠牲にすることは許されない」と感じても、じっくり考えていくうちに「一人を犠牲にしてでも、五人を救うことのほうが大切だ」と結論を改めることになる。しかし、自分の感情を抑えて理性を用いるというこのプロセス自体に、しんどさや不快感が伴うものだ。思想としての功利主義に対して批判的見解を抱いている人であれば、そのような不快感はなおさら経験したくないはずである。そのため、彼らはトロッコ問題そのものを否定することで、回答を回避しようとしているのかもしれない。

しかし、トロッコ問題をいくら否定したところで、トレードオフのジレンマが世界からなくなるわけではない。「パイを大きくせよ」と唱える人も必要かもしれないが、パイの切り分け方を考える人だって必要だ。だからこそ、トロッコ問題から目を逸らしてはいけないのである。

参考文献

・デイヴィッド・エドモンズ『太った男を殺しますか?――「トロリー問題」が教えてくれること』鬼澤忍訳、太田出版、２０１５年。
・ジョシュア・グリーン『モラル・トライブズ――共存の道徳哲学へ（上下）』竹田円訳、岩波書店、２０１５年。
・森村進『幸福とは何か――思考実験で学ぶ倫理学入門』筑摩書房、２０１８年。

第6章

マザー・テレサの「名言」と効果的な利他主義

慈善なのか偽善なのか

「自分の国で苦しんでいる人がいるのに他の国の人間を助けようとする人は、他人によく思われたいだけの偽善者である」

「大切なことは、遠くにある人や、大きなことではなく、目の前にある人に対して、愛を持って接することだ」

「日本人は他国のことよりも、日本のなかで貧しい人々への配慮を優先して考えるべきです。愛はまず手近なところから始まります」

これらの言葉は、1980年代に訪日したマザー・テレサが、日本人に向けて**言ったとされる**言葉だ。

ちょっとGoogleで調べてみれば、「マザー・テレサが実際にこの言葉を言ったかどうかは確認されていない」と検証したウェブサイトを見つけることができる。

しかし、芸能人が寄付をおこなったというニュースや慈善行為に関わっている有名人へのインタビュー記事などに付いたSNSのコメントを見てみると、「偽善者」に対する批判をおこなうためにこの言葉を持ち出す人は、いまだに多い。また、学生の頃にわたしが友人と会話をしていたときにも、国際ボランティアサークルに入っていたり街頭で寄付活動をしていたりする学生を揶揄する文脈で、マザー・テレサの「名言」が持ち出されることがあった。

マザー・テレサは一部の人たちのあいだでは毀誉褒貶が激しい人物であるが、世間では「善」や「愛」を体現する人物としてみなされるのが一般的だろう。そして、彼女の「名言」は、善や愛に対してわたしたちが抱いている感覚を見事に表現した言葉であるように思える。大半の人は、「愛は近くの人に対して向けるべきであり、遠くの人ばかりを気にかける人間が善い人間であるはずがない」と**感じている**。本人が言っていない可能性の高いセリフがここまで多くの人の印象に残って引用され続けているのは、その言葉が、善や愛に関する真実の一端を突いているように感じられるからこそだろう。

「かわいそうランキング」というマジックワード

わたしたちは他人の「偽善」を非難するのが大好きだ。マザー・テレサの名言を持ち出さなくとも、慈善行為や寄付をおこなっている人に対する批判の言葉には事欠かない。

たとえば、日本のインターネットには「かわいそうランキング」という言葉がある。これは、「弱者を助けようと思っている人は、『どんな弱者から助けるか』の優先順位を決めるときに、自分が『かわいそう』だと思う弱者から優先して助けてしまい、『かわいそう』に思えない弱者を後回しにしたり無視したりする」という現象を指し示す言葉である。

ほとんどの場合、「かわいそうランキング」という言葉は、他人を批判する文脈で持ち出される。この言葉を使っている人たちは、「壮年や中年よりも子どもや高齢者のほうが、男性よりも女性のほうが、日本人よりも外国人のほうが、マジョリティよりもマイノリティのほうが、救済される優先順位が高い」と考えていて、それに対する抗議や批判をおこなっているのだ。

逆にいうと、「かわいそうランキング」という言葉を使う人の大半は、日本人の壮年・中年男性であるようだ。彼らは、自分たちの属性が世間から冷遇されて救済の対象にもならないことへの怒りや抗議の意思を、「かわいそうランキング」という言葉に込めているのである。

たしかに、個人による寄付や慈善行為に限定すると、「かわいそう」という感情やそれに類する感情が寄付や慈善の対象や量を決める判断に影響を生じさせることは、心理学の研究によっても確認されている事実ではある。たとえば、ポール・スロヴィックを代表とする心理学者たちの実験により、ある人が救済の対象を決める判断をおこなう際には**「特定可能な被害者効果」**と呼ばれるバイアスがはたらくことが明らかになっているのだ。

倫理学者ピーター・シンガーの著書『あなたが救える命――世界の貧困を終わらせるために

今すぐできること』では、実験の内容について具体的に紹介されている。

「人々に気前よく寄付させるためにはどうすればいいか」を調べようとした心理学者たちは、ある実験をおこなった。被験者たちにお金を渡したうえで、そのお金の一部を、アメリカや発展途上国の貧しい子どもたちを支援する団体に寄付するかどうかをたずねたのだ。この実験では被験者たちはグループに分けられて、それぞれ違う情報が与えられた。

一つめのグループには、「アフリカのマラウイ共和国では三〇〇万人以上の子どもが食糧不足の影響を受けている」といった、寄付の必要性に関する統計的・数字的な情報が伝えられた。二つめのグループには、マラウイ共和国に住む「ロキア」という名前の7歳の女の子の写真が示されて、彼女が貧困に苦しんでいるエピソードなどの個人的で具体的な情報が伝えられた。すると、ロキアの情報を伝えられたグループの被験者たちは、統計的な情報を伝えられたグループよりも、ずっと大きな金額を寄付したのである。

三つめのグループには、統計的な情報とロキアの写真やエピソードなどの個人的な情報の**両方**が与えられた。このグループの被験者たちは、統計的な情報しか与えられなかったグループよりかは多くの金額を寄付した。しかし、ロキアについての情報だけを与えられたグループに比べると、寄付した金額は少なかったのだ。

さらに、四つめのグループには二つめのグループと同じように統計的な情報は与えられていなかったが、彼らには、ロキアのほかにもう一人の別の子どもについてのエピソード的な情報が与えられた（このグループには統計的な情報は与えられていない）。すると、彼らが寄付した金額は、ロキアについての情報しか与えられていないグループに比べて少なくなってしまった。

つまり、統計的な情報よりも個人的なエピソードのほうが、「人を助けたい」という気持ちに強く訴える。それだけでなく、対象が一人ではなく二人になると、それだけで気持ちに訴える力は弱まってしまう。これこそが「特定可能な被害者」効果だ。要するに、わたしたちは一人の困っている少女の具体的なイメージを示されると「かわいそう」と感じて、寄付などの行動を実行しやすくなるが、困っている人がたくさんいることを統計や数字で示されても「かわいそう」という感情が湧かないから行動を実行しづらい、ということである。

特定可能な被害者効果の背景には、第4章で紹介したジョシュア・グリーンが論じたような、オートモードとマニュアルモードによる**二重過程**が関わっている。数字や統計に目を通して、「こんなに困っている人がいる国に対してわたしが寄付をおこなえば、その国の人たちが経験している困難がいくらか改善に向かうはずだ」と判断することには、思考が必要とされる。他方で、貧困に苦しむ女の子の写真を目にして彼女のエピソードを聞かされると、多くの人は考えるまでもなく「かわいそうだ」と感じる。感情は自動的に発生するのであり、感情に基づいて寄付することはオートモードの判断であるのだ。そして、前章までで論じたように、理想的には道徳はマニュアルモードの理性に基づかせるべきである。しかし、わたしたちを行動へと導く力は、オートモードのほうが強いのだ。

助けを必要としている人は、私たちの感情を強くゆさぶる。これは私たちの情動システムが作用しているためだ。マザー・テレサの次の言葉はこのことを言い表している。「群衆を目にしても私は決して助けようとしません。それが一人であれば、私は助けようとします」。もし立ち止まってよく考えてみれば、「群衆」とは人々の集まりのことであり、その個々の人は「一人」の人と同じくらい助けを必要としていることが、私たちにはわかる。そして、合理的に考えるならば、ただ一人を助けるよりも、そのひとに**加えて**別の人も助けたほうがよく、またその二人に**加えて**もう一人を助けたほうがさらによい等々ということがわかる。私たちは自分の熟慮システムが正しいことを知っているが、マザー・テレサにとっても他の多くの人にとっても、助けを求める一人の人が持つ私たちの感情を強くゆさぶる要素がこの知識には欠けているのである。（シンガー、59‐61頁）

また、「かわいそう」という感情がはたらくかどうかは、対象となる相手の属性にも影響される。

自然保護団体が野生動物や生態系の保護のために寄付キャンペーンをおこなうときには、クジラやトラやホッキョクグマなどの哺乳類動物をキャンペーンのアイコンとしたほうが、ヘビやカエルやクモなどをアイコンにするよりも、寄付金がずっと集まりやすい。人間は自分と同じ哺乳類たちには共感することができて「かわいそう」という感情を抱くことが容易であるが、爬虫類や両生類や節足動物に共感することは困難であるためだ。

さらに、犯罪や紛争による犠牲者や自殺者数は概して男性のほうが多いが、女性の犠牲のほうが問題視されて取り上げられやすい、という**性別バイアス**の問題もよく指摘されることである。

非合理性をあげつらい、バカにする

「特定可能な被害者」効果や、哺乳類動物や女性を優先するバイアスのことを考慮すると、「弱者を救済しようとしたときに感情に基づいた判断をしてしまうと、救済の対象が不公平で不合理なかたちで選ばれてしまう」という「かわいそうランキング」批判者たちの主張は、それ自体は正しいといえるだろう。

とはいえ、マザー・テレサの名言と「かわいそうランキング」批判には通底する心情があることを見逃してはならない。慈善をおこなっている人の「偽善」や「非合理性」をあげつらい、批判したりバカにしたりするという点で、この二つは共通しているのだ。

「かわいそうランキング」批判者は、海外の貧困問題や災害による犠牲者に心を痛めて慈善行為や寄付をおこなおうとする人に対しても批判の矛先を向けることが多い。国内で起こっている貧困問題により同胞が苦しんでいることを無視して、縁もゆかりもない人が海外で苦しんでいることのほうに関心を向けることも、「かわいそう」という感情に支配された非合理的な判断である、と彼らは主張する。

先述したように、「かわいそうランキング」という言葉を用いて批判をおこなう人の大半は、日本人の男性である。そして、多かれ少なかれ、彼らは自分たち自身のことを弱者であるとみなしている。そのため、彼らの主張には『わかりやすい』弱者たちを救済するために向けられている情熱や資源は、自分たちのような『わかりにくい』弱者の救済にも向けられるべきだ」という本音が見え隠れする。

たしかに、「かわいそうランキング」批判者のなかには、ロスジェネ世代の中年男性をはじめとした、日本社会で経済的に苦しい状態で生きており、福祉政策や経済政策などによる救済の対象から外れがちな人も、多く含まれているようだ。そんな彼らが「自分たちは日本社会から見捨てられて、助けてもらえなかった」という怒りや被害者意識を抱くことには、無理からぬ側面もある。

とはいえ、自国内の弱者ではなく国外の弱者を救おうとする人たちのことを不愉快に思い、そのような人たちを批判したり揶揄したりしたいと思っている人は、「かわいそうランキング」批判者に限らない。かなり多くの人が、自分自身は比較的恵まれており救済を必要としない状態であったとしても、寄付や募金、国際ボランティアサークルや慈善団体に対して否定的なイメージを持っているようだ。だからこそ、自分がよく思っていない相手のことを「偽善者」だと非難するマザー・テレサの名言は、人口に膾炙したのであろう。

バイアスをすべて排除したとしても

マザー・テレサの名言は「自分の国で苦しんでいる人」と「他の国の人間」との比較からはじまり、「愛はまず手近なところから始まります」という言葉で終わる。また、「かわいそうランキング」批判者たちも「国内の弱者たちから救済するべきだ」と主張する。

ここで、ちょっと立ち止まってほしい。

言うまでもなく、「愛」は感情だ。それに、自分の国で苦しんでいる人を他の国の人間よりも優先することがよいことであり、合理的なことであるとは、まだ決まっていない。たしかに、「特定可能な被害者」や「わかりやすい属性の弱者」ばかりを優先することは、バイアスのかかった判断であるだろう。……しかし、それと同じように、自分の国で苦しんでいる人を他の国で苦しんでいる人より優先することも、バイアスがかかった判断であるかもしれない。

さきほど、「特定可能な被害者」効果を紹介するためにシンガーの『あなたが救える命——世界の貧困を終わらせるために今すぐできること』を紹介した。しかし、この本の副題が示唆しているように、シンガーは寄付や慈善行為を批判しているわけではない。それどころか**推奨している**のだ。

『あなたが救える命』のなかで「特定可能な被害者」効果について論じられているのは、「人を寄付から遠ざける心理的なバイアスとはなにか?」というトピックについて考察している章である。そして、同じ章では、「身近な人をひいきすること」も心理的なバイアスの一種として論じられている。

2004年に起きたスマトラ島沖地震ではおよそ23万人が死者や行方不明者となり、何百万人もの人々が家を失って困窮した。このとき、アメリカ人がおこなった寄付は合計で15億4000万ドルであった。当時の時点では、アメリカ人が国外の自然災害のために寄付したものとしては過去最大の金額である。一方、2005年にアメリカ合衆国南東部を襲ったハリケーン・カトリーナの被災者のためにアメリカ人たちが寄付した額は、65億であった。ハリケーン・カトリーナによる死者はおよそ1800人であり、家を失った人の数もスマトラ島沖地震の被害にあった人々に比べると微々たるものである。単純に計算してしまうと、アメリカ人たちは、国外の災害に比べて犠牲者が200分の1であった国内の災害に、4倍の金額を寄付したのだ。

わたしたちに「身内びいき」のバイアスが備わっている進化的な理由は、簡単に推測することができる。人類はほかの多くの動物に比べると社会的であり、集団で生活する。だが、その集団の規模は、農耕が始まり国家ができるまでは、数十人やせいぜいが数百人程度に限られていた。また、人間の子どもはほかの動物に比べて発育が遅く、両親や親族は何年も赤ちゃんや子どもの世話をしなければならない。そのため、自分の子や親族のことを大切にして、彼らの幸福に配慮する傾向が、わたしたちには伝わっている。そして、集団生活をようりうまくやっていくために、親族ではないが身近な人々や自分の属する集団の人々のことを気にかける傾向も、人類が狩猟採集民として生活していた何百万年のあいだに獲得していったのだろう。しかし、自分の部族の外にいる人々のことにまで配慮する必要は、進化的にはまったくない。狩猟採集民社会では、異なる部族同士が交流して協力しあうことはほとんどなかったのだ。そして、この傾向はグローバル化した現代社会になっても、わたしたちのなかに依然として残っている。だからこそ、わたしたちは外国の災害の被害者よりも自国の災害の被害者たちのほうにより強い関心を抱いて、多額の寄付をするのであろう。

とはいえ、「身内びいき」のバイアスが進化的に備わったものであるからといって、そのバイアスにしたがうべきであるという道徳的な理由はない。現代に生きるわたしたちが身内びいきを克服するべき理由について、シンガーは以下のように述べている。

遠くに住む人々への私たちの共感能力に限界があることについてアダム・スミスが記したとき、彼はこの事態は「自然が作った賢明な秩序だと思われる」と述べた。というのは、遠くに住む人々は「私たちが益することも害することもできない」人々だからである。たとえ私たちが遠くに住む人々を今以上に気にかけたとしても、「私たちの余計な心配が増えるだけで、彼らにとっては何ら利益にならない」だろう。今日、これらの言葉はスミスが本を書くのに使った羽ペンと同じくらい廃れてしまっている。津波に対する私たちの反応が生々しく示しているように、今日の高速な通信手段と輸送手段をもってすれば、スミスの時代には不可能であった仕方で遠くに住む人々を助けることができるのだ。そればかりか、先進国に住む人々と途上国に住む人々の生活水準の格差は桁外れに広がったため、先進国に住む人々が遠くに住む人々を助ける能力は以前より大きくなり、また私たちの援助を彼らに集中させる理由も以前より大きくなっている。現在では、極度の貧困状態にある人の圧倒的多数が私たちから遠く離れたところに住んでいるからだ。（シンガー、66-67頁）

自分が思っていることや感じていることを肯定する言説は、「正しい」ものであるかのように受け止められがちだ。マザー・テレサの名言が正しいように聞こえるのは、それが「身近な人のことをひいきする」というわたしたちのバイアスを肯定する言葉であるからだろう。

そして、「かわいそうランキング」批判者の矛盾は、他人が抱いているバイアスの一部（「特定可能な被害者」効果や、哺乳類や女性を優先するバイアスなど）を選択的に非難しておきながら、「身近な人のことをひいきする」というバイアスは不問に付している点にある。この矛盾は、「かわいそうランキング」批判者の本音が「自分たちを救え」というところにある以上、必然的に生じてしまうものだ。たしかに、現状では、たとえば日本国内の中年男性は「かわいそう」に類する感情的なバイアスによって救済の対象から外されることが多いかもしれない。しかし、すべてのバイアスを排して合理的に考えたとしても、やはり、彼らに対する救済は後回しにされるべきであると判断される可能性は高いのだ。

「池で溺れている子ども」の思考実験

ほんとうの意味で「合理的」に考えるなら、わたしたちは外国で苦しんでいる人たちのことを自分の国で苦しんでいる人たちのことと同じように気にかけるべきである、とシンガーは説く。

1972年にシンガーが発表した「飢えと豊かさと道徳」という論文では、「豊かな国に住む裕福な人たちには、貧しい国で苦しんでいる人たちを救う義務がある」という考え方を哲学的に立証することが試みられている。そして、この論文は発表から50年近く経った現在になっても、寄付や慈善行為に関する議論で参照されつづけているのだ。

「飢えと豊かさと道徳」における議論は、「池で溺れている子ども」の思考実験に基づいて展開される。

仕事に行く途中、あなたは小さな池の側を通り過ぎる。その池は膝下くらいの深さしかなく、暑い日にはときどき子どもが遊んでいる。しかし今日は気温が低く、まだ朝も早いため、あなたは子どもが一人で池の中でばしゃばしゃしているのを見て驚く。近づいてみると、その子はとても幼く、ほんのよちよち歩きで、腕をばたばたさせており、まっすぐ立つことも、池から出ることもできないでいるのだとわかった。その子の両親やベビーシッターがいないかと見回すが、あたりには誰もいない。その子どもは数秒間しか水から顔を出すことができない。あなたが池の中に入ってその子を救い出さなければ、溺れて死んでしまいそうである。池に入ることは簡単で危険ではないが、数日前に買ったばかりの新しい靴が台無しになり、スーツは濡れて泥だらけになるだろう。また、その子を救い出して保護者に預け、服を着替え終わった頃には仕事に遅刻してしまうだろう。あなたはどうすべきだろうか。(シンガー、3-4頁)

ふつうの人であれば、たとえ自分の靴やスーツが台無しになり、それにかけた数千円や数万円の代金が無駄になるとしても、「子どもを助けるべきである」と判断するだろう。相手がよその家庭の子どもであり、縁もゆかりもない他人であったとしても、数千円や数万円を惜しんで死にかけている人を見殺しにすることは非人道的である、と大半の人は判断するはずだ。

また、池が自分が歩いている道のすぐ側にはなく、道の向こう側に位置していたとしても、子どもが溺れかけているという事態に気がついたら道路の向こう側にまで行って助けるべきである、と大半の人が判断するだろう。池がすぐ側にあるか向こう側にあるかという「距離」の要素は、子どもを助けるべきか否かという道徳的な判断にはなんら関係がないからだ。

そして、よその家庭の子どもであっても助けるべきであるなら、外国の子どもも助けるべきである。子どもの命を救うためには靴やスーツが濡れて台無しになることも許容しなければならないとしたら、新品のスーツや靴を買うことを諦めてそのぶんのお金を子どもの命を救うために使うことも、許容しなければならない。子どもが道路の向こう側にいるとしても助けるべきであるとしたら、子どもが地球の裏側にいるとしても助けるべきであるはずだ。

とすれば、靴やスーツに使うぶんのお金を援助団体に寄付することで外国の子どもの命が救えるのならば、わたしたちは援助団体に寄付をするべきなのだ。

「池で溺れている子ども」の思考実験では救済の対象が子どもとされていることから、「結局、その判断も『かわいそう』という感情に基づいているのではないか」と批判する人もいるかもしれない。しかし、子どもをかわいそうと思うかどうかは、実のところ重要ではない。シンガーは「わたしたちには援助団体に寄付する義務がある」という主張をごく論理的なかたちに整理している。

第一の前提　食料、住居、医療の不足から苦しむことや亡くなることは、悪いことである。

第二の前提　もしあなたが何か悪いことが生じるのを防ぐことができ、しかもほぼ同じくらい重要な何かを犠牲にすることなくそうすることができるのであれば、そのように行為しないことは間違っている。

第三の前提　あなたは援助団体に寄付することで、食料、住居、医療の不足からの苦しみや死を防ぐことができ、しかも同じくらい重要な何かを犠牲にすることもない。

結論　したがって、援助団体に寄付しなければ、あなたは間違ったことをしている。（シンガー、18‐19頁）

「効果的な利他主義」の提唱

シンガーは「池で溺れている子ども」の思考実験に基づいて国際援助や寄付の義務を立証した一方で、「最大多数の最大幸福」を重視する功利主義も主張している。

この二つを結びつけることで登場したのが、「効果的な利他主義」運動だ。この名称が生み出されたのは２０００年代の後半であるが、運動が活発化したのは２０１０年代からである。第１章でも述べたように、現在では、ビル・ゲイツやウォーレン・バフェットのような億万長者たちも効果的な利他主義に賛同しており、多額の寄付をおこなっているのだ。

この運動の根幹となる考え方について、シンガーと同じく功利主義を主張する哲学者であるウィリアム・マッカスキルの著書『〈効果的な利他主義〉宣言！――慈善活動への科学的アプローチ』から引用しよう。

効果的な利他主義で肝要なのは、「どうすれば最大限の影響を及ぼせるか?」と問い、客観的な証拠と入念な推論を頼りに、その答えを導き出そうとすることだ。いわば慈善活動に対して科学的なアプローチを取り入れるわけだ。何が真実なのかを素直で中立的な視点から突き詰め、それがどういう真実であろうと真実だけを信じると誓うのが「科学」であるとするなら、何が世界にとって最善なのかを素直で中立的な視点から突き詰め、それがどういう行動であろうと最善の行動だけを取ると誓うのが「効果的な利他主義」なのだ。

その言葉が示すとおり、「効果的な利他主義」は「効果的」と「利他主義」というふたつの要素からなる。ここで、それぞれの要素の意味を明確にしておきたい。私が使う「利他主義」という言葉は、単純にほかの人々の生活を向上させるという意味だ。利他主義には自己犠牲がつきものだと考える人々も多いけれど、自分自身の快適な生活を維持しつつ相手にとってよいことができるなら、それに越したことはない。私はそれを喜んで利他主義と呼ぼう。もうひとつの要素は「効果的」という部分だ。これは手持ちの資源でできるかぎりのよいことを行なうという意味だ。効果的な利他主義では、単に世界をよりよくするとか、ある程度よいことを行なうのではなく、できるかぎりの影響を及ぼそうとする。

(マッカスキル、13頁)

効果的な利他主義の考え方に基づき、手持ちの資源でできるかぎりのよい影響を及ぼそうとすると、マザー・テレサの名言とはまったく真逆の主張が導かれることになる。「富裕国の人であれば、自国のなかで貧しい人々のことよりも、他国（貧困国）の人々への配慮を優先して考えなければならない」のだ。

さらに、「外の国で苦しんでいる人がいるのに自分の国の人間を助けようとする人は、他人（身内びいきのバイアスがかかった人）によく思われたいだけの偽善者である」ということもできるかもしれない。

収穫逓減の法則

日本やアメリカのような富裕国に暮らしている人が、自国の内部にいる貧困層よりも貧困国に暮らす最貧困層の人々の救済を優先すべき理由のひとつが、**「収穫逓減の法則」**だ。

簡単に説明すると、「インプットの量が同じであっても、インプットの対象となるものの元からの状態の差によって、インプットから得られる価値に差が生じる」という法則である。たとえば、10万円しか持たない人がさらに10万円を得る場合にその人が感じる価値と、すでに100万円持っている人がさらに10万円を得る場合にその人が感じる価値を比較した場合、単純に考えると前者は後者の10倍の価値を感じることになるはずだ。

収穫逓減の法則が富裕国よりも貧困国への援助を優先する根拠となることについて、マッカスキルは富裕国と貧困国のそれぞれにおける「失明」の問題に対処する場合のコストパフォーマンスの差を例にとりながら説明している。

失明している人の生活を先進国でサポートするためには、盲導犬が必要であるとしよう。5万ドルあれば、1頭の犬に盲導犬となるための訓練を受けさせて、失明した人に提供することができる。しかし、同じ5万ドルで失明そのものを治療できるとすれば、盲導犬を訓練することよりも治療のほうがより望ましい、と大半の人は判断するだろう。……そして、失明を事前に予防することにも、論理的には失明を治療することと同等の価値があるはずだ。

発展途上国では保健医療サービスが充分に整備されていないために、先進国の人たちがかからないような疾患に苦しめられている人が多い。その一例として、細菌感染によって引き起こされる「トラコーマ」という眼の疾患により、毎年多数の人が失明状態に陥っているのだ。しかし、この疾患を予防する手術が100ドルでおこなえるとしよう。すると、5万ドルあれば500人を救うことができる。つまり、同じ金額で、先進国で失明している1人に盲導犬を提供することよりもずっと大きな結果を出すことができるのだ。

したがって、失明という問題に関して「手持ちの資源でできるかぎりのよいことをおこなう」という効果的利他主義のモットーに沿うためには、先進国において盲導犬を提供することではなく、発展途上国でトラコーマを予防することのほうを優先すべきである。

……この例えは「すでに失明した人」への生活のサポートと「これから失明する可能性のあ

る人」が失明することを防ぐ、ということが比較されている点でややミスリーディングなところがあるかもしれない。しかし、健康や疾患に関わる問題全般について、発展途上国は先進国に比べて保健医療サービスが未熟であるために、資源を投入したときの効果がずっと大きくなる。この構図は、医療だけでなく教育制度や住宅環境などの多数の領域に存在する。だから、どんな問題についても、寄付をするなら先進国ではなく発展途上国にしたほうがよいのだ。

さらに、マッカスキルによると、アメリカ人の平均的な労働者は、世界の最貧困層よりも100倍の所得を得ている。この「100倍」とは、各国における物価の差を織り込んだうえで100倍、ということだ。そのため、「貧困国では物価が安いから、少ない所得でも富裕国と同程度の豊かな生活ができる」ということにはならない。

マッカスキルの著書で参照されているデータは2014年のものであるが、それによると、地球上で12億2000万人が1日あたりの所得が1・5ドルを下回っていたのである。ここでいう「1・5ドル」も、各国ごとの物価の差を調整したうえで1・5ドル、ということだ。この金額の少なさが具体的になにを意味しているのかについて、マッカスキルは以下のように解説している。

ここまで聞くと、不思議に思うかもしれない。なぜそんなに少ない収入で生きていけるのか？　死んでしまうのでは？　そう、だから現に死んでいる。少なくとも、先進国の人々よりはずっと高い頻度で。発展途上国の平均寿命が過去数十年間で急上昇したのは事実だが、サハラ以南のアフリカの貧困国の平均寿命は、アメリカの78歳ちょっとに対し、いまだ56歳に止まっている。その他の面でも、彼らの生活はその収入から想像するとおり厳しい。では、極度の貧困層の生活とはどういうものなのか？　その全体像を理解すべく、マサチューセッツ工科大学の経済学者アビジット・バナジーとエステル・デュフロは、13カ国以上を対象に調査を行なった。その結果、極度の貧困にある人々は収入の大部分を食べ物に費やしながら、１日あたり平均１４００キロカロリーしか摂取していないことがわかった。これは体をよく動かす男性、体を非常によく動かす女性に推奨される量の約半分だ。大多数の人々は痩せていて貧血持ちだし、大半の家庭には電気、トイレ、水道がない（ラジオはあるが）。椅子またはテーブルがある家庭でさえ１割に満たない。（マッカスキル、21頁）

さて、ＯＥＣＤ（経済協力開発機構）が発表した２０２０年度の世界平均賃金ランキングによると、単純な平均年収のランキングでは、日本は世界で23位であった。[*1] あくまで平均値であり、年収の中間値を見た場合には格差の激しいアメリカなどの国のランキングが下がるかもしれな

＊1―https://data.oecd.org/earnwage/average-wages.htm

いが、それにしても、日本が先進国のなかでは一般的な労働者の収入が低い国になっていることに変わりはない。

……とはいえ、あくまで「先進国のなかでは」だ。世界には190以上の国があり、そのなかには貧困国も多く含まれている。だから、マッカスキルがアメリカ国民についておこなっている議論は、多かれ少なかれ、日本にも当てはまるはずなのだ。

二つの問題への対応は両立できる

もちろん、日本国内における貧困の問題が無視されるべきではない。OECD（経済協力開発機構）の統計によると、2017年における日本の相対的貧困率は約16パーセントであり、先進国主要7カ国（G7）ではアメリカに次いで2番目に高い。*2 相対的貧困の有り様は、バナジーやデュフロが描写したような「極度の貧困」とは勝手が異なるだろうが、それでも深刻な問題であることに変わりはない。

また、外国における絶対的貧困の問題を強調することには、「日本における貧困は外国に比べるとまだまだマシであるのだから、日本国内の貧困は大した問題ではなく、気にしなくていい」という主張であると捉えられてしまうリスクがある（実際に、そのような主張をする人も多くいる）。わたしがここで主張したいのは、**効果**の観点からいえば、個人がおこなう寄付や慈善行為は貧困国の絶対的貧困を減らすことに向けられるのが最もよい、ということにすぎない。

この主張と、日本政府は経済政策や福祉政策などを通じて国内の貧困にもっと積極的な対処をおこなうべきである、といった主張は両立させることができる。

さらに、世界における絶対的貧困の割合は1990年から2015年のあいだに36パーセントから10パーセントに減少してきた[*3]（くわえて、2015年から17年のあいだにも、5200万人が貧困から脱出している）。そして、同じ1990年から2015年のあいだに、日本の相対的貧困は2パーセントほど上昇してきたのだ。そのため、「これからは、日本における貧困のほうが重大な問題となる」と捉えている人もいることだろう。

……だが、世界銀行は、コロナウイルスの流行に伴う経済不況の影響により、2020年から21年にかけて最大で1億5000万人が絶対的貧困に陥る、との予測を発表した。[*4] 世界銀行によると、貧困国だけでなく、中所得国のなかでも絶対的貧困が増えることが予測される。合計すると、最大で7億人以上の人々が、絶対的貧困に苦しむことになるのだ。[*5] そして、国内の貧困について考えるときには、「特定可能な被害者」効果や「身内びいき」などのバイアス

＊2—https://data.oecd.org/inequality/poverty-rate.htm
＊3—https://data.worldbank.org/topic/11
＊4—https://www.worldbank.org/ja/news/press-release/2020/10/07/covid-19-to-add-as-many-as-150-million-extreme-poor-by-2021
＊5—https://mainichi.jp/articles/20201007/k00/00m/030/256000c

の影響もあって、わたしたちは国外にいる7億人のことをついつい忘れてしまいがちである。
マザー・テレサの名言に出てくる「他の国の人間を助けようとする人」とは、その7億人を助けようとしている人々のことである。彼らのことを「偽善者」であるとは、わたしにはとてもいえない。そして、「かわいそうランキング」の批判者たちは、他人の感情やバイアスを咎める前に、その感情やバイアスによって自分が救済の対象になっている可能性について考えてみるべきだろう。感情やバイアスを排して合理的に考えた場合にこそ、外国の7億人よりも彼らを優先して救済する理由はなくなってしまうかもしれないからだ。

参考文献

・ピーター・シンガー『あなたが救える命——世界の貧困を終わらせるために今すぐできること』石川涼子訳、勁草書房、2014年。
・ウィリアム・マッカスキル『〈効果的な利他主義〉宣言！——慈善活動への科学的アプローチ』千葉敏生訳、みすず書房、2018年。

第3部　ジェンダー論

第7章

フェミニズムは「男性問題」を語れるか？

マンスプレイニング、有害な男らしさ、家父長制

最近のフェミニズムの特徴のひとつは、男性に関する問題が取り上げられるようになっていることだ。

たとえば、「マンスプレイニング」という言葉がある。この言葉は「男（man）」と「説明（explain）」を合わせた造語であり、フェミニストであるレベッカ・ソルニットの著作『説教したがる男たち』によって広められた。「男性が、目の前の女性は自分よりも無知であると決めつけて、横柄で偉そうな態度で物事について解説する」といった行為を指す言葉である。マンスプレイニングという単語が流行することになったのは、ソルニットをはじめとする多くの女性たちに、「偉そうな男に、上から目線で説教された」という経験があるからだろう。

また、フェミニズムではこれまでにも「女性同士の連帯」や「シスターフッド」が重視され

てきて、男性を介在させずに女性同士で支えあうことが理想化されてきた。それに伴い、最近では「男性同士のケア」の必要性も唱えられるようになっている。これまでの社会では男性が女性にケア役割を押しつけてきたが、女性たちが男性の元を去ってシスターフッドを育むのだとすれば、男性たちは自分たち同士でケアをしなければならない、ということだ。

さらに、「男性同士のケア」は、自分に異性の恋人がいないことに孤独を感じて嘆き苦しむ男性への処方箋として提示されることもある。「親密に慈しみあう関係は異性としか築けない」という発想は「異性愛規範的」だから捨ててしまい、男性は同性の友人と相互に配慮しあう関係を築いたり悩みや苦しみを打ち明けあったりする男性同士のコミュニティに参加することで、恋人がいないことによる孤独や苦しみから解放されるはずだ、と論じられるのだ。

そして、男性が女性に上から目線で説教したり、男性同士のケア関係を築けなかったりする理由として持ち出されるのが、「有害な男らしさ」である。フェミニズムによると、男性たちが女性に対して横柄な態度をとったり他人への配慮ができなかったりすることの原因は、社会がそのような振る舞いを「男らしさ」という美徳であると定義していることにある。男性たちは社会の規範にしたがって男らしい人間であろうとするが、その「男らしさ」とは、実際には本人に対しても周囲に対しても害をまき散らすものだ。そのため、男性は既存の「男らしさ」の呪縛から逃れて、他人に対して丁重に接したり他人をケアしたりするなど、これまでの「男らしさ」の定義からは外れた振る舞いをできるようにならなければいけない、とされるのである。

具体的な社会問題に関する議論でも、「有害な男らしさ」論が持ち出されることがある。たとえば、日本のみならず世界中の国々の大半では、自殺者の割合は女性よりも男性のほうが高い。原則として女性を被害者の側に位置付けて男性を加害者の側に位置付けるフェミニズムにおいては、女性よりも男性のほうが多くの被害を受けているように見える自殺の問題を説明することは難しい。しかし、「有害な男らしさ」論を持ち出せば、自殺の問題も説明してしまうことができる。「男性は一家の長として家族を養うべきだ」とか「男性は他人に対して泣き言を言ったり弱音を見せたりするべきではない」といった「男らしさ」規範を社会から押しつけられることで、男性は「高い社会的地位を維持しなければならない」というプレッシャーを常に感じ、つらいときにも友人や家族に相談したりカウンセリングを受けるという発想も持てなくなってしまうので、つらさに耐えきれなくなって、やがて自殺してしまう……というふうに論じられるのだ。

社会によって女性たちに「女らしさ」が押しつけられて、彼女たちの振る舞いが抑圧されたりキャリアが制限されたりすることは、フェミニズムがずっと問題視してきたことである。「有害な男らしさ」論は、「女らしさ」論を男性の問題に転用した考え方だといえるであろう。つまり、男女のいずれの問題にせよ、その原因は「らしさ」という規範を押しつける社会にある、というのがフェミニズムの基本的な主張であるのだ。

ただし、フェミニズムが想定する「社会」とは、男性たちが権益を独占して女性たちを搾取する「家父長制」のことである。フェミニズムにおいては、男らしさにせよ女らしさにせよ、それらの規範は家父長制社会を効率的に機能させるために構築されるものであるとみなされる。この見方では女性は一方的な被害者であるのに対し、男性は社会と共犯関係にあり、不当な特権を得ている加害者の側にいるとされる。そのため、たとえ「有害な男らしさ」が男性自身を苦しめていて自殺などの深刻な問題を引き起こしているとしても、男性の「被害者性」が手放しで認められることはない。一部の男性たちが「男らしさ」によって苦しめられているとしても、それは、女性たちに「女らしさ」を押しつけてケア役割などを担わせることでキャリアの自由などの利益を享受している男性たちが多くいるなかでの副作用にすぎない、と考えられるのである。

「男性問題」に関するフェミニズムの議論は社会構築論を前提としているために、提案される解決策は、「男性は男らしさを自ら放棄すべきだ」というものであったり「女性が担わされているケア役割を男性が引き受けるべきものだ」というものであったりする。問題の原因が「らしさ」や「役割」という社会規範であるのなら、そこから脱却すれば問題は解決するということだ。そして、ただ自分が社会規範から解放されるだけでなく、男性以上に社会規範に拘束されて苦しむ女性のことを助けられるような人間になれたほうが、より望ましいとされるだろう。

社会規範だけでは説明がつかない

現代では、「性別」が関わる問題といえば、ジェンダー論やフェミニズムの枠組みで語られることは、もはや当たり前になっている。

しかし、そもそも男性が抱える問題とは、ほんとうに「男らしさ」の規範によって引き起こされているのだろうか？

多くのフェミニストは、男らしさや女らしさには「自然」な要素があるかもしれない、という考え方を否定する。

だが、「役割」や「らしさ」が社会的に構築されるものであるとして、それらが具体的にはどのようなプロセスを経て内面化されるか、ということが説得的に示されることはあまりない。「学校や家庭における教育や、メディアやフィクションにおける表現などによって、性別に関する役割や規範が子どもの頃から刷り込まれて再生産される」と論じられることが多く、だからこそ、「ひとりひとりの個性を尊重する教育をおこなったり、性役割に縛られない表現を増やしたりすること」などが解決策として提示されることになる。しかし、教育や表現を通じて個々人のなかで「役割」や「らしさ」はどのように構築されていくか、という過程についての具体的な説明には欠けているのだ。

ひとりの男性としての自分の経験をふまえても、フェミニズムにおける「男性問題」論には、納得のいかないところが多い。**「実際には、男性とはどのような存在であるか」**ということに関する関心も分析も足りていない、地に足のついていない議論であるように思えるのである。

わたしはティーンエイジャーの頃からジェンダー論に興味を抱いており、文学や社会についてジェンダーやフェミニズムの枠組みで分析する書物をいくつも読んできた。漫画や映画などで描かれているステレオタイプ的な性別表現の問題点を指摘する議論にも触れてきたし、マッチョイズムを批判する「男性学」の議論にも目を通してきた。だから、わたしは人生の早い段階から、「男性役割」や「男らしさ」といった規範を相対化する視点を身につけて、それにプレッシャーを感じたり呪縛されたりしないように生きてきたつもりである。

また、1989年生まれであるわたしの周りの男性たちのことを考えてみても（20代後半から30代前半の大卒で、都市部に在住している人たちが多い）、社会規範としての「男らしさ」に縛られている人は少ないようだ。

そもそも昨今では社会の価値観が多様化しており、旧来の規範の影響力が減じているということがあるだろう。また、ジェンダー論の考え方が学校などで教えられるようになり、雑誌やテレビなどのメディアでも取り上げられる程度に普及したことで、すこし意識の高い人であれば、性役割を相対化する視点を多かれ少なかれ身につけているものだ。

しかし、「男性役割」や「男らしさ」を相対化する視点を得て、その呪縛から解き放たれるようになっているはずの男性たちであっても、よくよく観察してみると、男性に特有の欠点や問題をやはり抱えているようなのである。

彼らは苦悩やつらさを他人に打ち明けることが苦手であるし、他人から悩みを打ち明けられたときにそれに共感して対応することも、多くの女性に比べると不得手だ。セルフケアを怠って、自分の身体や精神の健康に気を遣わない人も多い。一見すると口調や物腰は柔らかであっても内心は競争的でプライドが高く、自分の地位や能力が他人に劣ってしまうことに我慢がならない人もいる。

フェミニストたちにいわせれば、「彼らは表面的には男らしさや男性役割から解放されているように見えるが、実際には、まだ、男らしさにとらわれたままだ。性役割や性的規範とは、それだけ根深いものであり、知識を身につけた程度で脱出できるものではない。必要なのは、家父長的な社会の仕組みそのものを変えることだ」ということにでもなるかもしれない。

だが、答えはもっと本質的なものかもしれない。男性たちが抱えている問題は、男らしさや男性役割のせいではなく、**男性であることそのもの**から生じている。男性たちに一般的に備わっている生物学的な傾向こそが、「男性問題」のそもそもの原因であるかもしれないのだ。

男女における生物学的な違いの傾向

フェミニズムからいちど離れて、発達心理学や進化心理学に目を向けてみると、男女の傾向に関する生物学的な説明を参照することができる。

たとえば、男女の傾向の基本的な違いとして、男性は「モノ」に対する興味が強い一方で、女性は「ヒト」に対する興味が強いということがある。

おもちゃ箱のなかに複数の種類のおもちゃが入っているとき、女性の赤ちゃんは人形やぬいぐるみなどの「人格」が関わるおもちゃを選ぶことが多く、男性の赤ちゃんはミニカーやボールなどの「物」らしいおもちゃを選ぶのが多いことは、よく知られている。普段は女性の赤ちゃんにミニカーを与えつづけたり男性の赤ちゃんにぬいぐるみを与えつづけたりしていても、両方のおもちゃからひとつを選ぶとなると、赤ちゃんたちは自分の性別に典型的なおもちゃを選ぶことが多い。

この傾向は、大人になってからも持続する。男性は抽象的な物事に関する関心が高い一方で、女性は具体的な物事に対する関心が強い。たとえば、大学に進学するときに専攻を決める際には、哲学や数学などの特に抽象的な学問では男性の比率が高くなる一方で、看護学や心理学などの人間が関わる学問では女性の比率が高くなるのだ。

発達心理学者のサイモン・バロン＝コーエンは、著書『共感する女脳、システム化する男脳』のなかで、男性の「対物志向」と女性の「対人志向」について「システム化思考」と「共感思考」の違いという枠組みからまとめている。

「システム化」とは、物事の背景にあるシステムを分析して、そこに存在するパターンや規則を発見してコントロールしようとしたり、自分の手でシステムを構築したりしようとする傾向のことだ。「共感」とは、自分とは異なるだれかがなにを感じていてなにを考えているのかを知ったうえで、それに応じた適切な感情を自分に発生させることである。また、バロン＝コーエンによると、共感には他人の思考や感情についてただ単に推測するだけでなく、「相手のことを理解したい」や「相手と関わりたい」という動機を持つことが必要とされる。そして、男性の思考は平均的にみてシステム化に偏っており、女性の思考は平均的にみて共感に偏っている、と彼は論じるのだ。

また、フェミニストたちは、男性は女性に比べて社会的地位に対する執着が強く、他人を支配しようとする振る舞いをしがちであると指摘してきた。同様のことは、発達心理学者たちや進化心理学者たちによっても指摘されている。ただし、フェミニズムでは「有害な男らしさ」といった社会規範の影響であるとして説明されてきたこの傾向は、心理学では「システム化思考」や「進化の歴史における男女間の繁殖戦略の違い」として説明されているのである。

ある行動を取れば地位を失い、別の行動を取れば地位が上がる。システム化にすぐれた者はその動きをつぶさに見て学ぶ。これは政治といってよいだろう。個人のレベルでいえば巧妙に立ち回って同僚より目立ち、競争に勝って昇進する（地位を上げる）ための駆け引きである。集団のレベルでは、部族内の力関係も政治なら、集団として領土を拡張することも、資源を巡って戦うことも政治といえる。

（中略）人が常に社会的地位を気にするのは、それがダーウィンのいう「性選択」に結びついているためである。多くの種に共通することだが、特に霊長類ではメスが相手を選択することが多い（つまり、メスが選択の主導権を握っている）。子孫を生み、育てるのにメスが費やす時間と労力を考えればそれも当然だろう。男性は一度の性行為で数秒から数分かければすむかもしれないが、女性は妊娠期間だけでも九か月を要する。それでは女性はどのように相手を選ぶのだろうか。手がかりのひとつになるのが、社会的地位である。

その結果、男性にとっては高い地位に就くことが女性に近づく機会を増やすことになる。高い地位にあるということは健康な遺伝子を持ち、家族を養い、保護する能力も高いと考えられる。これまで述べてきたように、システム化にすぐれていれば高い社会的地位を得る可能性が高い。（バロン＝コーエン、２１４‐２１５頁）

集団を築いて行動するほ乳類動物の多くに、オスのほうがメスよりも攻撃的で競争的であり、同性のライバルを打ち負かして集団のボスになりたがる傾向がある。なかでも人間社会における地位争いは複雑であるために、社会的地位を獲得しようとする男性は様々な戦略が駆使される熾烈な争いに勝ち残らなければならない。そして、他者と協同して円滑なコミュニケーションを成立させるために発達してきたであろう「共感思考」は、地位争いにおいては邪魔になることのほうが多い。共感などしない人のほうが、だれかを傷つけたり危害を与えたり、自分にとって役に立たなくなった相手を見捨てたりすることを、躊躇なくできるからだ。

競争に勝つために、男性はほかの男性を威嚇することもある。そして、平均的にみれば男性は女性に比べると他者の感情を見分ける能力に乏しいが、「相手から威嚇されているかどうか」について判断する能力は高い。さらに、他人同士のあいだに存在する支配関係を読み取る能力も、女性より男性のほうが優れているのだ。つまり、男性とは、社会的地位をめぐって争いあう傾向や争いを有利にするための攻撃的な特徴を生物学的にインプットされた存在であると考えられる。

生物学的決定論とは違う

上述した議論はあくまでも男女それぞれについての統計上の平均値に関するものであり、「すべての男性はシステム化思考をしており、すべての女性は共感思考をしている」という主張がなされているわけではない点には充分に留意すべきだ。「男女には平均的な傾向の差が存在している」という主張は、いかなる意味でも生物学的決定論ではない。

また、バロン＝コーエンは「システム化思考のほうが、共感思考よりも優れている」と論じているわけではない点も重要だ。彼の著書では「ふたつの思考のあいだに優劣はない」という主張が繰り返されている。むしろ、第8章でも紹介する『反共感論』の著者であるポール・ブルームは、バロン＝コーエンは共感の価値を高く見積もり過ぎであると非難しているくらいだ。

そして、男性には社会的地位に執着して暴力的になりやすい傾向があることを示している進化心理学者たちの多くも、それらの傾向が道徳的に問題となる事象を引き起こすことを指摘して、現代社会では男性の生物学的な特徴はコントロールされるべきであるという議論をしている。たとえば、スティーブン・ピンカーの『暴力の人類史』では、女性の地位が上がって社会が「女性化」していったことが、殺人や戦争などの暴力が世界から減少していったことの一因として挙げられているのだ。

それでも、フェミニストたちは、「男女の心理や脳に関する特徴の違い」という議論と聞くと「男性は優れていて女性は劣っている、と決めつけるための疑似科学に違いない」と頭ごなしに否定して、取り合おうとしないことが多い。バロン＝コーエンは、フェミニストたちからの批判を意識しながら、以下のように書いている。

数十年前なら、男性と女性の間に心理学的な違いがあると言っただけで非難の的になっていただろう。六〇年代や七〇年代に広まっていたイデオロギーによれば、心理学的な性差など幻想に過ぎない、実際にあるとしても本質的なものではない、とされていた。つまり、性差とは男性と女性に根本的な違いがあるために生じるのではなく、文化的な力が働いて生み出されたものだという。しかし、その後数十年の間にさまざまな研究室で積み上げられてきた多くの研究の結果から、私は世に問うだけの本質的な違いが確かにあると考えるようになった。今日の知識から見ると、すべての性差が文化的な要因から生じるという旧来の考え方は現実を単純化しすぎている。（バロン＝コーエン、25‐26頁）

『共感する女脳、システム化する男脳』の原著が出版されたのは2003年であり、それから現在にいたるまでのあいだにバロン＝コーエンの議論が様々な批判を受けてきたことはたしかだ。その一方で、彼の主張を出発点としてさらに発展させて、具体的な問題に応用した議論も多数提出されている。たとえば、心理学者ロウ・バウマイスターの著書『Is There Anything Good About Men?：How Cultures Flourish by Exploiting Men（男にいいところはあるのか？――文化はいかに男性を搾取して繁栄するか）』では、共感思考／システム化思考の議論を文化進化論に接続することで、社会における男女間の地位格差の起源が論じられているのである。

実際に子育てを経験した人の多くも、「赤ちゃんの頃から、興味や関心には性別によって大きな違いが存在している」という主張に同意しているようだ。わたしとしても、自分自身や身近な男性たちと女性たちのことを思い浮かべてみると、地位や論理にこだわるかどうか、他人に対する共感や関心を抱いているかどうか、といったことにはかなりの男女差が存在することは否定できない。フェミニズムにおける男性論が地に足がついていないように感じられるのに対して、上述したような心理学に基づいた男女論は実感にマッチしているのだ。

したがって、以下では、バロン＝コーエンの主張を前提としたうえで議論をすすめよう。

男性同士のケアが難しい理由

さて、フェミニズムが指摘する「男性問題」の多くは、男性の共感能力の低さや他人に対する興味のなさ、権力や支配に対する執着といったシステム化思考に由来する傾向に原因を見出すことができる。

たとえば、自殺について研究しており、自殺予防のためのカウンセリングなどもおこなっている心理学者、トマス・ジョイナーの著書である『Lonely at the Top: The High Cost of Men's Success（てっぺんひとりぼっち――男性の成功の高い代償）』では、「男性の自殺」という問題が一冊にわたって取り上げられている。ジョイナーは、「孤独」は人を自殺に至らしめる重大な要因であることを説明したうえで、男性の自殺率の高さの原因を「男性は女性よりも孤独になりやすい」という統計的な傾向に見出す。そして、ジョイナーの分析によると、男性が孤独になりやすい理由にはシステム化思考が関わっているのだ。

若い頃から他人とのコミュニケーションに関心を抱くことが多い女性たちとは違い、男性たちは対人スキルを訓練する機会を持たないために、学校を卒業した後に新たに友人を作ることが不得手である。また、学生時代からの友人についても、女性は「友人との関係を維持しよう」と意識して努力をすることが多いのに対して、男性はこまめに連絡をとったり同窓会に出席したりすることを億劫に思うために、昔からの友人であっても、いつの間にか疎遠になってしまいがちだ。そして、仕事で活躍できる年齢になった男性は、キャリアを追求するがあまりに友人や家族との関係を犠牲にしてしまう。これらの要素が重なることで、中年や壮年になった男性は、社会的地位を得た代わりに家族との関係が悪化してしまい、昔からの友人が残っていない、「てっぺんでひとりぼっち」の状態になる。こうして孤独になる男性が多いという事実が、男性の自殺率の高さを説明する……というのが、ジョイナーの議論のあらましだ。

ジョイナーは、男性は共感能力が低いために他人に対する配慮ができない、とも論じている。たとえば、姉や妹がいる人は、当人が男性であっても女性であっても、「自分は不幸である」「自分には頼れる相手がいない」という感情を抱くことが他の人たちより少なくなる。しかし、兄や弟は、妹や姉のようにはきょうだいの心の支えとならない。同じことは友人関係にも当てはまり、友人が離婚や病気などつらい目にあったときの対応をみると、相手の感情を考慮しながら適切に慰めたり励ましたりできる女性が多いのに比べて、男性は友人がつらい目にあっていてもどう対応すればいいかわからずに戸惑ってしまうことが多いのだ。

この現象は、「男性同士のケア」が難しい理由の説明にもなるだろう。フェミニストが指摘するように、男性たちは、同性の友人にではなく家族や恋人の女性に対してケア役割を期待することが多いようである。しかし、その理由は、「ケア役割は女性がするものだ」という規範が社会によって構築されているから、とは限らない。おそらく、多くの男性は同性の友人たちと普段から関わっているからこそ、「周りの男たちには、自分が苦しんでいるときや傷ついているときに配慮をしたり慰めたりしてくれる相手としては期待できない」と考えているのであろう。ケアという点では自分の性別は頼りにならないことがわかっているからこそ、女性にケア役割を求めてしまうわけである。

マンスプレイニングと「共感の障害」

マンスプレイニングという現象についても、「システム化思考」の切り口から考えることができるかもしれない。

バロン＝コーエンによると、自閉症の人やアスペルガー症候群の人は、システム化思考が平均的な男性よりもさらに顕著な「極端な男性型の脳」の人である。彼らの思考の特徴とは、以下のようなものだ。

> このような人びとはまず、どんな問題でも自分で解決しようとする。いつも頭の中は目の前にある物やシステムでいっぱいで、ほかの人が何か知っているかもしれないと考えてみるようなことはない。これが極端な男性型の脳を持った人びとである。
>
> （中略）
>
> この人びとに、誰かがあることを考えているかもしれない、感じているかもしれない、

という推測や客観的事実とはいえない話題を持ち出しても、何の興味も示さない。それどころか避けようとする。そのようなことを事実として知ることは不可能で、確実に予測することはできないからだ。（バロン＝コーエン、２３３頁）

自閉症は共感の障害といえる。自閉症の人は「マインドリーディング」を行うことが著しく困難である。つまり、他人の立場に身を置いて、その人の目には世界がどう見えているのかを想像することができず、相手の感情に対して適切な反応をすることもできない。私は以前書いた本の中で、自閉症の人を「マインド・ブラインドネス（心が見えない）」状態にあると表現した。（バロン＝コーエン、２３９頁）

これらの特徴は、システム化思考が極端になった場合に生じるものではある。だが、自閉症やアスペルガー症候群と診断されるほど極端でない場合にしても、システム化思考が顕著な人たちは目の前の人に対して共感をはたらかせることが苦手である、ということを示唆してもいるだろう。

「自分がこんなことを言ったら、相手はどう思うか」「いまから自分が始めようと思っている話題については、相手にも考えや意見があり、不用意に自分の意見を開陳してしまうと相手に不快感を抱かせてしまうかもしれない」などといった配慮をはたらかせるためには、共感的な思考をおこなうことが必要となる。そして、それができない人の言葉は、相手からはハラスメントや「上から目線の説教」であると感じられてしまう可能性が高いのだ。

フェミニズムによれば、男性がマンスプレイニングをおこなうことは、彼らが「女性は男性よりも無知で劣った存在だ」という偏見を抱いていたり「男性が女性に対して下手にでることはみっともないことである」という社会規範を内面化していたり、男性と女性とのあいだに権力の不均衡が存在することなどが原因である、とされる。しかし、実際には、マンスプレイニングをおこなう男性はただ単にマインドリーディングができておらず、「自分が説明しようとする知識を、相手が知っているかどうか」ということに考えをめぐらしたり「いまから自分が発しようとしている言葉で、相手はどんな感情を抱くであろうか」ということを予測して察したりすることができていないだけ、であるかもしれない。

「有害な男らしさ」への新たな視座

現代の欧米諸国では、フェミニズムの主張は社会に浸透しており、制度における性差別は過去に比べると大幅に改善されて、法律や各種の規約などにおいても男女平等の理念が明示されるようになった。だからこそ、近年では、メディアにおける表現や日常的なコミュニケーションなどの曖昧な領域に存在する男女差別が注目されるようになっている。同様の傾向は、男女差別に限らず人種差別などの問題についても存在している。その結果、差別的な用語を使っていない発言や表現であっても、文脈や社会的な事情をふまえると特定の属性の人びとの尊厳を傷つけたり不愉快にさせたりするようなものである場合には差別的であるとみなす、「スピーチ・コード（会話に関する規範）」が発展したのだ。最近になってマンスプレイニングが取り沙汰されるようになったことも、この傾向の一環であろう。

しかし、システム化思考をおこなう人にとっては、自分のどのような発言や振る舞いが相手を傷つけるかを予測することは難しい。差別とされる用語や表現があらかじめ明示されている場合には、それらを用いないようにすることはできるが、文脈や社会的な事情などの**「空気」**を読むためには、共感的な思考が必要とされるのだ。

このことをふまえると、自身がアスペルガー症候群である進化心理学者のジェフリー・ミラーが発表した「ニューロダイバーシティと言論の自由」という論考には一読の価値がある。性や人種の「多様性」を考慮するために発言や振る舞い方などに関するルールが複雑で曖昧になっていくことは、アスペルガー症候群や自閉症を持つ人たちを排除する結果をもたらすために「脳神経特性の多様性」に反している、とミラーは主張するのだ。

先述したように、男性の思考がシステム化に偏っており、女性の思考が共感に偏っているというのは、あくまでも統計的な平均値の話にすぎない。他人に対して共感することが得意な男性もいれば、物事をシステム化して考えることが得意な女性もいる。そして、マンスプレイニングはシステム化思考が要因となっていると考えれば、男性に比べると少数ではあるが「上から目線の説教」をおこなう女性がいることについても、容易に説明がつく。

マンスプレイニングという言葉は、男性たちからの説教を受けた側である女性たちが考案したものだ。「上から目線の説教」は女性よりも男性のほうに顕著である、という点では、彼女たちの考えも正しいだろう。しかし、「男性に顕著である」ことは「男性に特有である」ことを意味しない。また、マンスプレイニングという現象についての議論は、説教を受けた側からの視点によって語られることが多いために、「マンスプレイニングをおこなう側である人は、実際のところ、どのような理由でそのような行為をしたのか」ということについての検討がなおざりになってしまいがちなのだ。

社会規範だけでなく生物学的な議論も

男性が引き起こす個別の問題について、フェミニズム的な問題意識や社会構築論を前提にせずに具体的に検討していくと、社会の構造や規範のみならず男性の心理や思考に関する生物学的な特徴も問題の一因となっていることは、否定できないように思える。

そうなると、「有害な男らしさ」についても、これまでとは違った視点から考えることが可能だ。フェミニズムやジェンダー論では「男らしさ」とは社会的に構築される規範とみなされるが、システム化思考の特徴と「男らしさ」の具体例は、かなりの部分が重なっている。ならば、「有害な男らしさ」とはシステム化思考の特徴のうち本人や他人に対して害を与えたり迷惑をかけたりするもののことである、とみなすこともできるだろう。

「男性問題」に目を向けるようになったフェミニズムでは、母親としての立場から、「男の子が有害な男らしさを身につけないようにするためには、どう教育すればいいか」についても議論されるようになった。その代表的な著作が、レイチェル・ギーザの『ボーイズ――男の子はなぜ「男らしく」育つのか』である。しかし、この本のなかでは男女の特徴に関する生物学的な議論がいちおうは取り上げられているが、フェミニズムの通例にしたがって、大部分は「無視されるべきもの」であるかのように扱われていた。

マンスプレイニングに関する議論を展開したソルニットにせよ、有害な男らしさに関する議論を展開したギーザにせよ、彼女たちは男性問題について語りながらも、本章の前半で述べたように**「実際には、男性とはどのような存在であるか」**ということへの関心は希薄であるようだ。フェミニズムにおける「男性問題」論は、男性に向けてではなく、フェミニストとして問題意識を共有する女性たちに向けて語られている側面が強いようなのである。

どうやら、フェミニズムが「男性問題」について論じているからといって、その議論が参考になるものであるとは限らないようだ。生物学的な要素を無視して社会構築的な要素を強調するという偏向や、女性の立場からの問題意識が議論に混入しているために、問題の原因に関する冷静で正確な分析がおこなわれているとは期待しがたいのである。そして、原因に関する分析に間違いがあれば、提案される対処法も自ずと的外れなものになる。

ただし、「男性問題」が存在すること自体を指摘して、問題が解決される必要性を論じたという点では、フェミニズムにもたしかな功績があるかもしれない。男性のなかには、マンスプレイニング的な行為をした経験があって反省していたり、自分が思わぬところで女性を傷つけたり不愉快にさせたりすることを避けたいと思っていたりする人もいるだろう。また、自分が他人に対して充分な配慮や気配りができていないことや、女性の恋人や家族にケアを一方的にしてもらっていることを自覚していて、居心地の悪い思いをしている男性もいるかもしれない。フェミニズムの議論に触れることで自分のなかの「有害な男らしさ」を発見して、なんとか対処したいと考える男性もいるだろう。

だが、男性が自分の問題に本気で対処するためには、フェミニズムやジェンダー論とは異なる視点も必要となるかもしれない。社会的な規範や家父長制が自分の言動に与える影響について考慮するのもいいだろうが、それと同時に、「自分はシステム化思考に偏っており、共感思考に欠如しているのではないか」という可能性についても考えてみるべきなのだ。規範や制度などの**「外側」**にある問題だけでなく、思考の傾向やパーソナリティなどの**「内側」**にある問題にも目を向けたほうが、有意義で実践的な結論を得られやすいはずである。

参考文献

・サイモン・バロン＝コーエン『共感する女脳、システム化する男脳』三宅真砂子訳、ＮＨＫ出版、２００５年。
・レベッカ・ソルニット『説教したがる男たち』ハーン小路恭子訳、左右社、２０１８年。
・レイチェル・ギーザ『ボーイズ――男の子はなぜ「男らしく」育つのか』冨田直子訳、DU BOOKS、２０１９年。
・Baumeister, Roy F. *Is There Anything Good About Men?：How Cultures Flourish by Exploiting Men.* Oxford University Press, 2010.
・Joiner, Thomas. *Lonely at the Top: The High Cost of Men's Success.* St Martins Pr., 2011.
・Miller, Geoffrey. *Virtue Signaling: Essays on Darwinian Politics & Free Speech.* Cambrian Moon, 2019.

第8章

「ケア」や「共感」を道徳の基盤とすることはできるのか？

「ケア」や「共感」に注目が集まる理由

近年ではフェミニズムの影響力が強まっており、政治学や経済学をはじめとするさまざまな学問で「フェミニスト的視点」が強調されるようになってきた。倫理学も例外ではない。フェミニスト倫理学が発達したのは１９８０年代であるが、その存在感は、近年になってさらに高まっている。

簡単に言ってしまうと、フェミニスト倫理学では、従来の倫理学が道徳は「理性」に基づくべきであると前提していたことを批判して、理性の代わりに「ケア」や「共感（エンパシー）」が道徳の基盤として持ち出される。この本の第２部でわたしは功利主義の思想を紹介するとともに道徳を感情や感覚に委ねることの問題を指摘してきたが、それとは逆に、フェミニスト倫理学では感情というものが真正面から肯定されるのだ。

実は、左派の人々や社会問題に関心の高い人々、または弱者を救う活動をしている人々の多くは、理性というものを昔から疑ってきた。彼らからすれば、理性は道徳的な問題を解決するどころか、問題を引き起こす原因である。たとえば、第二次世界大戦の直後から、「ナチズムや原子爆弾投下などの凄惨な暴力を引き起こしてきたのは、理性を前提とする近代主義や科学主義であったのではないか」と批判されてきたのだ。

政治家たちが庶民の人命や幸福を軽視した政策を易々と実行してしまうのは、彼らには下々の者に対する共感が欠けているからかもしれない。あるいは、経済学者や公衆衛生学者といった専門家たちは、自分の専門知識の枠組みにとらわれており他人に対するケアの意識を持っていないから、労働者やマイノリティの尊厳に配慮しないような提言をしてしまっているのかもしれない。経済不況が到来したり、エッセンシャル・ワーカーの賃金が上がらなかったり、保育所が足りなかったりすることも、すべて理性が重視されてケアと共感が軽視されていることが原因である……。このような問題意識に基づいて、近頃ではマルクス主義者やアナーキストたちも、フェミニストに同調している。

これまでにも、理性に対する懐疑は「批判理論」や「ポストモダニズム」というかたちで表明されてきた。フェミニスト倫理学も、これらの思想を前提として発展してきたものである。ただし、ともすれば理性を否定することのみに終始しがちな批判理論やポストモダニズムとは異なり、フェミニスト倫理学にはケアや共感というオルタナティブな答えを提出できるという強みがあるのだ。

しかし、その答えは、理性に取って代われるほどの強度をほんとうに持っているのだろうか？　この章では、フェミニスト倫理学者たちの主張を検討しながら、ケアや共感を道徳の基盤とすることができるかどうかを吟味しよう。

フェミニスト倫理学の考え方

まず、フェミニスト倫理学の考え方について整理しよう。

フランスの倫理学者アンマネリー・ピーパーの著書『フェミニスト倫理学は可能か？』によると、伝統的な倫理学は男性中心的で性差別的な前提に根差していると批判したうえで、その改善を目指すのが、フェミニスト倫理学の目的である。


行為のレベルでは、フェミニスト倫理学は、従来の道徳観念がどれも「男性中心的」ないし「父権制的」である、つまり人間全般の基準と仮定されてきたが、その実それは男性的な思考習慣と行為習慣に由来するのだという前提に立って、「男性」の道徳と「女性」の道徳両方の欠陥を分析する。人類の半数（＝男性）が残りの半数（＝女性）よりも既存の道徳的規範を遵守するのに長けているとされていたことは、前者が「生まれつき」後者に優越していると想定され、またその想定のせいで性の位階が固定されてきたということ

を踏まえれば、理解可能となる。（ピーパー、31頁）

また、フェミニズムの通例にしたがい、フェミニスト倫理学でも「生物学的な性差」という発想は批判的に扱われており、それよりも「社会的な性差（ジェンダー）」が強調される。つまり、男性と女性とのあいだに存在する差異は、生物学的なものであるように思えても、実際には家父長制的な社会によって構築されたものにすぎない、と見なされるのだ。さらに、社会的な性差とは「男性は理性的であるから優れていて、女性は感情的であるから劣っている」といったイメージを人々に押しつけることで、男性たちによる女性たちの支配を強化して持続させる作用を持つものだと解釈される。そして、フェミニズムの目的のひとつは家父長制の「権力構造」を見抜いて暴き出し、既存のジェンダー規範を解体することであり、倫理学の領域でこれを実践するのがフェミニスト倫理学である、と論じられるのだ。

ここには、既存の倫理学の理論に並列される新たな理論を単に追加するのではなく、倫理学という営み自体を相対化して疑問視する、「批判理論」としてのフェミニスト倫理学の側面があらわれている。

功利主義や義務論をはじめとする「規範倫理学」では、「善（good）」や「正（right）」といった概念それぞれについて定義したうえで、「倫理的な問題に対して、どのような行為やどのような判断をすることが正しいのか」が理論化される。そして、規範倫理を主張する人たちのあいだでは、どちらの定義が優れており、どちらの理論が正しいのか、についての議論がおこなわれる。このとき、理論の正しさを示す指標としては、「客観性」や「論理性」が持ち出されることが多い。たとえば功利主義者は「自分たちの理論は科学的な思考方法を参考にしたものであり、義務論よりもずっと客観的である」と主張して、義務論者は「自分たちの理論は功利主義に比べてはるかに厳密な論理に基づいている」と主張したりする、といった具合だ。

このような議論が成り立つ背景には、義務論を唱えていようが功利主義を唱えていようが、規範倫理の提唱者たちは「道徳とは中立で公平なもので**ありえる**し、中立で公平なもので**あるべきだ**」という考えを共通の前提としている、ということがあるだろう。

しかし、フェミニズムでは中立や公平という概念そのものが疑いの対象とされる。既存の倫理学が重視してきた「理性」という概念は、所詮は家父長制のもとで定義されたものでしかない。そして、規範倫理の主張は客観的であったり論理的であったりするように聞こえるかもしれないが、実際には「男性的なもの」とされている理性を強調している時点で、片方の性別の側に寄ったものである、と論じられるのだ。このようにして、功利主義や義務論よりも優れた規範倫理の理論を提唱しようとするのではなく、理論の優位性をめぐる既存の論争そのものを無効化することが、批判理論としてのフェミニスト倫理学の目的である。

客観性や論理性といった概念を疑い、それらを重視しないことには、ポストモダニズムの影響も見てとれる。また、「自然なことだ」「当たり前のことだ」と思われている物事に権力の作用を見出している点では、フェミニスト倫理学はマルクス主義とも共通しているだろう。

ただし、先述したように、フェミニスト倫理学者たちは「批判」ばかりしてきたわけではない。彼女たちは、男性中心的な概念、「男性的な道徳」であるとされる理性に代わって、ケアや共感を基盤とした「女性的な道徳」を提唱してもいるのである。

多義性を持つ「ケアの倫理」

フェミニスト倫理学のなかでも代表的な考え方である「ケアの倫理」は、1982年に発表されたキャロル・ギリガンの著書『もうひとつの声――男女の道徳観のちがいと女性のアイデンティティ』に端を発する。

『もうひとつの声』では、「道徳に関する判断をおこなう能力の段階は、六つの段階に分けられる」と論じた、発達心理学者のローレンス・コールバーグによる「道徳性の発達段階理論」への批判が展開されている。

コールバーグによると、道徳性の発達の第一段階と第二段階とは「慣習以前のレベル」である。この段階にいる子どもたちは、悪さや正しさについてなんらかの基準に基づいて考えることができず、また他人の視点から考えたり他人の立場を想像したりすることもできず、自己中心的にしか考えられない。「警察に捕まることは悪いことだ」「殴られたら、殴りかえしてもよい」といったかたちでしか、道徳を捉えることができないのである。

第三段階からは「慣習的レベル」にランクアップする。第三段階の青年は、他人の立場や役割を想像して、他人の視点から物事を考えることができるようになる。そのうえで、他人を助けたり、他人から評価されたりするような行為こそが「善い行為」である、と判断するようになる。また、行為に「善意」が存在するか否かということも判断基準とするようになるのだ。

第四段階になると、「正義」や「権利」といった抽象的な概念に基づいた判断ができるようになる。法律や秩序は社会を維持するために必要であることを理解して、秩序の価値を認めたうえで積極的に秩序を守るようになるのである。

第五段階にまで至り、「脱慣習レベル」に突入できる人の数は限られている。この段階になると、現時点での法律や秩序は絶対的なものではない、ということが理解できるようになる。ほんとうに大切なのは、社会のなかに存在するさまざまな価値観を持った人たちの利益や幸福であって、法律や秩序などの制度はそれを守るための手段にすぎない。そして、現行の制度が人々の幸福に寄与していないようであるなら、社会契約を結びなおして法律や秩序のあり方を変えるべき場合もある、ということまで考えられるようになるのだ。

そして、最後の第六段階にまで道徳性を発達させられた人は、「すべての人間は目的として扱われるべきである」といった普遍的な道徳的原理に基づいた判断を下すようになる（ただし、最終段階まで到達できる人はほとんどいない）。

以上が、コールバーグによる道徳性の発達段階理論のあらましだ。

そして、コールバーグによると、男性は第四段階まで道徳性を発達させられる人が多いのに対して、女性は第三段階に留まってしまう人が多い。第四段階以降の男性たちは「正義」という抽象的な概念に基づいた判断をおこなえるのに対して、第三段階以前の女性たちは具体的な事情に対する「ケア」や共感に基づいた判断しかできないのだ。……コールバーグのこの主張を、ギリガンは批判した。ただし、ギリガンの主張のポイントは、「女性も男性と同じように第四段階以降まで道徳を発達させられる」という点にあるのではない。彼女は、「女性も男性と同じ能力を持っている」と論じたのではなく、むしろ、男女の違いを強調した。つまり、ケアの視点を正義の視点の前段階に位置する劣ったものと見なすのではなく、二つの視点はそれぞれ別の次元に位置する対等に並び立ったものだと見なすべきである、とギリガンは主張したのだ。

ギリガンによれば、〔男性の〕発達心理学者たちの説では、女性の道徳的判断能力がコールバーグの発達モデルの第三段階以上に達することはめったにないということになっている。そして、女性の活動領域が家事や子育てに限定されているために、女性の発達は他者に対する補助もしくはケアの段階に止まってしまい、自律的な正義理解の段階へ進むことが妨げられているからだというのが、これに対する〔男性の〕発達心理学者たちの説明である。そこでギリガンが選択したのが、女性の道徳的発達は男性の道徳的発達より劣っているように見えるかも知れないが、それは決して女性の道徳的発達が不十分だということではないこと、むしろ女性の道徳的発達は、〔ケアという〕男性とは異なる独特の道徳的論理と特性を持っているということを、証拠をあげて示すという戦略である。具体的な人と人との関係を中心に据えたケアの原理を価値が低いと非難したり、この原理を尺度にして実践的判断を基礎付ける人々のことを道徳的に未成熟であるととがめたりするとしたら、それは、特定のもののの見方を絶対視していることになろう。（ピーパー、128-129頁）

女性は男性とは異なる視点に基づいて道徳を判断しているのだとすれば、男性的な理性や正義といった物差しで女性の道徳性の発達を測ることはできなくなる。必要なのは、ケアという「もうひとつの声」に耳を傾けることである、とギリガンは論じたのだ。

ギリガンと並んで「ケアの倫理」の発展に一役を買ったのが、1984年に『ケアリング――倫理と道徳の教育―女性の観点から』を出版した、教育学者で哲学者のネル・ノディングズだ。ノディングズは、ケアする側とケアされる側という「関係性」を強調したり、個々の道徳的問題について抽象的な規則に基づいて判断することではなく具体的な状況に身を置いて考えることの重要性を示したりしながら、母性的な道徳的原理としての「ケア」に関する議論を展開した。

また、「ケア」という単語には「配慮」や「気づかい」という意味と同時に、「養護」や「看護」や「介護」といった意味も含まれている。そのため、ケアの倫理はフェミニズムのみならず障害学や看護学とも関わっているのだ。

看護学や障害学などでケアの倫理が展開されるときには、既存の倫理学は「人間とは自立した存在である」ことを前提としている健常者中心主義的なものである、との批判がおこなわれることが多い。だれにも依存せずに自立して生きる人は、理想のなかにしか存在しない。実際に生きている人は、病人や障害者に限らず健常者であっても、多かれ少なかれ他人に依存しているものだ。そして、この事実が既存の倫理学や政治哲学では無視されている、とケアの倫理の提唱者たちは論じるのである。

また、現実の社会では育児や介護といったケア労働はいまだに女性に押しつけられていることが多い。したがって、ケア労働の存在を無視した議論は、必然的に男性にとって有利なものとなる。女性が課されている負担を把握できないまま、両性が対等で平等な処遇を受けているという誤った前提に基づいて議論が展開されるためだ。たとえば、政治哲学者のエヴァ・フェダー・キティの著書『愛の労働あるいは依存とケアの正義論』では、リベラリズムの政治哲学の代表的な著作であるジョン・ロールズの『正義論』について、妊娠や子育てなどの再生産活動や障害者介護・高齢者介護などのケア労働の必要性を無視しながら「あるべき社会のかたち」を論じていることを批判している。

「ケアの倫理」がそのままフェミニスト倫理と同一視される場合もあるし、そうでない場合もある。そもそも、「ケア」という単語自体が多義的で曖昧なものであることから、ひとくちに「ケアの倫理」といっても、現在では、それが意味する範囲はかなり広がっているようだ。他方で、なにを強調するかという細かい点には違いがありながらも、フェミニスト倫理学者やケアの倫理学者たちの問題意識はおおむね一致しているようでもある。

女性と「ケア」「共感」を結びつけるのは本質主義の主張？

これまでに述べてきたフェミニスト倫理学の特徴を、二つにまとめてみよう。

・「理性」や正義を重視する言説は家父長制によって構築されてきた男性中心主義的なものである、と批判する。
・既存の言説では女性的なものだとされてきた、「感情」やケアに基づいた道徳の重要性を強調する。

ただし、ギリガンやノディングズなどによる「女性的な道徳」の賞賛は、彼女たちが著書を発表した１９８０年代の時点から、他のフェミニストからは警戒されていたのである。

先述した通り、フェミニズムにおいては、性差とは社会的なものであり生物学的なものではない、という考えが基本となる。「男らしさ」や「女らしさ」といった特徴も、家父長的な社会によって構築されて個々人に押しつけられる規範である、と見なされる。したがって、「男性にはこういう特徴がある」とか「このような特徴は女性に特有のものだ」といった主張は、本質主義的なものであるとされて、フェミニストたちからは受け入れられないことが多いのだ。

しかし、女性と「ケア」や「共感」を結びつけるフェミニスト倫理学の主張は、単純に判断すると、本質主義的な主張であるように聞こえるだろう。

この問題に関して、フェミニスト倫理学者たちはどのように対処しているか？　彼女たちの主張の道筋をわたしなりに整理すると、以下のようになる。

（1）ケアや共感は、本来は重要なものであるのに、男性中心主義的な社会によって貶められてきた。

（2）女性が男性よりもケアや共感に優れていることが多いのは、生物学的な本質に由来するのではなく、「女性らしさ」といった規範が社会によって押しつけられて、ケア役割を一方的に担わされてきたことに由来する。

（3）押しつけられたからであるとはいえ、これまでは軽視されてきたケアや共感は女性によって担われてきたのだから、ケアや共感を「女性の道徳」としながらその価値を積極的に主張することには、フェミニズム的な意義がある。

フェミニズムは、「平等派」と「差異派」に区別されることがある。男女間の差異を強調せず、男女が平等に配慮されて平等な地位を得るべきであることを求める人たちは平等派フェミニストと呼ばれる。他方で、男女間の差異を積極的に認めて、女性の特徴とされることや女性に結びつけて語られる物事を強調して肯定する主張を展開する人たちは、差異派フェミニストと呼ばれるのだ。

「ケアの倫理」を提唱するフェミニスト倫理学者たちの多くは本質主義を否定しているようだが、ケアや共感が女性と結びつけられていることを認めたうえで、あえて「女性の道徳」を強調しているという点では、差異派フェミニストに近い人たちであるといえるだろう。

とはいえ、「ケアの倫理」を主張する論者のなかには、本質主義的な主張を展開してしまい、そのために他のフェミニスト倫理学者から批判されてしまった人もいる。

たとえば、フランスの哲学者ファビエンヌ・ブルジェールの著書『ケアの倫理——ネオリベラリズムへの反論』では、ギリガンは肯定的に紹介される一方で、ノディングズのことは否定的に扱われている。すこし長くなるが、ギリガンについて論じた箇所とノディングズについて論じた箇所をそれぞれ引用しよう。

ギリガンの議論は、「ケア」においてアイデンティティを獲得する女性、認められていない配慮の役割を担う人びとを勇気づけた。彼女が意識したことは、このような女性たちは、自己を犠牲にして他者を援助し、配慮する力を搾取されているということだ。

（中略）

ギリガンはみずからの『異なる声』について回想したときに指摘しているが、「ケア」の倫理は根本的に民主主義であり、多元主義的であって、市場社会におけるジェンダーの二元性と序列に対して抵抗する声である。それゆえ、「ケア」の倫理は、多文化主義であり、差異を承認する政治なのだ。さらに、「ケア」の倫理は、女性の徳を称賛する自然主義ではなく、フェミニズムの政治闘争にかかわる。『ケア』のフェミニストの倫理は、異なる声だ。なぜなら、それは、家父長制の規範や価値とは無関係だからだ。それは、ジェンダーの二元性と序列に従わず、民主主義の規範と価値を明らかにしようとする。（ブルジエール、35頁）

ネル・ノディングスは、女性が母親となることを理論展開の基軸にすえる。配慮、他者への関心の価値は女性の価値とされる。その価値は母性愛にかかわる女性の偉大な道徳的感情を表わす。出産、そして母親となることが重要なのだ。女性は母性の価値を実現するロボットであり、その価値は女性の本質とされるから、このイメージから外れる女性は、女性として考慮されない。こういった女性の価値を主張することは異性愛を前提とすることなしにはありえない。（ブルジェール、23頁）

ドグマ的な主張になる傾向

さて、「有害な男らしさ」の問題について論じた前章で示したように、フェミニズムから離れて心理学や脳科学の世界に目を向けてみると、「男女の性差は社会的に構築されているとは限らず、生物学的な要素も影響している」という主張は多かれ少なかれ受け入れられていることがわかる。

フェミニストたちは生物学的な性差を強調することは本質主義というドグマに基づく発想であると批判するが、生物学的な性差の存在を無視することも、方向が逆なだけで、同様にドグマチックな発想であるかもしれない。

性差の由来が社会的なものか生物学的なものであるかという点に限らず、他の論点に関しても、フェミニスト倫理学の主張はドグマ的であることが多い。たとえば、先に引用したブルジエールの文章では、民主主義や多文化主義は「善」であり、自然主義や「異性愛を前提とする」ことは「悪」であるなど、多くの論点が説明抜きに前提されてしまっている。このような議論のすすめ方は、ほかの規範倫理学の文章ではなかなか見かけないものだ。

たとえば功利主義や義務論を提唱する人であれば、自分たちの理論は「民主主義的」であったり「多文化主義的」であったり「差異を承認する政治」であったりするから優れているものだ、とは主張しないだろう。むしろ、順序は逆だ。民主主義や多文化主義が正しいものであるかどうか、差異を承認する政治のどこがどのように善いのか、という価値判断をおこなうためにこそ規範倫理の理論が必要とされる、というのが倫理学の基本的な考え方だからである。

倫理学とは「なにが正しいのか」「善とはなにか」という疑問について根本にまでさかのぼって考えるための学問だ。それを済ませないうちから特定の政治的なアジェンダを肯定することは、大半の倫理学者の望むところではないだろう。

先述したように、ケアの倫理では、普遍的で中立的な理論や原則の存在を否定して、個別の状況や当事者の主観や関係性といったことに基づきながら考えることが重視される。しかし、ここで明らかに問題となるのは、理論や原則を否定してしまうと、個人の経験からは遠いところにある法律や政治体制について評価をおこなったり「どこを修正すればいいのか?」と具体的に考えたりすることが困難になる、ということだ。また、自分が住む社会で起こっている問題についても改善案を考えることが難しくなる。どのような体制や法律がより正しくて、どのような状況がより善いものであるかを考えるための指標が失われてしまうからだ。

そのため、倫理学者のヘルガ・クーゼが著書『ケアリング――看護・女性・倫理』でノディングズについておこなった左記の批判は、ノディングズのみならず、ギリガンを含めたフェミニスト倫理学者の大半に当てはまるはずなのである。

ノディングズが展開した人間関係に根差したケアの倫理には、そもそも内容らしい内容がなく、また視野の狭いものであり、平等や正義というような大きな問題に取り組むだけの実質をそなえていない。この倫理からは、現行の決まりや制度を「不正」であるとか「公正でない」と批判することができない。というのも、この倫理には自分の外部に持つべき道徳的視座が欠けているからであり、批判というのはそのような視座に立ってはじめて行えるものだからである。（クーゼ、２０４頁）

しかし、先述したブルジェールのように、フェミニスト倫理学者たちは政治や社会の問題について発言しないどころか、むしろほかの倫理学者たちよりも積極的に踏みこんで論じているように思える。

この現象の一因は、フェミニスト倫理学が政治運動としてのフェミニズムに基づいていることにあるかもしれない。フェミニスト倫理学では理論や原則は否定されるべきものだと論じられるが、政治運動としてのフェミニズムでは「男女は平等に扱われるべきである」とか「社会体制は民主主義であるべきだ」とかいった価値判断が前提とされている。これらの価値判断は、フェミニストに限らず現代社会の多くの人が同意する、いわば当たり前のものではある。だが、その価値判断が「なぜ」正しいかを論証する際には、「正しさ」に関する理論や指標が必要とされるはずだ。そして、男女平等にせよ民主主義にせよ、それらは原則であるにちがいない。つまり、フェミニスト倫理学では表面上は理論や原則が否定されながらも、その裏では政治運動としてのフェミニズムや模範市民的な「常識」を介して、理論や原則が密輸入されているのである。

この現象は、フェミニズム倫理学のみならず、ポストモダニズムでもよく見受けられることだ。フェミニスト倫理学者やポストモダニストたちは理論や原則を否定する素振りを見せながらも、本気で理論や原則を放棄してしまったら倫理的な問題にまともな見解を示すことは不可能になることに気がついている。だから、表面的には理論や原則に対する批判をおこなっている主張でも、実際には理論や原則の存在が暗黙のうちに前提とされているのだ。そのために、フェミニスト倫理学者やポストモダニストたちの議論は、語り出しこそラディカルであるが、最終的には現在の社会における決まりやわたしたちの常識に依拠した無難な結論に着地することが多いのである。

そして、主張の背景となる価値観や原則が表立った議論を抜きにして無条件で前提とされているからこそ、左派的な社会運動や政治活動に携わっている人にとっては、通常の規範倫理よりもケアの倫理やポストモダニズム的な思想のほうが支持しやすいのかもしれない。

たとえば、功利主義とは、「人権は守られるべきだ」「民主主義のプロセスは守られるべきだ」といった現代の社会では当たり前となっている価値判断すらも、「ほんとうにそれが正しいことだといえるのか?」と問い直しかねない思想である。功利主義にしたがえば、もし人権や民主主義が最大多数の最大幸福に寄与していないのなら、疑問や批判の対象とされるべきだからだ。他方で、「動物の利益も人間の利益と同じく配慮されるべきだ」や「自発的に安楽死する権利が法律や制度で保障されるべきだ」といった、まだ「当たり前」とされていない価値判断に基づいた運動にとっては、「当たり前」を問い直す功利主義は理論的基盤を与える可能性がある。しかし、すでに「当たり前」となっている価値判断に基づいた運動においては、その価値判断を問い直す理論とは、運動の足を引っ張るだけの余計なものでしかない。それよりも、自分たちと前提や価値判断をはじめから共有している理論のほうが、運動の邪魔をしないから肯定しやすいのであろう。

アイデンティティに基づくことの限界

ケアの倫理を提唱するフェミニスト倫理学者たちの多くは、価値判断だけでなく、事実判断に関しても前提を共有している。

先述したように、フェミニストの多くは生物学的な性差という発想を忌避する。そのため、道徳に関する考え方の違いに男女差があったり女性に特有の傾向があったりすることを認める場合でも、その違いや傾向は社会的に構築されたジェンダーに由来する、としか見なされない。したがって、「道徳判断の男女差には、生物学的な要因も関係しているのではないか?」という疑問が、フェミニスト倫理学の議論では封殺されてしまいがちなのである。

ケアの倫理は「女性の大半は道徳判断が第三段階までにしか発達しない」というコールバーグの主張に対するギリガンの批判から始まった、ということを思い出そう。コールバーグの言う第三段階とは、他者の立場についての想像や共感に基づいた判断をおこなうことであった。そして、第四段階以上からは、抽象的な原則や制度のことを考慮する論理的な思考に基づいた判断がおこなえるようになっていたのである。

「共感」を重視する第三段階と、抽象性が重視される第四段階以上との違いは、前章で紹介したサイモン・バロン＝コーエンの『共感する女脳、システム化する男脳』を思い出させるものだ。

バロン＝コーエンの議論とは、男性の考え方は抽象的で論理的な「システム化思考」に偏る傾向があり、女性の考え方は「共感思考」に偏る傾向がある、というものであった。これはあくまで統計上の平均値の話であり、共感思考が得意な男性もいればシステム化思考が得意な女性もいる。また、どちらの思考様式についても、教育や訓練を通じて後天的に身につけることは可能であるだろう。……しかし、コールバーグの理論は特に子どもや青年の道徳性の発達について論じたものであることをふまえると、テストの対象となった男女たちの回答には、社会的な性差だけでなく生物学的な性差も影響していた可能性が大いにあるはずだ。

わたしとしては、これはかなり興味深くて考えるに値する論点であるように思う。しかし、フェミニスト倫理学者がこの点を掘り下げて論じようとすると、ノディングズのように仲間たちから「本質主義者」とのレッテルを貼られて批判される危険性がある。そのため、女性に特有な道徳的思考についての生物学的な分析をフェミニスト倫理学の内部でおこなうことは困難であるのだ。

フェミニスト倫理学に限らず、なんらかのアイデンティティに基づいた学問の多くでは、重要なトピックや興味深いトピックに関する議論がなかば禁止されていたり、答えがあらかじめ決まっているものとして扱われたりすることが多い。アイデンティティに基づいた学問は政治運動としての側面が強くなる傾向があり、学問的な議論の内容も運動のアジェンダによって拘束されてしまうためだ。知的好奇心を充たしたり、真理を追求したりすることを学問に求めている人にとっては、もったいない事態であるというほかない。

感情は道徳の基盤とするには不確か

第2部で見てきたように、功利主義者たちは感情よりも理性を重視する。ピーター・シンガーの「ダーウィン左翼」論では、「倫理学は人間本性の正確な理解に基づくべきである」と主張されていた。自身も心理学者であるジョシュア・グリーンは、実験を通じて感情に由来するオートモードの道徳の限界を明らかにして、理性に基づくマニュアルモードの道徳の必要性を主張した。そして、効果的な利他主義を提唱するシンガーやウィリアム・マッカスキルは、感情に基づいた判断が「特定可能な被害者」バイアスや部族主義のバイアスに左右されていることで、寄付行為の大半が効果的におこなわれておらず、救えるはずの数多くの人命を失わせる結果につながっていることを示したのである。功利主義者たちは、感情に関する科学的な知見を参照したからこそ、感情は道徳の基盤とするにはあまりに恣意的で不確かなものであると判断したのだ。

功利主義者たちがこのような判断をできた理由のひとつは、彼らが科学についてフラットな態度を取っていることにある。功利主義は批判理論やポストモダニズムの影響を受けた思想ではないので、「科学や理性というものは疑ってかかるべきだ」ということが前提とされていない。

他方で、これまでにも述べてきたように、フェミニスト倫理学では科学の客観性や価値中立性といったもの自体が疑問視されている。そのために、たとえば「共感」が「善いもの」であるといちど定義されてしまうと、フェミニズムの枠外にある心理学などの知見を参照してそれを修正することが困難になってしまうのだ。

これは、「客観」や「中立」というものを否定する思想においては、避けがたく発生する問題である。既存のすべての言説には家父長制の作用が働いており、男性にとって有利なジェンダー秩序を維持する効果を持つのだとみなしてしまうと、どんなものであってもフェミニズムの外にある知見を参照することはフェミニズムの目的にはそぐわない。だから、自分たちの主張を肯定したり自分たちの議論にとって都合がよかったりする言説以外には耳を傾けなくてよい、ということになってしまうのだ。

しかし、心理学者のポール・ブルームは、「共感」について科学的な観点から専門的に研究したからこそ、道徳は共感ではなく理性に基づくべきだと結論することになった。彼の著書『反共感論——社会はいかに判断を誤るか』では、そのタイトルの通り、「共感」を善いものであるとする主張に対する反論が一冊にわたっておこなわれているのである。

共感に基づいた行動が道徳的にはアテにならない事例のひとつとしてブルームが示しているのが、アメリカの町の小学校で銃乱射事件が起こったときに、哀悼の意を示した全米中の人から贈り物やオモチャが送られてきて、町にとって負担となってしまったというエピソードだ。事件でショックを受けた子どもや親たちの心が大量のオモチャによって癒されるわけでもなく、そして町がこれ以上の贈り物はいらないとアナウンスしていたにもかかわらず次々と送られてきたために、町は数百人のボランティアを募って広大な倉庫にあるオモチャを整理しなければならなくなった。同様の事態は、自然災害の被害を受けた地方に千羽鶴が送られてきたり役に立たないボランティアが全国から押し寄せてきたりするというかたちで、日本でもたびたび起こっている。

このような事態は特殊なものではなく、道徳を理性ではなく共感に基づかせた場合には必然的に起こることだ、とブルームは主張する。理性を放棄して共感だけにしたがっていたら、自分の行動がどんな結果を引き起こすか、自分がいま共感している相手にとって自分の行動はプラスになるのか、という点を慎重に考えて判断することが不可能になってしまうからだ。

また、効果的な利他主義に関する章で述べたように、理性に基づいた道徳は、遠い国にいる見知らぬ他人を自分の身近な人たちと同様に配慮の対象とすることができる。これに対して、共感に基づいた道徳を擁護する人たちは、共感を十分に発揮すれば理性と同じように世界中の人々を配慮の対象にすることができる、と主張する。彼女らによると、共感に基づいた道徳が不完全に見えるのは、現時点では人々に共感が十分に備わっていないことが原因であり、必要なのは共感を抑制することではなく共感を拡大させることなのだ。

このような主張に対して、ブルームは以下のように反論している。

しかし、それは土台不可能である。頭では、これらすべての人々の生活にも価値があることを理解し、何らかの判断を下すときにその点を斟酌《しんしゃく》できたとしても、あらゆる人々に共感することなどできはしない。それどころか、一人もしくは数人を超える人々に同時に共感することは無理である。嘘だと思うのならやってみればよい。たった今困難な問題を抱えている知人を思い浮かべ、その人がどう感じているかを自分でも感じてみる。同時に、それとまったく同じことを、違った苦難を経験し、異なる感情を抱いている別の知人を対象に行なってみるのだ。これら二人の知人に同時に共感することができるだろうか？　できるのなら拍手を送りたいところだが、ならば三人目に同時に共感することができるだろうか？　それも可能だと言うのなら、一〇人、一〇〇人、一〇〇〇人、あるいは一〇〇〇万人では？　数年前、作家のアニー・ディラードは、次のように述べてその見方を嘲笑した。「中国では現在、一一億九八五〇万人が暮らしている。これが何を意味するかを感じるには、単純にあなたの独自性、重要性、複雑性、愛情を取り上げて一一億九八五〇万倍すればよい。そこに何かを感じるだろうか？　何も感じないはずだ。」（ブルーム、44‐45頁）

倫理の基盤を「共感」ではなく「関係性」なり「ケア」なりに置いたとしても、ブルームの指摘しているような問題は生じるはずだ。関係性に基づいた倫理を社会や政治の領域に適用したら、部族主義バイアスに基づいた身内びいきを防ぐことが困難になる。そして、現実問題として、同じ街に暮らす万単位や海の向こうに暮らす億単位の人のことを、身近な人と同じようにケアすることはできない。

結局のところ、抽象的な思考や論理のような「理性」を用いない道徳とは、グリーンが言うところのオートモードの道徳にしかなり得ないのである。そして、利害や価値観の対立をはらみ、トレードオフが必要となる複雑な問題ほど、オートモードの道徳は無力となりマニュアルモードの道徳が必要とされるようになるのだ。

「ケア」「共感」の定義を拡大する議論

とはいえ、フェミニスト倫理学者のなかには上述したような批判のことを意識して、反論をおこなっている人もいる。そのときに彼女らが用いる戦略とは、「共感」や「ケア」という言葉の定義を拡大して、ふつうに使われているよりもずっと複雑で広範な意味をそれらの言葉に持たせる、というものだ。

たとえばローリー・グルーエンの著書『Entangled Empathy: An Alternative Ethic for Our Relationships with Animals（絡みあった共感――わたしたちと動物の関係についての新しい倫理）』では、ブルームの主張を取り上げ批判したうえで、「共感」に基づいた動物倫理の理論が展開されている。

グルーエンによると、共感とはブルームが論じるような浅はかで恣意的な生理的感情には還元できない、複雑で繊細な倫理的営みである。正しい仕方で共感をおこなえば、対象となる相手に固有の特徴や事情を理解したり、個別の具体的な状況について「その場ではどのような問題が生じており、なにが必要とされているか」を注意深く認識したりすることが可能になる。そして、自分の尺度に基づいて独断的に考えるのではなく相手の立場に立って考えることができて、適切な倫理的判断がおこえなるようになる、と彼女は主張するのだ。

あらかじめ断っておくと、わたしはグルーエンの著書を読んでいて感心するところがあったし、その主張には妥当な点が多いと思っている。彼女の主張にしたがえば、たしかに、共感やケアに基づく倫理の問題点はおおむね改善されるであろう。グルーエンに限らず、最近のフェミニスト倫理学者の多くも、ケアや共感の営みを高度で複雑なものとして描くことで、ブルームが描いたような短絡的で浅はかなものとしての「共感」との区別をはかっているようだ。

……しかし、共感やケアの営みを複雑なものとして描けば描くほど、それは理性的な営みに近づいてしまう。相手の事情やその場で生じている問題の状況について詳しく知ったり、「相手の価値観はどのようなものであって、なにをされたら喜び、なにをされたら嫌がるか」を認識したりするためには、問題の背景や相手に関する情報を調査したうえで冷静に思考する、という行為が必要とされるからだ。このような行為は、ふつうなら「感情」ではなく「理性」の領域に属すると理解されるだろう。つまり、グルーエンのように高度な共感やケアを主張するタイプのフェミニスト倫理学者たちは、彼女らが批判したいはずの理性を結果的には肯定することになってしまっているのである。

実際のところ、哲学や学問の議論の場において、理性を否定して捨て去ることは実に困難だ。ふたたび、ブルームの議論を引用しよう。

> 道徳的情動の擁護者でも、暗黙のうちに理性に優先権を付与しているはずだ。共感（や思いやりや哀れみなど）を高く評価する理由を尋ねられても、彼らはむきになったり、泣き叫んだり、嚙みついたりはせずに議論をするだろう。そして、それらの情動がもたらす美

徳やポジティブな効果を列挙し、いかにそれらが最優先事項と考えられている諸条件と矛盾しないかを論じるはずだ。つまり、理性に訴えることで共感を擁護するのである。

同僚を非難するつもりはないが、学問の世界ではこの点に関して自覚の欠如が見受けられる。「理性は無力である」「理性を行使しようとする私たちの努力は、せいぜいのところ利己的な動機や非合理な感情を正当化するための煙幕にすぎない」などと論じる学者が大勢いるのは、現代の学問世界における一つの皮肉だと言えよう。彼らはそれらの見方の正しさを証明するために、一連の複雑な論理を駆使したり、データを引用したりしながら慎重に組み立てられた議論を展開する本や論文を書いている。これはまるで、詩の形式を用いて、詩など存在しないと主張しているようなものだ。(ブルーム、67頁)

そして、グルーエンの論じるような複雑なしかたでの共感がおこなえたところで、それだけでは、利害の対立やトレードオフが発生している問題に対処することはできない。複数の人や数千人や数万人が関わるときには、もし仮に関係者のすべてに共感ができたとしても、それだけで判断をくだすことはできないからだ。最終的にはだれを優先して、どんな理由に基づいてどんな判断をくだすか、ということを決定するためには、やはり「理論」や「原則」が必要とされるのである。

「コペルニクス的転回」か？

ピーパーは、フェミニスト倫理学の発想は「コペルニクス的転回」である、と誇っている。しかし、理性や原則という発想を放棄して感情や具体性にこだわるフェミニスト倫理学者たちの主張は、これまでに哲学者たちや心理学者たちが積み上げてきた英知を台無しにして、原始的で場当たり的で恣意的な思考へとわたしたちを引き戻すものでしかないかもしれない。

科学としての心理学が発展したり進化心理学の考え方が成立するはるか昔から、（男性の）哲学者たちは人間の心理や感情について内省したり他人を観察したりすることを通じて考察をおこなっていた。そして、古来より哲学者たちが感情よりも理性を重視してきたことは、彼らの考え方が家父長制の規範や男女差別的なステレオタイプに基づいていたからではなく、彼らは感情の限界と理性の必要性について適切に認識していた、ということに由来するかもしれないのだ。

伝統的な道徳規範が女性に対する抑圧として作用してきたり、古典的な哲学の文献には男女差別的な記述が多く見られたりするということは、たしかにあるかもしれない。そのような側面があるなら改善されるべきだし、その問題を指摘したということはフェミニスト倫理学者たちのたしかな功績だといえるだろう。しかし、だからといって「理性」を否定して「ケア」や「共感」を代わりに持ち上げようとしてしまうと、惨憺たる結果につながる可能性が高いのである。

参考文献

・アンネマリー・ピーパー『フェミニスト倫理学は可能か?』岡野治子・後藤弘志監訳、知泉書館、2006年。
・ファビエンヌ・ブルジェール『ケアの倫理――ネオリベラリズムへの反論』原山哲・山下りえ子訳、白水社、2014年。
・エヴァ・フェダー・キティ『愛の労働あるいは依存とケアの正義論』岡野八代・牟田和恵訳、白澤社、2010年。
・ヘルガ・クーゼ『ケアリング――看護婦・女性・倫理』竹内徹・村上弥生訳、メディカ出版、2000年。
・ポール・ブルーム『反共感論――社会はいかに判断を誤るか』高橋洋訳、白揚社、2018年。
・サイモン・バロン=コーエン『共感する女脳、システム化する男脳』三宅真砂子訳、NHK出版、2005年。
・ジョシュア・グリーン『モラル・トライブズ――共存の道徳哲学へ(上下)』竹田円訳、岩波書店、2015年。
・Gruen, Lori. *Entangled Empathy: An Alternative Ethic for Our Relationships with Animals*. Lantern Books, 2014.

第9章

ロマンティック・ラブを擁護する

これまでの章で論じてきたように、わたしたちがなんとなく過ごしている人生の背後には、道徳に関するさまざまな問題が存在する。政治や経済には物事に優先順位をつけて助ける人と助けられない人とを選り分けるトレードオフが常に含まれており、一市民であるわたしたちも選挙での投票などを通じてトレードオフに関与している。効果的な利他主義の観点からすれば、会社からもらったボーナスを新車や海外旅行などの贅沢に注ぎ込むことは、それにかかったお金を貧困国への寄付にまわしていたら助けられたはずの人たちを見捨てたことを意味している。そして、毎日のささやかな食事ですら、もしその献立に肉や卵や牛乳などの畜産物が含まれているのなら、動物倫理の観点からいえば「種差別」に加担しているのだ。

とはいえ、これらの道徳問題はあくまで潜在的なものである。わたしたちの消費行動や食事などに問題が含まれるかもしれないということは、功利主義などの倫理学の考え方に基づいた指摘を受けたり、街角やSNSでおこなわれる社会運動を目にしたりして、はじめて気がつけることだ。逆に言えば、倫理学や社会運動に触れることがなくて知人などからの指摘を受ける機会もない人は、そこに道徳問題が存在するということに気がつかないまま人生を過ごしてしまえるだろう。また、問題が含まれるかもしれないという指摘を受けても、自分なりの考えに基づいて「自分の行動は道徳的に問題がない」と正当化する人もいるし、「たしかに問題であるかもしれないが、自分は気にしない」と開き直る人もいる。すべての人が、自分の投票や消費や食事に関して道徳的に葛藤するわけではない。むしろ、そのような葛藤を経験するのは、意識の高い人やまじめな人に限られるのかもしれない。

その一方で、道徳的な葛藤のなかには、かなり多くの人が経験するであろう、メジャーなものも存在する。とりわけ普遍的であり、苦悩の度合いも強いのが、恋愛や性に関する葛藤だ。

欲求と理性の綱引き

恋とは甘いだけでなく苦しいものである。「相手は自分のことをどう思っているのだろうか」「相手は自分のことを好きでいてくれるだろうか」という悩みからは、片想いのときだけでなく付き合ってからも逃れられない。モテない人は「自分なんかに告白されたりデートに誘われたりしたら嫌じゃないだろうか」と不安になり、好きな人に振り向いてもらえないことで自信をなくして自分の存在価値を疑うこともあるだろう。モテる人であれば、浮気や不倫のチャンスが舞い込んでくることで、新しい相手とのセックスと恋人や配偶者への義理を天秤にかけて判断することを迫られるかもしれない。ふつうの人にとっても、互いの価値観や利害が衝突する場面もある恋愛関係において、自分の意思を相手に示すことと相手の意思を尊重することを両立させるのは至難の業だ。

そして、セックスという行為には、「自分の欲求を充たすために相手を利用する」という側面が多かれ少なかれつきまとう。好きな相手のことを尊重したいという気持ちと、好きな相手とセックスしたいという気持ちを同時に抱くことは多いだろうが、その二つの気持ちには矛盾したり相反したりする側面があるのだ。ベッドに誘うことばかり考えていて相手の気持ちを察することに失敗したり、相手が乗り気でないのにセックスを迫ってしまったりしたときには、後悔の念や罪悪感が生じてしまうはずなのである。

恋や性に関してわたしたちが抱く悩みの大半は、「こんなことをしたい」「こうなったらうれしい」という**欲求**と「こんなことをしてはいけない」「こうであるべきだ」という**理性**との対立に関係している。そして、欲求と理性との綱引きは、古代からさまざまな哲人が悩まされてきた、道徳のなかでももっとも根本的な課題でもあるのだ。

とはいえ、恋愛に関する葛藤には、ほかの道徳的葛藤にはない独特な要素も含まれている。つきつめて言えば道徳とは「自分」と「他者」に関係するものであるが、恋愛の場合には、自分が恋をしている人、つまり自分にとって**特別な人**が対象となる。だからこそ相手に対する欲求は並々ならぬものとなり、「相手の意思を尊重したい」と「相手を自分の意のままにしたい」という、相反した願望を同時に抱くことにもなるのだ。さらに、恋愛においては、職場の同僚や友人などに対してはおこなわないような特別な駆け引きが必要となる場合もある。ふつうの人間関係においては「正直さ」は美徳として機能するだろうが、恋愛においては気持ちを明け透けにすることが相手にとって負担となったり自分にとって損になったりすることがある。「優しさ」や「忠実さ」といった美徳も、恋愛において報われるとは限らない。だからといって、恋の駆け引きに勝利するために相手に嘘をついたり相手の感情を振りまわそうとしたりすると、今度は相手を尊重したいという願望が充たされなくなってしまう……。

「ふつうの恋愛」が哲学の題材にされない理由

このように、「恋愛と道徳」というトピックは多くの人が経験する馴染み深いものであり、哲学的な思考の題材としても実に興味深いものである。

しかし、倫理学や哲学の本をいろいろと読んでいると、恋愛に関する考察は意外なほどに少ないことに気づかされる。セックスの問題ですら、そこまで論じられているわけではない。「性」や「愛」をテーマにした論文集を手に取ってみると、同性愛をはじめとするセクシュアリティの多様性といった問題については盛んに議論されているし、フェティシズムに関してもさまざまな哲学的考察がなされている。ポルノグラフィや売買春などの「性の商品化」の良し悪しについても、フェミニズムの文脈をふまえたうえで倫理学でも取り上げられるようになってきた。DVや同意なきセックス、セクシュアル・ハラスメントにレイプ・カルチャーなど、性的な「加害」の問題に対する注目も増している。しかし、**ふつうの恋愛**……つまり、ヘテロ・セクシュアルの人々が経験する片想いの感情やパートナーとの付き合い、あるいは金銭などが介在せず深刻な加害も存在しないノーマルなセックスや性的関係に含まれるような葛藤について取り上げた議論を探してみても、なかなか見つけられないのだ。

その理由はいくつか考えられる。まず、ふつうの恋愛に含まれる問題は個人的な要素が強いのに対して、性の多様性や性の商品化や性的加害といった問題には社会的な要素が含まれている。たとえば同性愛者に対する差別や職場でのセクハラなどの問題は、個々人の力で対処しようとしても根本的に解決することは難しく、政治や法律の力で対処することが必要とされるだろう。そのような問題のほうが、個人レベルに留まる悩みよりも重要だとされて、真剣な議論として取り上げる価値があるトピックだとみなされやすい。

また、昨今では「恋愛」という現象を真正面から取り上げること自体が、トレンドから外れたセンスのない行為であるとみなされがちだ。社会学者やジェンダー論者たちのなかには、わたしたちが相手のことを想ってドキドキしたり、好きな人と結婚して子どもをつくって家庭を築きたいという願望を抱いたりすることは、「ロマンティック・ラブ・イデオロギー」に支配されている証左であると主張する人がいる。彼女らによると、特定のひとりの相手との恋愛や結婚を人生に価値を与える特別なものだとみなす考え方は、女性を家庭に縛りつけて男性に奉仕させることや次世代の労働力となる子どもをつくらせることを目的にして資本主義や家父長制などがわたしたちに押しつける、社会的に構築された規範でしかないのだ。

ふつうの恋愛や一夫一妻的な関係において人々が抱く悩みについて、哲学者や人文学者が真剣に扱おうとすることには、ロマンティック・ラブ・イデオロギーの枠組みを相対化できない二流の学者として扱われるリスクが存在している。それよりも、恋愛や結婚という制度がいかにわたしたちの自由を奪ってマイノリティを抑圧しているかを示したり、恋愛感情の介在しないカジュアル・セックスや特定の相手にこだわらない多夫多妻的な関係性を称賛したりするなど、ロマンティック・ラブを否定してわたしたちを解放させるような議論のほうが、上等で高尚なものだと評価されやすいのである。

だけれど、ロマンティック・ラブの社会構築性や虚妄性をいくら述べたてられたところで、恋をしている人の前では無意味だ。たしかに、わたしたちが「こんな恋をしたい」「好きな人とこんな関係を築きたい」という願望を抱くにあたっては、読んできた漫画や観てきた映画などのフィクションの影響を受けることはあるだろう（『（500）日のサマー』みたいな恋愛をしたい」「『めぞん一刻』の五代くんと響子さんみたいな関係になりたい」などなど）。また、「男と女の付き合いとはこうあるべきだ」「男女の関係性がこれくらい深まったら結婚をしたほうがいい」など、家族や身のまわりの人々が口にする価値観や世間の規範にしたがって異性との付き合い方を考えたり結婚のタイミングを決めたりする人も、多々いることだろう。……しかし、ひとたび恋に落ちたときには、その感情がわたしたちの思考や生活に与える影響力は圧倒的だ。恋をしているときには朝も夜もその相手のことで頭がいっぱいになってしまうし、片想いが実らないと食欲がなくなってご飯も喉を通らなくなってしまうほどの切なさやつらさを感じてしまう。普段は他人に関心を抱かず自分の利益にしか興味のない人であっても、恋をした途端に「どうすれば相手のことを幸せにできるか」ということしか考えられなくなったりする。そして、恋はわたしたちをいてもたってもいられない気持ちにさせて、勇気ある行動や無謀な行動をおこなわせたり、恋文をしたためさせたり、芸術や哲学のインスピレーションを湧かしたりする。恋はわたしたちにエネルギーを与えるのだ。

恋がわたしたちに及ぼす変化とは、明らかに**身体的**なものである。たしかに、わたしたちの考え方や認識は、ある程度までは社会や文化に影響されるかもしれない。しかし、その影響が吹っ飛ぶくらいに強烈な生理的作用が、恋愛感情のなかには存在するはずなのだ。

生物的な側面からの議論

社会学をはじめとする人文学では、ロマンティック・ラブ・イデオロギーは西洋に由来すると論じられることが多く、恋愛や結婚に対してわたしたちが抱く考えも、ヨーロッパのキリスト教的な道徳とともに輸入された幻想であると語られがちだ。一方で、わたしたちの生物的な側面に注目する心理学や脳科学などでは、恋愛感情の普遍性や自然性が強調されることが多い。たとえば、進化心理学者デビッド・バスの著書『女と男のだましあい——ヒトの性行動の進化』では以下のように論じられているのだ。

さらに問題を複雑にしているのは、愛情というものが、人間の生活のなかで中心的な役割を果たしていることだろう。恋愛という感情を体験しているとき、人間はその虜《とりこ》となってしまう。また、愛情を向ける対象が存在していないときには、恋愛の空想が頭のなかを占めてしまう。愛ゆえの苦悩は、おそらく他のどんなテーマにもまして、詩や音楽、文学、メロドラマやロマンス小説などの大きな主題になっている。とはいえ、ふつう思われているのとは異なり、恋愛は西欧の有閑階級が近代になって「発明」した感情ではない。恋愛はあらゆる文化において見られ、この感情を言いあらわすための特別な単語が、どの文化にも存在している。こうした普遍性は、愛情——およびその主要な構成要素である相手への献身、優しさ、情熱といったもの——が人間の感情に不可欠な部分であり、すべての人間が体験するものであることを示している。（バス、9‐10頁）

また、脳神経科学者のラリー・ヤングとジャーナリストのブライアン・アレグザンダーの共著『性と愛の脳科学 新たな愛の物語』では、わたしたちの身体のなかに分泌されるホルモンという観点から恋愛や親愛について論じられている。人間の性愛に関する「動物的」な側面に注目した議論というと、不特定多数とのセックスや不貞行為などのロマンティック・ラブと相反する行動が強調されることが多い。しかし、『性と愛の脳科学』でおこなわれている議論の特徴は、セックスに対する欲求だけでなくパートナーと**絆を結ぶこと**に関する欲求も生物学的な観点から分析されている点にある。

ヤングによると、わたしたちがだれかのことを好きになってその相手のことを求めているときには快楽の追求や意欲を湧き起こすホルモンであるドーパミンが分泌され、好きな人と一緒になって安らいでいるときにはストレスを和らげて相手との親密さを増させるホルモンであるオキシトシンが分泌される。これらのホルモンは、人間だけではなく、他の動物たちにも分泌されて同様の作用をもたらすことが実験で確認されている。『性と愛の脳科学』のなかでは、人間でいうところの「一夫一妻制」に類似した番い方をする生き物であるプレーリーハタネズミを用いた実験がとくに頻繁に紹介されており、人間の恋愛行動についてもホルモンがハタネズミたちにもたらす影響のアナロジーから論じられている。ハタネズミがロマンティック・ラブ・イデオロギーに影響されているとは考え難いが、彼らもわたしたちと同じように特定の異性に「恋」をして、親密になった男女は「愛」を培うのだ。同性のライバルが自分のパートナーに接触してきたときに感じる「嫉妬」、そしてパートナーが自分のもとから離れたときに起こる「失恋」のつらさも、人間に特有のものではない。プレーリーハタネズミと人間に共通する特徴とは、男女のカップルが協力して子育てをおこなうことにある。だからこそ、特定のパートナーを求めて、その相手と絆を築いて一緒に生活したいと欲求させるような感情や行動の傾向が、進化のメカニズムによってプレーリーハタネズミとわたしたちに備えつけられたと考えられるのだ。

プラトン『饗宴』の「人間球体説」

恋愛に対する欲求がロマンティック・ラブ・イデオロギーに基づくものだと切り捨てられて真剣に取り扱われないことが多いのに比べれば、セックスに対する欲求はアカデミックな議論の題材となることがまだしも多い。セックスに対する欲求が身体的で自然なものであるということは、あまりに明白である。だから、「わたしたちがセックスしたいという願望を抱くことは、社会的に構築された規範に影響された結果である」といった主張には、さすがに説得力がないのであろう。

また、ともすれば、セックスに対する欲求は他のありとあらゆるものを凌駕するほど強くなる。性欲に流されて不倫し、大切なパートナーを裏切って精神的に傷つける人もいるし、同意なき性交や強姦など性的加害行為の原因の大部分も性欲だ。セックスに対する欲求はなんらかの深刻な「問題」の引き金になるおそれがある、ということは多くの人が認めるところである。だからこそ、性欲に適切に対処して問題を未然に防ぐための真剣な議論の必要性も認められやすい。

性欲の問題に比べると、パートナーとの絆を結ぶことについてわたしたちが抱く欲求、そしてその欲求が引き起こす問題や葛藤については、最近の倫理学やその他のアカデミックな議論ではあまりに軽視されすぎていたように思える。しかし、哲学の歴史のなかでも古典に位置付けられるプラトンの『饗宴』では、わたしたちが「恋愛」に対して抱く欲求についてとくに印象深い議論がおこなわれている。それは、登場人物のアリストファネスが語る「人間球体説」だ。

アリストファネスによると、はるか昔の時代、人間とは球体の形をしており、手足は四本ずつ、顔と性器に心臓や脳も二つあった。その組み合わせが男と女である場合には「アンドロギュロス」と呼ばれ、男と男なら「アンドロ」、女と女であるなら「ギュロス」と呼ばれていたのだ。

アンドロギュロスたちは傲慢であり、神々にも逆らった。それに怒ったゼウスがアンドロギュロスたちを二つに切断した結果として、わたしたちは現在のような姿になってしまったのだ。つまり、わたしたちは球体人間の「半身」にすぎない、不完全な存在である。だからこそ、かつてアンドロギュロスであった者たちは自分と対になる異性を、アンドロやギュロスであった者たちは対になる同性を求めるのだ。もうひとつの「半身」と再会して結合することで、わたしたちはようやく完全な存在に戻ることができるためである。

さて、少年を愛する人であれ、それ以外のどんな人であれ、自分の半身に出会うときには、驚くほどの愛情と親密さとエロスを感じ取る。彼らは、いってみれば、いっときたりとも互いのもとから離れようとはしない。彼らは、生涯を共に生きていく人たちだ。しかし、彼らは、自分たちが互いに何を求め合っているのかを言うことはできないだろう。彼らは単にセックスをしたいだけで、そのためにお互いに喜びを感じ、かくも熱心に一緒にいたがるというのか。誰もそんなふうには思うまい。彼らの魂が求めているのは、明らかに、なにかそれとは別のものなのだ。しかし、彼らの魂は、それが何なのかを言葉にすることができない。彼らの魂は、自分の求めるものをぼんやりと感じとり、あいまいに語ることしかできないのだ。（プラトン、86‐87頁）

（前略）自分の聞いた言葉こそ、まさに自分が望み続けてきたことだと思うだろう。すなわちそれは、愛する人と一緒になって一つに溶け合い、二つではなく一つの存在になるということだ。なぜなら、これこそが俺たち人間の太古の姿であり、俺たち人間は一つの全体であったのだから。そして、この全体性への欲求と追求を表す言葉こそ〈エロス〉なのだ。（プラトン、88頁）

『饗宴』のテーマは「愛」や「エロス」であるが、この本の中核となる主張はアリストファネスのあとにソクラテスやアガトンがおこなう演説のなかにあり、球体人間説が全体のなかで重要な立ち位置を占めているわけでもない。しかし、わたしを含む多くの読者にとっては、アリストファネスの語りからもっとも強い印象を受けるはずだ。アンドロギュロスたちの物語は「運命の恋人とつながって完全な愛にたどり着きたい」というロマンティックな欲求を見事に表現しているのである。

人間球体説は、恋愛という題材を扱った現代の小説や映画などでもたびたび引用されている。2500年以上も前に語られた神話に現代のわたしたちがいまだに共感しつづけられることは、ロマンティック・ラブの普遍性を示しているように思える。そして進化論的に考えれば、「運命の恋人と出会いたい」という欲求は2500年前よりもさらに昔の一万年以上前から、ホモ・サピエンスという生物の特徴としてわたしたちが身につけていったものであるのだろう。

人間は矛盾した欲望を同時に抱ける

さて、わたしたちの多くがロマンティック・ラブを経験するとしても、人間とは恋愛だけで満足できる生き物でないこともまたたしかだ。わたしたちは大切なパートナーと絆を築くことを求める一方で、さまざまな相手とセックスすることも、また求めてしまう。

遺伝子を残すための性戦略という観点だけからみれば、男性の場合には、できるだけ多くの女性に自分の子どもを妊娠させられるにこしたことはない。男たちにとって自分とセックスしてくれる女性を集めたハーレムが理想であるのは、男性は妊娠のリスクなく配偶子を拡散することができるからだ。その一方で、女性側からすれば、自分とパートナーになって子育てに必要な資源や労力を提供する気もなく、自分のことを守ってもくれなさそうな男性の子どもをやすやすと妊娠したくはないものである。妊娠や出産は女性にとって身体的な負担やリスクとなるだけでなく、女性が生涯で妊娠できる回数には限りがあるためだ。したがって、複数の女性に資源を投入しても問題ないだけの資産や社会的地位を持っているか、あるいは女性を騙して「この人はわたしのことをパートナーにして大切に扱ってくれそうだ」と錯覚させられる男性でないと、不特定多数の相手に自分の子どもを妊娠させるという戦略を成功させることはできない。……逆に言えば、条件さえ整ったら、そのような戦略が成功してしまう可能性はあるのだが。

女性からしても、妊娠する子どもの生物学的な父親と、共に過ごすパートナーとしての男性を必ずしも一致させなければいけないわけではない。自分のことを健気に誠実に支えて子育てにも協力的な男性を夫として一緒に暮らしつつ、夫よりも健康であり能力や魅力が備わった「優秀な遺伝子」を持つ男性とセックスして彼の子どもを妊娠することが、もっとも合理的な性戦略となる場合がある。現代の社会でも、間男の子どもを妊娠して夫に扶養させる「托卵」戦略を実践する女性は少数ながらも存在しているようだ。……しかし、男性がハーレムを容易に築けないのと同じように、女性の托卵戦略も成功するとは限らない。血のつながらない子どもを育てさせられていることに気がついた夫は怒り、妻に対して暴力を振るったり婚姻関係を解消したりしてしまう可能性が高い。托卵戦略を成功させるためには、墓場にまで秘密を持っていって相手のことを騙し切れるだけの能力や状況が必要とされるのだ。

ハーレムを築いたり托卵したりする気がない男女であっても、既婚者のかなり多くが不倫を経験している。ほとんどの場合、夫婦のセックスはマンネリ化して、婚姻関係が長引くにつれて回数が減っていくものである。しかし、人間の性的欲求は年を経てもそう簡単に消えるものではない。妻や夫とのセックスに飽きていた男女が、性的な関係を築くことのできそうな新しい相手を見つけたときには、彼や彼女の性的な欲求や能力は若かりし頃のように回復してしまうのだ。同じ相手とセックスしつづけていたら欲求が衰退するが新しい相手を見つけると欲求が回復する、という現象は人間だけでなくネズミなどのさまざまな哺乳類に起こるものであり、「クーリッジ効果」という名前も付けられている。

ハーレムや托卵という性戦略の存在や、数多くの男女が不倫をおこなっているという事実は、わたしたちが特定のパートナーとのロマンティック・ラブを求めるという主張と食い違っているように聞こえるかもしれない。しかし、人間は矛盾した欲望を同時に抱くことができてしまうものだ。いつか真実の愛に出会うことを夢見ながら毎晩バーやクラブに通って違う女を抱くという男もいるだろうし、いま付き合っている彼氏が運命の人だと信じていながらも他の男にアプローチされるとついつい抱かれてしまう女もいるものだろう。

そして、数多くの男女が不倫をするといっても、どちらも不倫をせずに互いに貞操を守り通したまま結婚生活を完遂する夫婦もある程度は存在する。同じチャンスが訪れたときに、浮気する人もいれば浮気しない人もいるのだ。人間や動物がどのような性戦略を実践するかは、その生物種としての特徴だけでなく、個体ごとのパーソナリティや気質などによっても左右される。新奇探索性や冒険性、大胆さなどの特性が強い人は浮気をしやすい。その一方で、保守性や誠実さ、慎重さなどの特性が強い人はなかなか浮気に手を出さないものだ。要するに、**人それぞれ**ということである。

ヤングは、一夫一妻制を「社会関係上の一夫一妻制」と「性的な一夫一妻制」に分別している。寝食を共にして定期的にセックスをおこなうパートナーの間には、オキシトシンなどのホルモンの作用が影響することで互いに愛着を抱きあって、会わない日数が長引くと寂しさやストレスを感じることになるような「絆」が形成されている。これが社会関係上の一夫一妻制だ。この絆は一朝一夕に築くことのできない、かけがえのないものである。大半の男女はカップルの絆を欲求しており、いちど築いた絆を壊そうとはしたがらない。

しかし、性的な一夫一妻制は、社会関係上の一夫一妻制度に比べると脆くて不安定なものである。けっこうな数の男女が、パートナーに対する愛情を失っていなくても、つい他の人とのセックスも求めてしまう。その欲求の強さにも個人差が存在する。また、パートナー以外の相手とのセックスをどんな方針で実践するかも、人によって異なるのだ。

　ヒトは性的な一夫一婦制をとるように作られているのか、という質問に対する真の答えは、こうなりそうだ。「場合による。一部の人々はそうだ。他の人々は、それほどでもないかもしれない」。

> 性的な一夫一婦制という問題は、人間や動物は〔全体として〕何をするようにできているかというよりも、個人・個体として、脳の影響によって何をしやすい傾向にあるかということにかかわってくる。（ヤング、アレグザンダー、369頁）

> 社会関係上の一夫一婦制と性的な一夫一婦制、両方を受け入れることが最適だと感じる人々もいるだろうし、手持ちの札を混ぜて、新しいものを求める人々も出てくるだろう。遊びの関係についてパートナーと交渉する人々もいるだろうし、全面的に「聞かない、言わない」方針を打ち出す人々もいるかもしれない。（ヤング、アレグザンダー、370頁）

社会関係や性的関係について一夫一妻制をとるかどうかが個人によって分かれているのと同じように、世界各地の共同体のなかでも、一夫一妻制を採用しているところがあれば多夫多妻制を採用しているところもある。

結婚に関する制度には共同体によって多様性があるという事実は、単純に考えると、「パートナーに対する欲求は共同体によって異なるものであり、文化や社会によって構築されるものだ」という主張を支持するものだと捉えられるかもしれない。

しかし、社会学者のニコラス・クリスタキスの著書『ブループリント――「良い未来」を築くための進化論と人類史』では、世界各地の婚姻制度の多様性を紹介しながらも、人間には特定のパートナーとの「愛情ある関係」を築きたがるという一夫一妻制への志向が普遍的に備わっていることが論じられている。

クリスタキスによると、婚姻制度は、進化的な基盤と文化的な規範、そして環境という様々な要素が絡み合って成立するものだ。ホモ・サピエンスは狩猟採集時代には一夫一妻制が基本であったが、一万年前に農業が成立したり五千年前に民族国家が興隆したりすることで社会的・経済的な不平等が登場したのに伴って、力のある男性が女性を独占する一夫多妻制が登場するようになった。多くの国では不平等が是正されるにつれて一夫一妻制が復活したが、現代でも、一夫多妻制や多夫多妻制（ポリアモリー）の社会は存在している。『ブループリント』のなかで紹介されている具体例は、一夫一妻制である東アフリカの狩猟採集民のハッザ族、一夫多妻制であるケニアの牧畜民のトゥルカナ族、土地や食料が不足している状況に対応するために一妻多夫制を営む部族たち（パラグアイのアチェ族など）、そして結婚という制度がそもそも存在せず父親や夫という概念もなくポリアモリー的な関係を営むヒマラヤ山脈のナ族などである。

重要なのは、「結婚」という概念がなく特定のカップルが排他的な関係を結ぶことが認められていないナ族ですら、社会の規範に逆らって恋人同士となり、駆け落ちをするカップルが存在するということだ。社会の制度がどのように変わっても、パートナーに対する欲求やパートナーが他の相手とセックスすることに対する嫉妬心など、人間に備わった感情を完全に抑圧することはできないのだ。

多くの人びとがこう論じてきた。きわめて珍しいナ族の性的慣行は、結婚の普遍性を反証するものであり、一夫一妻制に生物学的根拠などありえないことを示していると。だが、変わり種が存在するからといって、人類に中心的傾向がないとは限らない。科学者として私たちは、まとめることもできれば分割することもできる——つまり、共通点を探すこともできれば差異を探すこともできるのだ。人間の青写真は私たちの現実の原案であって、最終版ではない。

ナ族の関係構造の根底にある動機は、複数のパートナーが欲しいという人間の基本的な欲求であり、結婚制度の根底にある動機は、パートナーを所有したいという同じく基本的な欲求だ。ナ族の例外的ケースは次のことを証明している。愛着への欲求——実はパートナーと絆を結びたいという欲求——ほど深く根本的な人間性の一面は、完全に抑圧することも置き換えることもできない。まさにその絆を断ち切るために、きわめて精巧につ

くられた一連の文化的規則をもってしても、絶対に不可能なのだ。（クリスタキス、２１０頁）

浮気をめぐる議論

性戦略においては、自分のパートナーによる浮気を予防することも必要になる。男性側からすれば、もし妻が他の男の子を出産したときに、自分の子だと勘違いしてその子を扶養することは遺伝子の観点からすれば無駄でしかない。女性側からすれば、夫がよその女に入れ込んで、自分や自分の子を扶養するのに使えるはずの資源をよその女に使われてしまうのは損でしかないのだ。

多くの男女は自分のパートナーが浮気をおこなうところを想像するだけでも胸がざわざわして、恐怖や怒りや悲しみを感じるであろう。それこそが**「嫉妬」**だ。嫉妬といえば「女々しい」ものだというイメージがあるかもしれないが、デビッド・バスの著作では、男性は女性よりも性的な嫉妬を抱きやすく、そして男性の嫉妬は殺人を頂点とする暴力的で危険な行動に結びつきやすいことが論じられている。その理由の一部は、異性のパートナーが浮気をすることで自分にもたらされるリスクが男性と女性とでは釣り合っていない点にある。夫がよその女と不倫したとしても、自分と子どもの扶養を続けてもらえる限りは、妻側からすれば資源の「一部」しか奪われないということになる。一方で、男性が他の男の子どもを扶養してしまうということは、扶養に投入してきた資源の「全部」をよその男（の遺伝子）に奪われるということとであるのだ。

また、わたしたちは自分のパートナーでもなく、今後関わる可能性がまったくないような赤の他人の性行動にも、興味や関心を抱いてしまうものだ。いつの世でも芸能人や政治家などの有名人のセックス・スキャンダルは注目の的となってきた。不倫や浮気がバレたことで、芸能人としてのキャリアや政治家生命が台無しになってしまった人は後を絶たない。わたしたちの多くは、自分とは関わりのない人の犯した不貞行為に嫌悪感を抱いて、その人のことを道徳的に非難して厳しい制裁を与えたくなるものだ。おそらく、わたしたちが文明を発達させる以前、人類がいまよりも狭くて人口の少ない社会に暮らしていたときに身につけられた傾向が、現代になっても引き継がれているのであろう。「赤の他人」といえる人が存在しないくらい小さな社会では、性的に活発で大胆に行動する人を放置すること自体が、自分にとっての不利益につながりかねない。そんな人が近くをウロウロしていたら、いつ自分の妻や夫、あるいは息子の嫁や娘の婿に手を出されるかわかったものではないからだ。だから、たとえ自分が不倫をしたことがあっても、他人の不倫は糾弾したくなってしまうものである。浮気や不倫を（ほとんど）したことがないような保守的で慎重な戦略をとっている人であれば、他人が不倫をすることに対する嫌悪感はさらに増すものであろう。

世界各国の社会において、「他人の性行動を制限したい」というわたしたちの感情は、法律などの制度や文化的規範に反映されている。たとえば日本では配偶者を持つ人が他の男女と性行為をすることは法律的に「不貞行為」と認定されて、刑法上の犯罪とはみなされないものの、民法では離婚が認められて慰謝料を請求される事由になるのだ。

また、先述したように性的な嫉妬は男性のほうが強く抱くこと、そして大半の社会においては歴史的に男性が権力を独占してきたことから、伝統的な社会制度や性規範は特に女性の性的行動を抑圧して非難するものとなってきた。中世のキリスト教では数多くの貞操帯が作られた。イスラム教徒の女性が身につけているブルカやヒジャーブには「操を守り、男性を誘惑しない」ことを示す意味が含まれている。アフリカの一部の国々では、女性器切除の習慣がいまだに健在している。そして、世俗的な国家である日本ですら、男性よりも女性のほうが不倫をしたときに知人や世間から厳しくバッシングされやすいというダブル・スタンダードが残っているのである。

20世紀以降の文学や芸術、そして哲学の世界では、性的規範を強制されて抑圧されることに対する反発が目立つようになってきた。1960年代には「性革命」が起こり、性的な自由が称賛されるようになった。そして、フェミニズムにおいても、女性の性的欲求を管理して抑圧するような文化や制度からの解放や、男女に対する性的規範のダブル・スタンダードへの抵抗は、主要な課題であり続けてきたのだ。

婚姻制度そのものに対する批判

性的な嫉妬の感情や保守的な傾向が浮気や不特定多数の相手との性交渉に対する嫌悪感をもたらし、「他人の性行動を制限したい」という欲求をもたらすとしても、その欲求が倫理的に正当化されるものであるとは限らない。自由主義の基本となる価値観は、「ある個人の自由は、その自由を行使することが他人に対して危害を与えるものでない限り、制限してはならない」という**危害原則**だ。基本的に、嫉妬や嫌悪といった「不快感」は、危害原則における「危害」には当てはまらない。わたしたちの価値観は多様であるからこそ、だれのどんな行動についても、それを不快に感じる人はどこかにいるかもしれない。もし不快感に基づいて自由を制限することが認められたら、ありとあらゆる自由が制限の対象となって、自由主義は有名無実になってしまうだろう。

また、近年では一夫一妻制を前提とした婚姻制度そのものが非難の対象となっている。婚姻制度は歴史的に同性愛者や性的少数派にとって不利なものであり続けてきた。国家や社会は婚姻制度を通じて家族のあり方や性別役割分業などに関する規範を定義して、それを人々に押しつけている、という批判も目立つようになっている。ＤＶの問題などと関連させながら、結婚とは男性による女性の支配の手段のひとつにすぎないと主張する議論も多い。そして、そもそも、夫婦が永遠の愛を誓いあう結婚とは、互いが互いの自由を束縛して抑圧しあうことを前提としているのであり、どう考えても自由主義とは相性が悪いはずなのだ。

先述したように、芸能人が不倫をすることはバッシングの対象となる。その一方で、良識のある知識人の書いた文章やＳＮＳに投稿される素人のつぶやきのなかには、不倫を擁護する意見が混じっていることもよくあるものだ。その一部は、ただ単に本人が不倫をした経験があったり現在進行形で不倫をしている最中であったりするから、自分を正当化するために他人の不貞行為も肯定しているというだけであるかもしれない。しかし、その大半は、現代的な自由主義の価値観に基づいた真摯な意見であるのだろう。だれかの不倫行為がどれだけ不快なものであるとしても、「よその家庭のことに、当事者でない人が口を出すべきではない」という意見のほうが正論であることは間違いないのだ。おそらく、一部の人々は自由主義の考え方を内面化しており、不倫のニュースなどを見てもほんとうに不快になることがないのだろう。

そして、ロマンティック・ラブ・イデオロギーや一夫一妻制に対する反発は、その他のかたちの性愛を讃える風潮を生み出すようになった。たとえば映画や漫画の世界に目を向けると、同性愛を題材にした作品はますます多く作られるようになっている。とくに最近では、男性同士よりも女性同士の恋愛をテーマにした物語のほうがトレンディでウケがよくなっている。ヘテロ・セクシュアルの観客たちは、女性同士の愛のなかに、異性愛至上主義に対するアンチテーゼを見出しているようだ。いわゆる「百合もの」の漫画や映画に触れているあいだ、読者や観客は家父長制社会の規範や抑圧から解放されたかのような感覚を抱くことができるのであろう。最近になって無性愛者（Ａセクシュアル）の存在がにわかに注目されるようになったことも、おそらく同じ理由によるものだ。異性愛者のなかには、恋愛という現象そのものに対して「不自由」のイメージを抱き、恋愛感情によって自分が苦しみや嫉妬の感情を抱かされることや、また相手から束縛されたり義務を課されたりすることを心底嫌がっている人々がいる。そんな人々にとっては、異性愛や性愛それ自体から解放されたかのような女性たちの姿は、救済のイメージとして映るようなのである。

また、ロマンティック・ラブや一夫一妻制に伴う義務や束縛は鬱陶しいけれど、性の喜びは満喫したいという人々だって、男女の双方にいるものだ。彼らや彼女らにとっては、フリーセックスは二重の意味で魅力的である。「性革命」以後の社会においては、不特定多数の相手との性的な自由を謳歌することには、社会の規範や抑圧に反発する革命的な実践という意味も含まれているからだ。実際のところ、フリーセックスへの欲望を公言したり堂々と実践できたりするのは、都市部のインテリ層の人々が大半であるようだ。閉鎖的な田舎なら後ろ指をさされて非難されるような性関係であっても、都会であればファッショナブルで知的ですらある営みだと評価され、称賛されるのである。

人によって大幅に異なる性欲のあり方

道徳という側面から性や恋愛について考える際に注目すべき特徴は、同じ行為や現象に対して、異なる人々が全く別の感情を抱いたり真逆の評価をしたりする事態が頻発することだ。たとえば、窃盗や暴行という行為を道徳的に肯定する人はまずいない。「空腹で死にそうになっていたためにパンを盗んで食べた」という場合や「女性を殴って怪我させようとしていた変質者を止めるために暴力で制した」といった事情があれば、それらの行為は認められるかもしれないが、その場合にも、窃盗や暴行そのものに含まれる道徳的問題が消え去るわけではない。外部の事情によって、その問題性が帳消しになっているだけだ。よほど特殊な道徳観を持っている人でない限り、窃盗や暴行といった行為にはネガティブな評価を下して、止むに止まれぬ事情もないのにそのような行為をおこなっている人に対しては怒りや軽蔑の感情を抱くはずなのである。

しかし、性愛に関しては、ある人からは軽蔑や憎悪の対象となっている行為が、別の人にとってはまったく問題に感じられなかったり、むしろ積極的におこなうべき行為であると判断されたりすることがある。先述したように、不倫という行為は世間一般からバッシングの対象となる一方で、まったく問題ないと感じる人も多々いる。小説や映画でも不倫を題材にしたものは多いが、そのような作品では不倫が必ずしも「悪いもの」として描かれているわけではない。むしろ、配偶者や周囲の人を騙して隠さなければならないというスリルが加わるぶん、通常の恋愛よりもエロティックで上等なものであるかのように描写されることがある。また、結婚という形式に縛られないがゆえに成り立つ真実の愛として描写されることも多い。そして、男性でも女性でも、「不倫もの」に共感して楽しむことができる人がいる一方で、フィクションであってもそのようなストーリーに嫌悪感を抱く人もいるのだ。

登場人物が殺人をおこなうミステリー作品であっても、殺人行為そのものが肯定的に描かれることはめずらしく、ストーリーの焦点は「殺人犯はだれか？」といった「謎」や犯人が殺人をするに至った動機などのほうにあるため、行為の是非をめぐって読者の反応が二極化するということは、ほとんどない。しかし、不倫を題材にした映画が流れている劇場では、主人公に感情移入してロマンティックな気持ちに浸っている観客の隣の席には、主人公の行為に怒りを感じてムカムカと不快な感覚を抱いている観客が座っている可能性がある。

配偶者や恋人がいない人のおこなう、不貞行為ではないただのセックスについてすら、人によって異なる道徳的評価を下している。現代の世俗的な価値観からすれば、セックスという行為それ自体は道徳的にニュートラルなものであり、行為の相手を傷つけたりパートナーの信頼を裏切って他の人としたりするなどの加害や不貞が含まれない限りは、いくらやっても問題がない行為である、というあたりが標準的な回答になるだろう。しかし、キリスト教などの宗教的な価値観を強く内面化した人であれば、結婚する前からセックスをすることに対して抵抗感を抱くことがある。そのような人のなかには、教えを律儀に守って婚前交渉を断固として拒否し続けられる人もいれば、性欲に負けたり場の雰囲気に流されたりして「ほんとうはよくないことだけれど……」と思いながらセックスをしてしまう人もいることだろう。また、キリスト教に関係のない生活をしている人であっても、家庭や学校での教育で「淫らにセックスすることはよくないものだ」という価値観を学び、大人になってもその影響を受け続けている場合がある。

運命の相手と心と身体の両方が結びつくロマンティック・ラブに対する欲求は、身体だけの関係に対する欲求とは相反する側面がある。不特定多数の相手と身体の関係を重ねれば、セックスに慣れて相手を喜ばせる技術を身につけることもできるが、その代わりに、自分が本気で好きだと思える相手とセックスできたときに感じられるはずの「特別さ」が目減りしてしまうであろう。とはいえ、カジュアル・セックスを繰り返す人にとっては、セックスがなにかしらのかたちで特別であるという発想自体が理想主義的でナイーブなものに思えるはずだ。しかしセックスに特別さを期待する人は現に存在しているのであり、そういう人たちにとっては身体的な快感よりも精神的な感動のほうが重要であるはずなのだ。

性欲とはほとんどすべての人間に共通する普遍的な生理であるはずだが、食欲や睡眠欲と比べて、その欲求のあり方は人によって大幅に異なる。男性と女性とでまったく違うことはもちろんのこと、同性間であっても、ロマンティック・ラブを求める人とカジュアル・セックスを求める人との両方が存在している。セックスという同じ行為にまったく異なるものを求めて、セックスに関連する物事について真逆の道徳的評価を下す人々が、ひとつの社会に共存しているのだ。そのために、家庭や職場やバーをはじめとするさまざまな場所で、トラブルや対立やすれ違いが生じている。

自由主義とは、本来、人々が異なる価値観を抱いていることを前提としたうえでそれを調停させて共存させることを目指す考え方である。しかし、性愛という問題に関しては、自由主義者たちにはカジュアル・セックスを重視してロマンティック・ラブを軽視してしまう偏りが見受けられるようだ。都会には田舎に比べてセックスの相手を見つける手段が数多く用意されており、また社会的匿名性が高いために火遊びのリスクも少なく、フリーセックスや不倫などをおこないやすい環境にある。知的で教養のある人々は「性の解放」やジェンダーに関する議論と結びつけながら、自分たちがおこなうさまざまな相手とのセックスを理屈によって正当化することができてしまう。また、芸術家とは自由を求めて都会に進出したがるものであり、そして芸術と淫らなセックスとは昔から関係が深いものである。これらの要素が相まって、アカデミックな議論や高尚な芸術の世界ではカジュアル・セックスを肯定する発想は進歩的なものとして評価されやすく、ロマンティック・ラブを求める考え方は反動的なものとして否定されやすくなっているのだ。

……だが、都会の文化的なサークルの内側にいてパーティーやバーで異性との小粋なコミュニケーションを楽しめる人々の価値観と、地方の田舎町で勤勉に暮らす善男善女たちとの価値観は、かなり異なるものであるはずだ。自由や都会と「知」や「芸術」は相性がよいために、ハイカルチャーの世界ではフリーセックスを讃える前者の価値観ばかりが優遇されてしまう。しかし、わたしがこれまで恋愛やセックスという話題について友人の男女たちと語ってきたことや、芸能人や身近な知り合いがおこなった不貞行為に対する知人たちの反応を振り返ると、現代の議論ではふつうの人々がロマンティック・ラブに対して抱く希望や理想が、あまりに軽視されているように見受けられる。

たとえば、「好きでもない人とセックスをしても快感を得られないし、むしろ気分が悪くなってしまう」という意見は、女性からだけでなく男性からも聞くことがある。マッチング・アプリで毎回違う異性と知り合ってセックスをする人のことを、羨望するのではなく本気で嫌悪する人だって、男女のどちらにもいた。もしかしたら、このような保守的な感性は現代の原則とは相容れないものであり、否定されてしかるべきかもしれない。だが、しかし、この感性をかなり多くの人々が抱いているという事実が無視されるべきでもないだろう。それに、彼らや彼女らの価値観は知的にも充分に興味深いものだ。そこには、なにかしら人間にとって大事なものが含まれているように思える。

カントの倫理学で「保守的」恋愛観を擁護する

ロマンティック・ラブを求める人々の「保守的」な恋愛観を、倫理学の考え方でどうにか擁護することはできないだろうか？

この問題について考えるために、まずはイマニュエル・カントの倫理学を参考にしてみよう。カントが『道徳の形而上学の基礎付け』や『実践理性批判』などで展開した議論は、現代では「義務論」と名付けられて、功利主義や徳倫理と並んで倫理学の理論のなかでも代表的なものとなっている。カントの議論は難解なことで知られており、その主張のエッセンスを取り出して一言でまとめるのは至難の業だ。とはいえ、カント研究者の秋元康隆によると、わたしたちが持つ自然的な「感情＝傾向性」を「理性＝意志」で抑制することが、カント倫理学では特に重視されているようだ。

先ほど例として挙げた「見返りを求めて」「下心から」といった利己的な欲求のことを、カントは「傾向性」（独：Neigung）と呼びます。（日本語でも、ドイツ語でも）見慣れない表現ですが、漢字を見て分かるように、これは「傾き」という意味であり、人間は油断をしていると、自らの欲望の方に転がっていってしまうというニュアンスがあるのです。この利己的な感情である傾向性に発した行為が、倫理的価値を持つということはありえないのです。

では我々は、どのようにして傾向性から行為することを避けることができるのでしょうか。——傾向性とは、自然に発する感情（感性）です。人は感情の赴くままに動いている限り、傾向性を抑えることはできません。その傾向性を抑えるために必要なのは、（感情の対概念である）理性なのであり、具体的には、それに発する意志（独：Wille）なのです。

（中略）

道徳的な善さとは、先ほど挙げたような、それ以外の良さとは根本的に異なり、無制限に善く、絶対的な価値を有するのです。そして、その道徳的善の正体とは、利己的である傾向性に由来しない純粋な意志、すなわち、善意志（独：guter Wille）に他ならないのです。（秋元、35‐37頁）

カント倫理学のもうひとつの特徴は、いかなる状況でも守られなければならない根本的なルールとしての「定言命法」が定められていることだ。定言命法には複数の種類が存在するが、そのひとつは、以下のようなものである。

君は、みずからの人格と他のすべての人格のうちに存在する人間性を、いつでも、同時に目的として使用しなければならず、いかなる場合にもたんに手段として使用してはならない。（カント、136頁）

カントからすれば、セックスとは意志ではなく「性的傾向性（性欲）」からおこなわれる行為である以上、倫理的なものではありえない。また、男女が互いを性欲の対象にするということは、相手の人間性の全体を見ずに性的な側面だけに注目するということである。そして、セックスにおいて男女は互いに性的欲求を充たすための道具として相手を利用する。定言命法によると、他者を目的ではなく手段として利用することは常に不正だ。したがって、セックスは常に不正なのである。

例外的に、男女が結婚をしている場合には、セックスすることは認められる。結婚とは、男女が相互に尊重することを法的な制度によって促進するものだ。婚姻関係にある者たちが相互に築く尊重は堅固なものであり、セックスによって相互を道具扱いした程度では崩されなくなる。つまり、結婚している男女がおこなうセックスは、相変わらず倫理的に正当な行為ではないものの、その不当さは無害な程度にまで落ち着く、とカントは論じるのだ。

他人を自分の欲求の手段として使う傾向

これまでの章では、倫理学とは感情ではなく理性に基づくべきものであることを繰り返し強調してきた。「傾向性」を否定して「意志」によって行為することを強調するカントの議論も、一見すると、功利主義と同じように理性主義的な倫理学理論であるように思えるかもしれない。しかし、第4章でも紹介したジョシュア・グリーンは、カントの議論とは難解な理屈を後付けすることで感情を正当化するものでしかない、と述べているのである。

現代では、ロマンティック・ラブを求める人々であっても「結婚していない男女のセックスはすべて不正である」というカントの主張に賛同することはめずらしいだろう。貞節な人であっても、「数多くの相手と何度もセックスする気はないけれど、結婚する前に何回かはしておきたい」くらいの欲求はあるはずだ。

また、グリーンは「マスターベーションは『自分の身体を手段として使用する行為』であるから常に道徳的に不正である」というカントの主張を紹介して、彼の議論が滑稽で根拠のないものであると主張している。現代ではマスターベーションが不正であるということを論じるためにカントが持ち出されることはほとんどないだろうが、「人権」をはじめとするもっとシリアスな話題に関する議論では、カントの主張はいまだに影響力を保ち続けている。しかし、カントの人権論は彼のマスターベーション論と同様に根拠のないものである、とグリーンは論じるのだ。

たしかに、婚外交渉や自慰行為を不正であると断定するカントの主張は、彼が当時暮らしていた18世紀ドイツのキリスト教的な価値観に基づいたものであるように思える。つまり、カントはその当時に自分がたまたま暮らしていた地域や時代の価値観を普遍的な真実であるかのように錯覚して、宗教の代わりに難解な哲学的議論を用いることで、その価値観が客観的なものであるかのように言い換えようとしていただけなのかもしれない。

……とはいえ、わたしたちがついつい「意志」ではなく「傾向性」にしたがって行為してしまいがちなこと、ときにはその行為が自分や他人を傷つける結果をもたらしてわたしたちに後悔を抱かせてしまうことは、いつの時代も逃れられない普遍的な事情でもある。とくに性的な欲求はとりわけ強いものであり、人々が性欲に流されることで悲劇が起こった例は枚挙に暇がない。やはり、性的傾向性を警戒するにこしたことはないであろう。

カントの議論は直感を正当化するものでしかないとしても、そこでは、「わたしたちは道徳に関してどんな直感を抱いているか」ということがうまく表現されているように思える。たしかに、日々の生活において、わたしたちは他人のことを自分の欲求を満足させるための手段として使用してしまうことがある。そして、自分が他人を目的として扱わず、手段としてのみ使用してしまったことに気がついたとき、わたしたちはショックを受けたり罪悪感を抱いたりしてしまう。他人のことをそんなふうに扱わずに、相手を目的として扱ってその人間性を尊重したいという**願望**を、わたしたちは多かれ少なかれ抱いているはずなのだ。

恋愛という場面では、このジレンマは特に顕著になる。たとえば自分が恋をしている相手に対しては、他の誰よりもその人とセックスをしたいという欲求を抱くと同時に、その人のことを他の誰よりも尊重して大切に扱うことも望むはずだ。恋をしている人と会話をしたり、食事や散歩を一緒にしたりして、お互いの感情を打ち明けあったり、考え方や価値観についての理解を深めあったりするときには、わたしたちは相手の人間性そのものに関心を抱いている。しかし、そんなとき、相手の顔や身体の性的な特徴が目につくと、自分の内面にあるセックスへの期待が顔を出して、不純物として侵入してきてしまう。つまり、相手の人間性を目的にすることに成功しているコミュニケーションが、性的傾向性によって妨害されてしまうのだ。このようなとき、わたしたちはある種の「残念さ」や「もったいなさ」を感じてしまうことがある。

というのも、誰かの人間性に興味を持ってそれを目的としたコミュニケーションを成立させられることは、単に倫理的に正当であるだけでなく望ましくて価値のあるものでもある、という感覚をわたしたちは持っているからだ。そのようなコミュニケーションは、自分の欲求を満足させるための行為よりもずっと貴重なものである。

セックスに関する現代の倫理では、相手との「合意」の有無に焦点があてられることが多い。こちらが相手の人間性を目的として尊重するつもりがあっても、相手側がセックスに乗り気でなければするべきでない一方で、相手側が合意しているのであれば、相手に対する敬意や愛情がなくてもセックスをすることにはなんら問題はない。なかには、互いに快感を与えあって気持ちよくさせあうことが重要なのであり、尊敬や愛情という不純物をセックスに持ち込もうとする考えのほうがナイーブで的外れである、と主張する人もいるかもしれない。

しかし、カントは「合意」の有無は重視しておらず、男女が互いの身体を道具として使用しあうという行為それ自体に、不正を見出している。そして、わたしには、カントの議論も重要なポイントをとらえているように思える。さほど好きでもない相手とセックスしてしまうと、それが互いの合意に基づいており、自分だけでなく相手のことを気持ちよくできた場合であっても、終わったあとには居心地の悪さや虚しさが残ってしまうものだ。性的欲求を充たす手段としてのみ相手の身体を使用するという行為は、相手の側がそのことを気にしていないとしても、自分の側に罪悪感を生じさせる。セックスに含まれる「悪さ」を議論するためには、合意や契約という発想に留まるだけでは不充分であるはずなのだ。

「性的モノ化」をめぐる議論

セックスに関するカントの議論は、「性的モノ化」という枠組みによって現代も受け継がれている。たとえば、キャサリン・マッキノンやアンドレア・ドウォーキンなどのラディカル・フェミニストたちは、売買春やポルノグラフィなどの産業は女性の身体やセクシュアリティをモノ化させたうえで商品として流通させることで成り立っていると論じて、それらの産業を規制したり撤廃したりすべきだと主張してきた。「モノ化」とは英語ではobjectificationであり、ここには「道具化」という意味もあれば「客体化」という意味も含まれている。ラディカル・フェミニストたちは、女性の身体の性的な要素や機能が女性の人格から切り離されて商品や消費の対象と扱われたり、性的な部分が女性の人格全体を代表するものとして扱われたりしてしまうことを問題視しているのである。

一方で、マーサ・ヌスバウムはカントやマッキノンらの主張を取り上げながら、性的モノ化が悪いかどうかは時と場合による、という議論をおこなった。彼女は、objectificationという単語に含まれる意味を七種類に分けてリストアップしたうえで、そのなかでも「相手を道具として使用すること（instrumentality）」にはたしかに道徳的な問題があるが、他の種類のモノ化は道徳的に許容され得る、と論じている。それどころか、ある種の性的モノ化は、男女や同性のカップルの性的な関係を充実させて素敵なものとするためには欠かせない行為である、と主張するのだ。

ヌスバウムが例に挙げているのは、D・H・ロレンスの小説『チャタレイ夫人の恋人』だ。この作品では、ヒロインであるコンスタンス・チャタレイが森番のメラーズとセックスするときに、相手の性器に名前をつけて呼び合い、互いの性器を求めあう場面が描かれている。この行為は、相手の人間性を性器に還元させて代表させているという点で、性的モノ化であることは否めない。しかし、コンスタンスとメラーズとの間には互いに敬意を抱きあう平等な関係が成立しており、ふたりのモノ化行為も一方的にではなく相互的におこなわれているために、彼女たちのセックスにおける性的モノ化行為には問題がないとヌスバウムは論じるのだ。むしろ、セックスの最中に自律性や主体性を放棄して客体化されることは、セックスに含まれる自然な喜びを存分に味わえることにつながり得る。セックスにおいては、相手の主体性を認めずに客体として扱うことすら、許される可能性がある。セックスでは相手が自分の身体的・感情的な境界に侵入してくるのは望ましいことでもあり、それがなければセックスの喜びは充分に味わえない。そして、セックスの喜びは、充実して活き活きとした人生を過ごすためには欠かせないものである……と、ヌスバウムは論じる。

ただし、彼女によると、セックスにおける性的モノ化が善いものとして認められるためには、行為の当事者同士のあいだに互いに尊重しあう関係性が成立していることが前提とされる。相手との関係を充分に親密なものへと発展させておらず、相手の人間性に対する理解や配慮がなければ、そのセックスはカントが言うように、互いが欲求を充たすために相手の身体を道具として使用するという行為以外のなにものでもない。したがって、行きずりの相手とのカジュアルなセックスや乱交は、ヌスバウムの議論でも許容されないのである。

『チャタレイ夫人の恋人』はいわゆる「不倫もの」であるし、ヌスバウムはカントのように婚姻関係に特別な価値を認めているわけではない。しかし、行為者同士が関係を発展させていることや「相互の尊敬と配慮」を、セックスが道徳的に認められる要件とする彼女の議論は、性の解放を讃える自由主義者たちの主張に比べるとずっとナイーブでロマンティックなものだ。倫理学者の江口聡は、ある種の人々は親密な関係を築いてからセックスをしているのではなく、**セックスによって**互いのことを知りあって親密な関係を築いているという点を指摘して、ヌスバウムの議論はわたしたちが現実におこなう恋愛やセックスとは乖離している可能性を示している。

実際のところ、セックスをコミュニケーションの方法のひとつとしてとらえて、よく知らない相手のことを理解するためにこそセックスが必要であると主張する人は、男女の双方にいるものだ。初対面の人や行きずりの相手とのセックスにこそ性の喜びが存在すると力説する人もいるかもしれないし、相手との仲が親密になって尊重の念を抱くほどにその相手に対する性的な関心が減退してしまう人もいるだろう。明らかに、ヌスバウムの議論を万人に対して適用することはできない。どちらかといえば、それは「性的関係に関する規範とはこうあってほしい」という彼女の願望を正当化したものであるかもしれない。つまり、グリーンがカントに対しておこなったような批判は、ヌスバウムに対しても当てはまるかもしれないのだ。

しかしながら、ヌスバウムの議論は、先述した「善男善女」たちが抱いている直感を反映したものであるようにも思える。カントのように婚外交渉までをも一律に否定する人は少数派であるとしても、行きずりのセックスや乱交は望ましくないという考え方は、現代でもごく一般的なものだ。おそらく、「愛のあるセックスはよいものだが、愛がないセックスはするべきでない」といったところが、市井の人々の価値観の最大公約数に近いはずである。この保守的な価値観を、具体例を示しながら世俗的な言葉で言語化して、擁護することを試みたという点に、ヌスバウムの議論の特徴があるかもしれない。

また、ヌスバウムは「モノ化という問題については、文脈がすべてなのだ」とも論じている。たとえば、就職の面接を控えた女性に対して「君は美人なんだから、写真を送るだけでも合格するに決まっているよ」という言葉を与えることは、通常ならば相手の人間性を「(性的に)魅力的な容姿」という部分に還元する侮辱的な行為になり得るが、恋人同士のピロートークや気心の知れた友人同士の会話なら、言われた本人を喜ばせたり嬉しがらせたりする行為になり得るのである。

道徳に関する議論は、ともすれば「是か否か」に二極化しやすい。性に関しても、カントやラディカル・フェミニストたちのようにセックスや性的モノ化を一律に否定するか、性の解放を讃える自由主義者たちのように行きずりのセックスや乱行までをも諸手を挙げて肯定するか、どちらかの議論が目立ちがちである。そんななかで「愛のあるセックス」とそうでないセックスを慎重に分別して中道的な議論をおこなったという点をみれば、ヌスバウムの議論はたしかに価値のあるものだといえるだろう。

道徳と恋愛の相性の悪さ

倫理学で恋愛という題材を扱いにくい理由は他にもある。端的に言って、道徳と恋愛は相性が悪い。わたしたちは倫理とはなにかしら合理的であることを期待するし、確実性や一貫性、平等さなどを道徳に求める。しかし、人と人との仲の問題とは、そもそも合理性や確かさからは程遠いものであるのだ。

他の人間関係にはない恋愛に独自な特徴が、唯一無二なパートナーとしてだれかを選んだりだれかに選ばれたりするという**選択**が含まれることにある。家族や親族とは、恋人の延長線上である配偶者を除けば、自分で選べるものではない。だれが両親や祖父母であるかということは自分が生まれたときから決定されているし、きょうだいやいとことなる人を自分の意思で選択することもできない。自分が子どもを作るときには「こんな子どもがほしい」という願望を抱くことがあっても、実際にその子がどんな人間になるかは与り知らぬことである。その一方で、だれと友人になるかは自分の意思で選ぶことができるが、友人とは唯一無二なものではないはずだ。特に仲の良い相手を「親友」と呼んで他の友人と区別するとしても、大概の人は二人や三人以上の親友を持っている。

原則的に、同じ時期に恋人はひとりしかない。浮気や不倫をしているときやポリアモリー的な関係を築いている場合には複数の恋人が同時に存在することもあるだろうが、それはあくまで例外的な状況だ。わたしたちは、自分にとって特別なただひとりの相手を選んで恋人にすることを望む。それと同じくらいに、相手からも自分が特別なただひとりの恋人として**選ばれること**を望む。そして恋人同士となって他の男女を寄せつけない排他的な関係を築くことを目標とするのだ。だれがなんといっても、ふつうの人々が経験する恋愛の根本はここにある。

恋愛は、平等とは無縁の世界だ。だれかから恋人として選ばれるためには、なにかしらの魅力や能力が必要となることは言うまでもない。美男や美女は、そうでない人よりも選択されやすいだろう。また、一般的には男性は社会的地位が高かったり収入が多かったりするほうが女性を惹きつけやすいし、女性は若くてスタイルや気立てのよいほうが男ウケがいいものである。人の好みはそれぞれであり、不器用で朴訥な男性を好きになる女性もいれば、男勝りで気の強い女性を好きになる男性もいるが、それは彼の不器用さや彼女の気の強さのなかに独特な魅力が含まれているからだ。女泣かせな男や悪女がモテてしまうのも、彼や彼女の非道徳な特徴が性的な魅力と直結しているためである。逆にいえば、魅力が含まれる特徴を何も持たない人が恋人を得ることは難しい。

そして、どれだけ魅力のある人であっても、ぼーっとしているだけでは恋人として選ばれることは望み薄だ。とくに自分から相手のことを好きになった場合には、相手に好かれて選択されるようにはたらきかけることが必要とされる。付き合えるか付き合えないかという段階では、「自分はどんな魅力を持っているか」ということ以上に、自分の魅力を相手に伝える能力のほうが重要になるだろう。場合によっては、自分が持っていない魅力がさもあるかのように偽る能力すらも必要となる。そして、相手が自分に対してどんな感情を抱いており、どんなことを求めているかを慎重に察知しながら対応をする**駆け引き**もおこなわなければいけないのだ。

恋の駆け引きについて、倫理学者の田村公江は以下のように表現している。

> 恋愛術の基本は、相手を「落とす」ことである。お目当ての人にいかに接近するか、いかに間合いを詰めるか。「落とす」テクニックは、ハンティングの用語で語られる。また、「落とす」という言葉は、守りの堅固な要塞や城を攻略して攻め落とすことのようでもある。（田村、90頁）

駆け引きには失敗がつきものであるし、自分が狩られる場合には逃げやかわしのテクニックも必要である。「落とす」テクニックというと特殊な技術のようだが、よく考えてみ

たら、人間関係全般に通じるスキルの延長線上にあるのではないだろうか。(田村、94頁)

恋の駆け引きにおいては、相手にとっての自分の特別さや価値を引き上げることが必要となる場合がある。そのようなとき、自分の思っていることや相手に対する気持ちを素直に打ち明けることは逆効果となる可能性もある。あまりに強い気持ちを抱いている場合には相手を怯えさせたり引かせたりしてしまうし、そうでなくても好きであることがバレてしまうと「都合の良いやつ」として扱われてしまうおそれがあるのだ。だからこそ、ほかの異性と仲良くしたり相手の友人に興味があるフリをしたりして、相手の嫉妬心や焦燥感を煽ることが有効な戦術となったりする。ひとたび恋の駆け引きに乗ってしまったら、自分も相手も言行を一致させてばかりではいられない。策略やウソも用いながら、互いの感情の支配権を奪いあうゲームが始まってしまうのである。

合理とは別の世界にあるもの

同様のことはセックスにも当てはまる。前述したように、近年では「性的合意」という要素が強調されるようになり、カップルであっても明示的な合意がなく男性が女性にセックスを求めたり身体に触れたりすることは加害行為であると見なされるようになっている。ましてや恋人でもない男が女性に身体的接触をおこなうことはご法度だ。そして、ドメスティック・バイオレンスやデート・レイプ、セクシュアル・ハラスメントの問題の深刻性が認識されるようになった現代社会でこのような規範が成立するのは、充分にもっともなことである。

しかし、結局のところ、セックスは合理とは別の世界にあるものだ。男性のなかには、女性の側から強引なプレイや暴力的なプレイを求めてきて戸惑ったことがある人もいるだろう。また、キスをしたり服を脱がせたりする前に男性がいちいち許可を取ろうとすることを嫌がる女性は多い。男の子の部屋に泊まった女の子が「期待していたのに手を出してくれなくて傷ついた」と後日に打ち明けるなんてことは、大学生くらいの年齢だと日常茶飯事だ。いざセックスがはじまっても、「なにをしてほしいか」を男性から女性にたずねることは望ましくない。相手の身体に触れたり相手を抱いたりするときには、言葉や表情の裏を読む駆け引きが不可欠であるのだ。

それに、セックスの場合には、ここをこうしてああしてと、指示したことをしてもらって快感を得るものだろうか。女性の体は自動販売機ではない。お金を入れてボタンを押したら缶ジュースが出てくるような具合にはいかない。それに、ここにはプレゼントの心理とも言うべきものがある。「欲しいものを言ってくれたら、それを買ってくる」なんて、子どものお使いじゃあるまいし、そんなプレゼントが嬉しいだろうか（物にもよるが）。プレゼントというのは、気に入ってくれるかと悩みながら選んでくれたから、嬉しいのである。セックスにおける女性の悦びが「三の三倍」になるためには、「私も知らない私の気持ちよくなることをして欲しい」というプレゼントの心理に応える努力が必要である。

（田村、67頁）

このあたりは、コンビニの書棚に並んでいるようなハウツー本に書かれていることでもあるし、ませた中学生でも知っているようなことである。わざわざ哲学の議論で取り上げるようなことではないかもしれない。しかし、考えてみれば、親密な関係性において「駆け引き」や「策略」が求められるというのは、実に奇妙なことではある。たとえば友人を相手に駆け引きが求められるようになったら、そんな相手とは距離を置いたり関係を絶ちたくなったりするものだろう。友人という存在の価値は、気兼ねなくコミュニケーションできたり、思っていることを素直に言うことができたりして、仲のよくない相手には伝えられないような気持ちや考えを分かちあうことができる点にあるからだ。

さらに厄介なのは、恋をしている相手とは、その人間性をもっとも尊重したい相手であるということだ。駆け引きによって相手の気持ちを自分にとって都合の良いほうに誘導しようとすることは、相手の人間性を尊重することとは相反しているはずだ。ほんとうなら、わたしたちは恋の駆け引きなんて**したくない**はずなのである。

カントは、すべての人が理性的な意志にしたがって道徳的に行為する世界を「目的の国」と呼んだ。

> というのもすべての理性的な存在者がしたがう法則は、誰もが自分自身と他者を決して、たんなる手段としてだけではなく、むしろ同時に目的そのものとしてあつかうべきであるという法則だからである。そのときには、理性的な存在者は共同の客観的な法則によって体系的に結びつけられ、そこに国が生まれるのである。この客観的な法則が目指すのは、理性的な存在者がたがいに目的であり、手段であるものとして関係するようになることであるから、この国は目的の国と呼ぶことができよう（もちろん、これは一つの理想にすぎない）。
> （カント、150頁）

わたしを含む大半の人は、世界中の人間のことを「目的そのもの」として扱いたい、という意志を持つことはできないだろう。見ず知らずの人と一緒に目的の国に引っ越しすることは難しいし、楽しくもなさそうだ。しかし、好きな人が相手なら、その人間性を尊重して目的そのものとして扱いたいと思うはずだし、相手からも同じように扱われたいと思うはずである。ロマンティック・ラブの理想とは、恋人とふたりで「目的の国」に引っ越すこと、と表現できるかもしれない。

だけれども、それは理想や願望にすぎないのだろう。定言命法は嘘をつくことも禁止しているが、現実の世界では騙したりすかしたりすることが求められる。収入や若さにばかり目を向けられて、自分の人間性そのものを尊重してもらえないこともある。そして、いくら自分が強い思いを抱いていても、相手にとって自分がタイプでなかったり、ふたりの性格や身体の相性が悪かったりすれば、どうがんばっても結ばれることはない。そんな悲劇はざらにある。つきつめて言えば、恋愛というものの特徴は、その**理不尽さ**にあるのだ。

それでも恋愛に価値はある

ロマンティック・ラブはイデオロギーであるとしてその「人工性」を論じる主張と、性も愛も進化のメカニズムによって成立したものにすぎないとしてその「動物性」を強調する主張は、方向は真逆であるが、どちらも、恋愛に価値が含まれるという発想を否定しようとしている。

恋愛が理不尽なものであるとすれば、必ず、それに苦しむ人はいるはずだ。「恋愛には価値がない」という主張は、苦しんでいる人にとって気休めや慰めにはなるかもしれない。「自分はたいして重要ではない物事に悩んで振りまわされていたんだ」と思うことができれば、気分を一転して、もっと確実性があったり、自分の努力が報われたりするような物事に集中できるようになるかもしれないのだ。

また、「恋愛には価値がない」という考え方は平等主義にとっても都合が良い。理論上、金銭や資産は税金などに関する政策を通じて社会的に再分配することができるし、社会的地位や権力の不平等についても、対処するための理論や施策を考えることはできるだろう。しかし、人と人との関わりの問題である恋愛には、分配の対象となる「財」が存在しない。恋人のいない人に対してだれかを「あてがう」ことはできないのだ。したがって、恋愛に関して起こる不平等を解決することは原理的に不可能である。だが、もし恋愛に価値がなければ、そこで起こる不平等も、わざわざ解決する必要がない些末な問題だと見なすことができるのだ。

しかし、このような主張は、手に届かないところにある葡萄を酸っぱいものだと決めつけるものでしかないかもしれない。結局のところ、不確実で不平等なものだとわかっていながら、わたしたちの多くは恋愛を求めてしまう。そして、特別なだれかとパートナーになれてふたりだけの絆を築くことや、結ばれないとしてもだれかに恋をしてその相手のことを真剣に想うことは、わたしたちの人生になにかしらの意味や価値を付与するものであるはずなのだ。恋愛を経験したことのある人の多くは、それを実感しているだろう。だとすれば、哲学や倫理学の世界でも、恋愛の価値や理不尽さについて真正面から向き合って考えることが必要であるはずなのだ。

参考文献

・Nussbaum, Martha C. *Sex & Social Justice*. Oxford University Press, 1999.
・プラトン『饗宴』中澤務訳、光文社、２０１３年。
・イマヌエル・カント『道徳形而上学の基礎づけ』中山元訳、光文社、２０１２年。
・ラリー・ヤング、ブライアン・アレグザンダー『性と愛の脳科学　新たな愛の物語』坪子理美 訳、中央公論新社、２０１５年。
・デヴィッド・バス『女と男のだましあい――ヒトの性行動の進化』狩野秀之訳、草思社、２０００年。
・ニコラス・クリスタキス『ブループリント――「良い未来」を築くための進化論と人類史（上巻）』鬼澤忍、塩原通緒 訳、NewsPicks パブリッシング、２０２０年。
・田村公江『性の倫理学（現代社会の倫理を考える（12））』丸善、２００４年。
・秋元康隆『意志の倫理学――カントに学ぶ善への勇気』月曜社、２０２０年。
・江口聡「性的モノ化と性の倫理学」『現代社会研究９』１３５‐１５０頁、京都女子大学現代社会学部、２００６年12月。

第4部　幸福論

第10章

ストア哲学の幸福論は現代にも通じるのか？

「幸福」「意味」とはどういうことか？

古代から、人間は「幸福」や「人生の意味」について悩んできた。どうすれば幸せで有意義な人生を送れるのか？　そもそも、「幸福」や「意味」とはどういうことなのか？

すこし前までは、こんな難しい問題について考えて答えようとするのは、宗教家と哲学者と文学者しかいなかった。とくに哲学においては、現代においても幸福論や人生の意味論は主要なテーマとなっており、多くの哲学者がこの難題について日夜考え続けている。また、本屋に行けば、過去の有名な哲学者たちによる幸福論や人生論を現代の著者が解説している新書本やソフトカバーの単行本を、いくつも見つけることができるだろう。

ただし、過去の時代にいた哲学者がいくら有名であったとしても、彼の唱えていたことが正しいとは限らない。幸福論は多数の哲学者によって書かれてきたからこそ、すべての幸福論を並べてみたら、ある哲学者の言っていることと全く正反対のことを別の哲学者が言っている、ということもざらに起こっているはずだ。こんな場合には、単純に考えて、すくなくともどちらか一方の意見は間違っている。そして、間違った幸福論を唱えている人のアドバイスに従ったら、幸福に近づくどころか遠ざかってしまうはずである。

この本の第1章で紹介した「ダーウィニアン・レフト」論とは、要するに「道徳について考える場合には、自然科学の知見を含めた、正しい事実認識に基づかなければいけない」というものであった。誤った事実認識に基づいて道徳判断をしようとすると、判断を誤って、**他人**に迷惑をかけたり危害を生じさせたりするおそれがある。同じように、**自分**の幸福や人生について考える場合にも、正しい事実認識に基づいておいたほうがいい。そこで判断を誤ると、自分が損をしたり失敗したりするおそれがあるからだ。

そして、現代では、心理学や経済学などをはじめとする自然科学や社会科学の観点から幸福について論じた研究が蓄積されている。哲学者による幸福論や人生論を参考にしようとする場合にも、どの哲学者の意見を頼りにするかは、科学的な知見に照らしあわせたうえで選択するべきだ。人間や社会というもののあり様について科学が明らかにした事実とあまりにかけ離れた議論は、いくら有名な哲学者が唱えているものだとしても、真に受けないほうがよいであろう。

上記のことを意識したうえで、本章では、古代のギリシアやローマで活躍した「ストア派」

の哲学者たちの意見を紹介しよう。エピクテトスやセネカ、マルクス・アウレリウスなどなど。ただし、彼らの原典を引きながら紹介することは、現在のわたしにはちょっと力量不足なので、やめておく。

その代わりに、心理学をはじめとする現代的な学問の知見と照らしあわせながら21世紀におけるストア哲学の価値を説いたアメリカの哲学教授、ウィリアム・アーヴァイン氏による議論を紹介しよう。いわば、「ストア哲学入門」のさらに入門、という内容になる。

そして、アーヴァインが論じるようなストア派の考え方に対してわたしが抱いている疑問や不安についても、あわせて述べさせてもらうことにしよう。

人生は一度きりしか生きられない

さて、アーヴァインによると、人は「間違った人生を生きる」ことを避けるために、人生哲学を持つべきだ。

だれにせよ、自分の人生は一度きりしか生きられない。そして、確たる指標や考えを持たず、身のまわりにいる人々や偶然に起こる出来事、時代や社会の流れなどに振りまわされて右往左往しながら生きてしまうと、死の床についたときになってようやく、「自分は間違った仕方で生きていた、自分は人生を無駄にしてしまった」ということに気がつく羽目になるかもしれない。その一方で、ただしい人生哲学を持ち、それに従って生きることさえできれば、ぼーっとしているうちに無駄で有害なものに気を散らされることを避けて、ほんとうに価値のあるものを追求する人生を過ごすことができるかもしれない。

ストア哲学は、なにが「価値のあるもの」であるかということを考えるとともに、「無駄で有害なもの」についても考える思想だ。ひとことでいうと、それは**「欲求」**である。わたしたちの心は、放っておくとついつい欲求に振りまわされてしまう。だが、ストア哲学者たちによると、欲求をコントロールして「心の平静」を得ることこそが、有意義で幸福な人生を過ごすために目指すべきものなのだ。

欲求のメカニズム

そもそも、欲求とは何であるか？

アーヴァインは、「生物学的インセンティブ・システム」という表現を用いながら、欲求のメカニズムを説明している。

わたしたちの身体には、空腹になれば「食事をしたい」という欲求を生じさせたり、喉が乾けば「水が飲みたい」という欲求を生じさせたりすることで、生存のために必要な行動をおこなうように動機付ける仕組みが備わっている。また、「不潔な場所から離れたい」「危険な人物と会うことを避けたい」「身体を酷使する仕事をサボりたい」などの負の欲求も、生存にとって悪影響となる物事を回避するためにわたしたちを動機付ける仕組みだといえる。

そして、生存に関する欲求だけでなく、繁殖に関する欲求も、わたしたちの身体には備わっている。ある年代までの男女は、「セックスしたい」という欲求を強く持ちつづけて、セックスできる相手がいないときには強く悩まされて、セックスをするために様々な行動を取るように動機付けられる。また、めでたく恋人ができた人であっても、「フラれたくない、捨てられたくない」という負の欲求を抱きつづけるものだ。そして、結婚をして、安定してセックスできる相手を確保した人の多くは、今度は「子どもがほしい」という欲求を抱くことになるだろう。

食事をしたいという欲求が充たされたりセックスしたいという欲求が充たされたりすると、わたしたちはなんらかの「快感」を得る。その一方で、「不潔な場所から離れたい」「恋人に捨てられたくない」という負の欲求が充たされない場合には、わたしたちには「不快感」が生じる。そして、欲求を充たした場合に得られる快感や負の欲求を充たせられなかった場合に生じる不快感の存在について身体が覚えていたり頭で理解していたりするからこそ、前者を獲得して後者を回避するように、わたしたちの行動が動機付けられるのだ。つまり、快感は「報酬」として、不快感は「罰」として、それぞれがインセンティブとしての機能を持ってわたしたちの行動に影響を与えているのである。

生存と繁殖に貢献するインセンティブ・システム

欲求を通じて生存と繁殖へとわたしたちを動機付けるインセンティブの仕組みは、進化の歴史を通じて発展してきた。たとえば、胃のなかになにも残っておらず身体を動かすエネルギーが尽きかけている状態であっても「お腹が空いた」と思えず、食事に対する欲求が湧かないような人は、まともに生存することもできず、子どもを残すことができる前に死んでしまう可能性が高いだろう。また、自分自身の生存に関するインセンティブ・システムが正常に機能している人であっても、「セックスしたい」という欲望をまったく抱かず「子どもがほしい」ともまったく思わないのであれば、その人が子孫を残す可能性はほとんどないはずだ。そのような人たちが淘汰されていくことで、生存と繁殖に貢献するようなインセンティブ・システムを持った人の遺伝子だけが残っていき、現代のわたしたちにも引き継がれることになったのである。

ただし、生物学的インセンティブ・システムは、あくまで生存と繁殖のみのために発達してきたのであり、わたしたち個人の幸福を考慮して設計されたものではない。

たとえば、ひとくちに食欲といっても、糖分や塩分や脂質が多く含まれた食事に対して、わたしたちはより強い欲求を抱くものだ。その理由は、人類史のつい最近まで、人間は糖分や塩分や脂質を入手する機会が限られている環境で生きてきたことにある。限られた栄養分に対する強い欲求が設定されることで、それらの栄養分を摂取する貴重な機会が訪れたときにも、逃さずに摂取することができるようになったのだ。

しかし、科学技術が発達して生産力の向上した現代社会では、過去のようには糖分や塩分や脂質は不足していない。わたしたちが生きる環境の変化は、生物学的インセンティブ・システムの発達を凌駕する、きわめて速いスピードで起こった。そのために、糖分や塩分や脂質に対する強い欲求はわたしたちの身体のなかに残り続けており、ついついこれらの栄養分を過剰に摂取してしまうことになる。だが、たとえば糖分を過剰摂取したら糖尿病となるように、栄養の過剰摂取は長期的にはわたしたちの身体に病気を引き起こすことになる。いうまでもなく、病気はわたしたちに苦痛を与えて、わたしたちを不幸にしてしまう。しかし、生物学的インセンティブ・システムは、「特定の栄養分に対する強い欲求が存在することで、それが有り余っている時代にわたしたちはどうなるか」ということまで考慮して設定されていないのだ。

繁殖に関する欲求も、わたしたちの幸福を考慮してくれるとは限らない。たとえば、所属している集団の人間関係の状況や本人の身体的魅力、あるいは経済状況の問題から、だれかとセックスすることがどうしても困難であるという人は多くいるものだ。あるいは、恋人がもうすでに他の人に心を奪われてしまって、なにをどうしても相手が自分のもとから離れることは防ぎようがない、という状態に陥る人もいる。このような人たちにとっては「セックスしたい」という欲求や「恋人にフラれたくない」という負の欲求は充たされることがないものであり、それらはただ焦燥感や不満感や苛立ちを引き起こすものでしかなく、学業や仕事など人生においてやらなければいけないことに対する集中を妨害してしまうものでもある。しかし、生物学的インセンティブ・システムは個人が経験している状況などおかまいなしに、セックスや恋愛（そして、それらを経て子どもを残すこと）に対する欲求をわたしたちに押しつけてくる。うまくいかない状況ならセックスや恋人のことをあきらめられるくらいに弱い欲求しか持たないような人は、そもそもセックスをせずに子どもを残さない可能性が高いために、そのような人の遺伝子はとっくに淘汰されてしまっているからだ。

つまり、生物学的インセンティブ・システムとは、あくまでわたしたちを一定の年齢まで生存させて子どもを残させることを目的にして設計されたシステムなのである。欲求に振りまわされて辛く惨めな人生を送ることになっても、子どもさえ残してしまえれば、生物学的インセンティブ・システムの目的は達成されてしまうのだ。そこでは、わたしたちの幸福が考慮される必要性はないのである。

後天的な条件付けで先天的システムを上書き

だが、わたしたちの行動のすべてが、生物学的インセンティブ・システムに支配されているわけではない。

インセンティブ・システムは、手に痛みを感じたら手を引っ込めてしまう、といった「反射」のシステムとは異なる。欲求とはあくまで行動を動機付けるだけのものであり、欲求に抗って行動を抑えることは可能なのだ。そもそも、すこしでも食欲を感じたら他のことが考えられなくなって一目散に食べ物に飛びついてしまうような人間や、性欲を感じたら手近な異性を襲ってセックスをしようとする人がいたとしても、そんな人たちは生存も繁殖もまともにおこなうことはできないだろう。インセンティブ・システムは報酬と罰をもってわたしたちの行動をコントロールしようとするが、わたしたちの側にも、そのコントロールに従うかどうかを選択する能力は与えられているのである。

躾をされた犬は食事を目の前にしても我慢ができるように、動物であっても、後天的な条件付けによって、先天的なインセンティブ・システムを上書きさせることができる。人間であれば、家庭や学校における教育や諸々の集団への順応を通じて、社会一般や特定の集団に存在するルールを理解したうえで、それにあわせて自分の欲求をある程度までは自覚的にコントロールすることもできるだろう。そして、人間には理性があるために、「生物学的インセンティブ・システムは、わたしたち個人の幸福ではなく、生存と繁殖を目標として設計されている」という事実を理解することもできるのだ。

生物学的インセンティブ・システムがどのような報酬や罰を設定しているかを経験や知識に基づいて理解しながら、「自分が幸福になること」や「自分がよい人生を生きること」を目標に据えたうえで、生き方や考え方の戦略を練ることで生物学的インセンティブ・システムを出し抜くことが、人間であるわたしたちには可能なのである。これを、アーヴァインは、進化という「奴隷主」に対して「奴隷」であるわたしたちが反乱を起こすことにたとえている。

現実の奴隷の状態を考えてみよう。たしかに奴隷たちは、主人とそのインセンティブ・システムから逃れることはできないかもしれない。だが、それでも彼らは自分だけの生きるプランを作って、主人が作ったプランに上書きすることができる。たとえば彼らは、屈従によってみずからの人間としての価値が奪われるのを拒否するかもしれない。とくに仲間の奴隷を助けるためとあれば、全力を尽くそうとするかもしれない。そうなれば当然、ときには主人の命令を拒むことになる。主人の目標達成に手を貸せば、みずからの生きるプランが設定した目標を損うからだ。たとえば彼らは、仲間の奴隷を鞭で打てという主人の命令を拒むかもしれない。そうすればむろん奴隷監督から罰せられるだろう。だがそれは、意味ある人生を送るためにはわずかな代償にすぎない。宇宙的に見たら意味あるものではないかもしれないが、個人として見れば大きな意味をもつ。大事なのはまず間違いなくそこなのである。

私たち「進化の奴隷」もまた、自分たちの置かれた状況に対して、これと同じような戦略を使うことができる。自分自身が生きるための個人的プランを作り上げ、それを進化の主人が課したプランに重ねるのである。こうすれば私たちはもはや、進化の主人の命令に従っているだけの存在ではなくなる。みずからの人生を手にし、その人生で何かを――みずからが意味あるものと考える何かを――しているはずだ。そしてそれによって、私たちはできうるかぎりにおいて、自分の生活に意味を与えていることだろう。

ここで心に留めておきたいのは、みずから生きるためのプランを形成するとき、私たちは進化の主人を欺いているということだ。彼が私たちに欲望する能力を与えたのは、それによって彼の目標とする私たちの生存と繁殖が達成されやすくなるからである。だが私たちに与えられた欲望能力には、いくつかのオプションから選択する能力もまた含まれる。BIS（生物学的インセンティブシステム）が罰を与えるような事柄さえ選ぶこともできるのである。それゆえ、自分のライフプランを形成するというのは、事実上、この選択する能力を「濫用」していることにほかならない。私たちはその能力を、進化の主人が定めた目標を達成するためではなく、自分のために定めたべつの目標――進化の主人の目標とは相容れない目標――を達成するために使っているのだ。友人や隣人、あるいは職場のボスを欺くのは悪いことかもしれないが、進化の主人を欺くのは道徳的に何ひとつ問題ではないと私は思う。（アーヴァイン、281-282頁）

「進化の主人」に対して反乱を起こす方法は様々にあるだろう。キリスト教やイスラム教のような宗教が課す戒律に従って生きることができれば、欲求に振りまわされる人生からは脱却できそうなものだ。仏教も欲求をコントロールすることには定評があり、とくに禅の発想は現代の欧米でも注目されて、多くの人が実践している。そして、アーヴァインは、理性を駆使して欲求をコントロールする実践的なライフハックとして、ストア哲学を現代に復活させたのである。

ストア哲学の欲求コントロール

では、具体的には、ストア哲学では欲求はどのようにしてコントロールされるのか？

その主たる方針は、世の中には「自分の力でなんとかなること」と「自分の力ではどうにもできないこと」があることを認めたうえで、前者のみに力を尽くすことだ。

たとえば、コミュニティで一番の美女に恋慕の感情を抱いたところで、引く手あまたの女性が自分に興味を持って好意を抱き、他の男を差し置いて選んでくれるかどうかは、相手次第である。そのようなことについて悩んでも、時間と気力を消耗するだけだ。もし、美女のことで悩むのに使ったエネルギーを、代わりに運動や勉強などの自己研鑽に使えていれば、より快活に日々を過ごすことができただろう。

恋愛でなくとも、社会的な地位や評判といったものに対する欲求が充たされるかどうかは、最終的には他人次第だ。収入をどれだけアップできるかは偶発的な事情に左右されるし、努力を積み重ねて築いた財産であっても、なんらかの失敗や災害によってあっという間に失われるおそれは常に潜んでいる。

自分の外側にいる他人や偶発的な事情に左右される物事に希望を抱いたり、人生における幸福を見出そうとしたりすることは、分が悪い賭けであるのだ。それよりも、日々の生活において自分の能力を研鑽したり、自分の心身の調子を良くする習慣を身につけたりするなど、自分がコントロールできることに力を尽くしたほうが、安定して幸福を得ることができる。つまり、負ける可能性のあるゲームは避けて、勝てるゲームだけをすることが、ストア流の幸福の秘訣であるのだ。

とはいえ、実際のところ、まともに社会生活を送っている人間であれば、自分のコントロールの範囲外の物事についても関わらなければならない。また、「自分のコントロールが完全には及ばないが、努力次第である程度まではコントロールを効かせられたり、目標が達成されたりする可能性を高められる」という物事にも、人生では多々直面することになるだろう。

そんなときには、**目標を内部化する**ことが重要になる。スポーツの試合でたとえるなら、「試合に勝つ」ことから「試合でベストを尽くす」へと、目標をずらせばよいのだ。ベストを尽くすことができれば試合に勝てる可能性も大幅に高まるだろうが、仮に負けたとしても、どのみち目標は達成されることになる。「試合に勝つ」という目標は、対戦相手の実力などの外部要因や偶然が絡んでくるために、達成されるかどうかは常に不安定だ。しかし、目標を内部化することで、どんな結果になったとしても心の平静を保ったままポジティブな感情を得ることができるようになるのだ。

「目標の内部化」という戦略は、仕事に対する向き合い方にも適用できる。結果として出世できたり立派なキャリアが築けたりするかどうかにこだわるのではなく、仕事に対して自分がどれだけ真剣に取り組めるか、を目標にすればいい。同様のことは、恋愛を含んだ、他人との関わりにも当てはまる。他人の心とはコントロールできないものであるが、自分自身が恥じたり後悔の気持ちを残したりすることなく、他人に対して最大限誠実に向き合うことを目標とすればいいのだ。そうすれば、うまくいったり運が良かったりする場合には社交や恋愛から得られる喜びを味わうことができるし、そうでない場合にも、自分の目標が達成されずに不幸や虚しさを味わうことは避けられるのである。

ネガティブ・ビジュアリゼーション

しかし、「欲求をコントロールすればいい」「目標を内部化すればいい」という発想には、「言うは易く行うは難し」という感想を抱く人もいるだろう。実際、多くの人は「欲求は抑制したほうが良い生き方ができる」ことについて理性では同意しているだろうが、日々の生活でそれを実践することができないからこそ困っているはずだ。

アーヴァインによると、古代のストア哲学者たちは机上の空論を唱えていたのではなく、欲求をコントロールするための具体的なテクニックを編み出して、それを実践していた。さらに、ストア流のテクニックは、現代における心理学の知見とも一致しているのである。

欲求を抑えるテクニックのなかでも基本となるものが、「ネガティブ・ビジュアリゼーション」だ。人生がいまよりもつらいものになることや、自分が築いてきた地位や財産が失われること、恋人や配偶者や子どもなどの大切な人々が亡くなってしまうことを想像する、という行為である。当たり前に存在していると思っているものがなくなってしまう事態を想像することで、逆説的に、いま自分が手にしているものの価値やありがたみを再発見することができる。それは、手にしていないものを獲得しようとする欲求を抑制することにもつながるのだ。

ネガティブ・ビジュアリゼーションは、マーケティングの世界ではお馴染みの、「アンカリング（錨）効果」という心理学的知見を活用したテクニックである。

たとえば、まったく同じシャツを同じ値段で売るとしても、単に「定価3200円」で売るより「定価は4000円だが、20パーセントの割引セールにより3200円」という価格設定で売るほうが、客の購買意欲をそそりやすい。定価の4000円という金額を「錨」として客の潜在意識に沈めることで、3200円という金額を安価に感じるように仕向けられるからだ。同じように、ネガティブ・ビジュアリゼーションでは、「自分が手にしているものがなくなってしまった状況」を錨にして自分自身の潜在意識に沈めることで、いま自分が手にしているものの価値を感じやすくなるように、自分自身を仕向けさせるわけである。

アーヴァインによると、ネガティブ・ビジュアリゼーションは定期的におこなうことが重要である。順調に日々を過ごしていると、「いま自分が手にしているものは、当たり前に存在しつづけるものだ」とついつい思ってしまい、潜在意識に沈めた錨がいつの間にか外れてしまうからだ。

また、ネガティブ・ビジュアリゼーションは時間をかけておこなう必要はないが、具体的な状況を想像しながら集中しておこなわなければいけない。たとえば「恋人が亡くなる」ということを想像する場合には、死んだことを相手の家族から電話で知らされる場面や葬式に参加している場面など、相手が亡くなった場合に実際に自分の身に起こりそうなことを想像したほうが効果的であるのだ。リアルな場面を想像すればするほど、生きている恋人と会ったときの喜びや感謝の気持ちは深くなるのである。

フレーミング効果を活用

アンカリング効果とあわせてストア哲学者たちが活用してきた心理学的テクニックは、「フレーミング（枠組み）効果」を活用したものだ。自分が経験している状況を認識する枠組みを変化させることで、その状況に対して自分が抱いている感情を変化させられる、というテクニックである。つまり、同じ事態にあっても、「気の持ちよう」によってその事態から自分が受ける影響は変えられる、ということだ。

たとえば、わたしたちには自分のことを正当化する傾向があるため、他人とのあいだでトラブルがあったときには「自分は悪くなくて、相手のほうが悪い」という枠組みで認識してしまうことが多い。しかし、「相手の悪意によって自分が傷つけられた」という考えを抱いていると、相手に対する怒りや被害者意識からストレスを感じてしまい、心の平静や幸福から遠ざかってしまう。それよりも、「自分にも悪い点があった」という枠組みで認識したほうが、怒りや被害者意識からは解放されて、同じようなトラブルが起こらないように反省したり欠点を改善したりすることにもつながり、生産性のある幸福な日々を過ごしやすくなるのだ。

そのほかにも、自分が直面している状況を悲劇ではなく喜劇として認識することができれば、いやな出来事があってもユーモアを持ちながら笑い話として処理することができる。または、自分の人生を運命論的に捉えるという枠組みもある。そうすると、どれだけ理不尽な不幸が起こったとしても、「最終的には、この不幸にもなんらかの意味がある」とみなしたり「この出来事は自分が成長するための試練として起こっているのだ」とみなしたりすることができて、前向きに生きることができるだろう。このように、フレーミング効果を駆使すれば、他人や社会などの外部要因や偶然によりどんなことが起こったとしても、「こういう感情を持ちたい」と自分が思う方向に感情を調整することができるのだ。

感情の影響力は、しばしば過大評価されている。18世紀イギリスの哲学者デビッド・ヒュームによる「理性は情念の奴隷である」という言葉は有名だ。しかし、アンカリング効果を用いたテクニックにせよフレーミング効果を用いたテクニックにせよ、「感情」というものがどのようなタイミングで生じたりどのように機能したりするかを認識したうえで、発生する感情の種類やその感情が自分に与える影響を「理性」によって戦略的にコントロールする、という点が肝心となっている。感情と欲求は一直線に結びついていることをふまえると、これこそが、生物学的インセンティブ・システムという「奴隷主」に対して反乱をおこなう「奴隷」が手に取るべき、強力な武器だといえるだろう。

老人のための考え方？

さて、わたしがストア哲学……というか、アーヴァインの本に初めて触れたのは、ちょうど30歳のときであった。とくに『良き人生について――ローマの哲人に学ぶ生き方の知恵』を最初に読んだときには、いたく感銘を受けたものだ。

30歳とは、「若者」と呼ぶにはそろそろ厳しくなってくる年齢である。ただ単に快楽や刺激を得ながら生きることにも飽きや疲れを感じてきて、自分の身に降りかかる様々な出来事や他人との関係に振りまわされることへの虚しさを抱くようになり、自分の人生をいかに生きるべきかを改めて考え直すには、ぴったりの時期であった。『良き人生について』を読んだ当時は一年半近く付き合ってきた恋人と別れた直後だったこともあり、自分の外側に存在するコントロールが効かない他者ではなく、自分の心の平静を保つことや物事に対して自分がどう向き合うかということから人生における意味や幸福を見出す、という考え方には深く同意できるところがあった。

ただし、30歳とは、「若者」としての気分や感覚にまだ引きずられている年齢でもある。結婚をしたり天職に就いたりして落ち着いている人もいるだろうが、まだまだ人生の方針が見つからず物事の優先順位も定められずに迷っている人も多い年齢であるだろう。そんな年齢においては、地位や財産に対する欲求を捨てたり、他者との関わりから得られる喜びを後回しにしたりして、自分の心の平静をなによりも重視する生き方を選択することには、尻込みしてしまうところもあった。実際、同世代の友人たちにストア哲学の考え方について紹介しても、賛同が得られないことが多い。アーヴァインも、自分が教える若い学生たちがストア哲学の考え方を受け入れることを拒みがちである点について嘆いている。

ストア哲学には「老人のための考え方」という側面がどうしても存在するのだ。たとえば子どもの頃からストアの考え方を実践することができ、恋人や親友のことを想って心が揺さぶられることもなく、「自分が活躍して地位や名声を取得してやろう」という野心を抱くこともいちどもないまま生涯を過ごすことができた人が存在するとしても、そのような人生を羨ましいと思い、「自分もそんな人生を過ごしたい」と考える人の数は少ないはずである。

幸福を得るためには感情が必要

先述したように、生物としてのわたしたちが抱く欲求は、生存と繁殖を目的として設計されたものであり、わたしたちが幸福になるか不幸になるかを考慮して設計されたものではない。

財産や地位に対する欲求、あるいは性欲や食欲などの明らかに低次元な欲求を充たすことだけを目的として日々を過ごしてしまった場合には、たしかに、意味がなくて不幸な人生となってしまう可能性が高いだろう。

しかし、「自分の人生には意味がある」と確信を持って思えるようになるためには、生きていくなかで「自分はいま意味のある人生を過ごしている」という感情を抱くことが必要となるはずだ。そして、理性が戦略を駆使することで感情をコントロールできるとしても、無から有を生み出すことはできない。心の平静を保つだけであれば理性のみに頼ることもできるかもしれないが、幸福を得るためには、結局は感情が必要となるはずなのだ。

心理学者のダグラス・ケンリックの著書『野蛮な進化心理学――殺人とセックスが解き明かす人間行動の謎』では、「人生の意味とはなにか」という問いについて、進化心理学の観点から説明することが試みられている。

ケンリックは、まず、マーケティングの分野などで有名な心理学者であるアブラハム・マズローによる「欲求のピラミッド」の理論を持ち出す。

マズローは、人間の欲求を、飢えや乾きや身の安全などを求める「生理的欲求」、恋人や友人を求めたり世間における地位や名声などを求めたりする「社会的欲求」、そして自分の才能を発揮したいという「自己実現への欲求」とに分別した。ピラミッドの基底部にあるのは生理的欲求であり、頂点にあるのが自己実現への欲求だ。どんな人間であっても、まずは飢えや乾きが充たされたり自分の身の安全が保証されたりすることを必要とする。しかし、それらの欲求がいちど充たされると、その次には他者からの親愛の情や、社会からの承認がほしくなる。それらを得られたら、こんどは、自己実現を目指したくなるのが人間というものである……と、マズローは論じたのだ。

ケンリックは、マズローの描いたピラミッドを進化心理学の観点から補修した。補修されたピラミッドでも基底部にあるのは生理的欲求に変わりないが、ピラミッドの頂点にあるのは自己実現ではなく「子育て」となっており、その下には「配偶者の獲得」や「配偶者の維持」がある。マズローのピラミッドでは上部に位置していた社会的欲求や自己実現への欲求は、ケンリックのピラミッドでは中間部に移動されている。生物として見た場合の人間の究極の目標は「繁殖」である以上、社会的地位を得て財産を築いたり自己実現をして魅力のある人間になったりすることも、異性を惹きつけて一緒に子どもを養いつづけるという目的のための手段にすぎないと見なせるからだ。

自己実現を頂点に据えるマズローのピラミッドが個人主義的なものであったのに対して、子育てや配偶者の獲得と維持を上部に据えたケンリックのピラミッドでは、「他者との結びつき」に関する欲求の重要性が高く見積もられている。そして、ストア哲学の発想と類似点があるのは、明らかにマズローのほうであるだろう。生理的欲求に価値を見出すべきではないのはもちろんのこと、他者からの承認や地位などの社会的欲求も、「自分の力ではどうにもできないこと」であるから執着してはいけない。ストア哲学が「心の平静」を目標としていることとマズローが「自己実現」を頂点に据えていることも、他者に左右されずに自分の意思と能力に基づいて実現できるものを理想にしているという点で、共通している。

他者がいないと充たされない

その一方で、ケンリックのピラミッドの上部にある欲求は、他者がいないと充たされないものだ。ストア哲学の考え方に基づけば、充たされるかどうかが不安定であるから抑制されなければならない欲求である。しかし、ケンリックは、わたしたちが「人生の意味」や幸福を感じられるようになるためにはこれらの欲求を充たすことが欠かせない、と論じる。社会的な生物である人間にとっては、他者との結びつきや家族を築くことへの欲求は根深くて重要なものだ。それを充たすことができなければ、いくら心の平静を保てたり自己実現できたりしたとしても、人生は空虚なものでありつづけるかもしれない。

人間主義を標榜する心理学者たちは、時として、どう見てもひとりよがりとしか思えないほど個人的な現象を重視する――世界の見え方がお気に召さないなら、考え方を変えればいい。つまり、何事も自分次第というわけだ。自身の心を見つめ、独自の考えにふけり、自分の好きなことをするのは、ある基準においてはけっこうなことだ。だが突き詰めて言えば、人間はそのようにできてはいない。私たちはそこまで自己中心的じゃないのだ。また、周囲の人々と一線を画していると思っている場合でも、それは別に高次の存在になっているのではない。大人になっても他者の要求に気を配れない人は、実は自己実現ができているのではなく、病的な状態であるだけかもしれないのだ。（ケンリック、163頁）

理性を重視するストア派の哲学者たちであれば、セックスに対する欲求は低次のものとして一蹴して、価値を認めないだろう。しかし、ケンリックは、セックスをすることやセックスを通じて配偶者と関係を維持することや子どもを生み出すことと、自己実現や人生の意味などの高尚な物事に対する欲求は密接に関係している、と論じているのである。

ライフステージに応じての実践を

では、実際のところ、どちらの側の言い分がただしいのだろうか？

いまのところ、わたしとしては、「時と場合による」としか答えられない。

先述したように、子どもや若者である時分からストア哲学を完璧に実践しようとすると、その人の人生は中心に空洞が空いたような虚しく不健全なものとなるはずだ。意味のある人生を送るためには、どこかの段階で、他者との結びつきを求めたり、自分ではどうにもならないことに対して欲求を抱いたりすることが必要となるはずなのである。

その一方で、歳をとって、ある程度の財産を蓄えて家庭も築いた段階になれば、欲求を抑制して心の平静を保つことの重要性は増していくはずだ。財産が欠乏している状態では人は不幸になるが、財産を蓄積すればするほど幸福になれるというものでもない、ということは経済学の研究などでもよく指摘されている。中年くらいになれば、必要以上に多くのものを得ようと欲求するよりも、たとえばネガティブ・ビジュアリーゼションをおこなうことで、いま得ているものに満足して欲求を抑制したほうが、人生を有意義に過ごしやすくなるだろう。

なお、ケンリックも、人間の欲求はライフステージによって変動するということを指摘している。どんな人でも「繁殖努力」期である青年時代まではセックスに対する欲求が強くなるが、ある年齢を過ぎた頃から「子育て努力」期へと徐々に移行して、セックスそのものに対してではなく家庭を築くことに対する欲求のほうが強くなっていくのだ。もしかしたら、ストア哲学も、ライフステージに応じて実践するのがちょうどいいのかもしれない。繁殖努力期のあいだは魅力的な異性を獲得することや自分自身の魅力を増すことに向けて精一杯努力するべきであり、様々な欲求は努力に火をつけるガソリンとなるから無理に抑えるべきでないが、それらの欲求が無駄で重荷となってくるライフステージに差しかかってきたら、欲求に対するコントロールを徐々に強めていけばよいのである。

ただし、不遇な生い立ちであることや、自身の能力や魅力が根本的に不足していたりするなどの理由で、どれだけ頑張っても「配偶者の獲得」といったピラミッドの中間段階にある欲求すら充たせられないという人だって、世の中には多く存在しているはずだ。

そういう人たちについては、不利な境遇のなかで欲求を充たそうと無理にがんばるよりも、早い段階からストア哲学を実践したほうが、有意義な人生を過ごしやすくなるかもしれない。「自分の力ではどうにもできないこと」への切望はさっさと捨ててしまって、自分にも達成できることに集中したり、あるいは自分の境遇について考える際のフレーミングを変えたりすることで、ふつうであれば他人よりも不幸になるはずの人生でも幸福に過ごせる可能性が出てくるかもしれないのだ。

ただし、このように考えるとストア哲学は対症療法的な幸福論ということになるし、「負け犬」のための幸福論ということになってしまいかねない。

そうでなくても、他者に振りまわされることを拒んで自分がコントロールできる範囲の幸福を強調するストア哲学の発想には、自閉的な雰囲気がつきまとう。わたしたちの多くは、自分の外部にある物事に対する欲求や希望を捨てて自分の内側だけに幸福を求めるというストア哲学の考え方に、多かれ少なかれ拒否感を抱くはずだ。

しかし、だれであっても人生のどこかの段階からは「心の平静」を目指したくなるということだって、また確かなはずなのである。人それぞれの事情や特性に合わせながらほどほどに実践するぶんには、やはり、ストア哲学は現代にも通じる有益な幸福論であることは間違いないだろう。

参考文献

・ウィリアム・アーヴァイン『欲望について』竹内和世訳、白揚社、2007年。
・ウィリアム・アーヴァイン『良き人生について――ローマの哲人に学ぶ生き方の知恵』竹内和世訳、白揚社、2013年。
・ウィリアム・アーヴァイン『ストイック・チャレンジ――逆境を「最高の喜び」に変える心の技法』月沢李歌子訳、NHK出版、2020年。
・ダグラス・ケンリック『野蛮な進化心理学――殺人とセックスが解き明かす人間行動の謎』山形浩生・森本正史訳、白揚社、2014年。

第11章
快楽だけでは幸福にたどりつけない理由

幸福に関する議論の正解はどれか？

前回に扱ったストア哲学者をはじめとして、これまでに幾多の哲学者たちが「幸福」について論じてきた。現代のわたしたちは、過去の偉大な哲学者たちの幸福論を参考にすることができる。

ただし、いくら哲学者たちの頭がいいからといって、自然科学や社会科学の知見が発展する前の時代に生きていた以上、彼らの思考は現代に比べて限定された知識に基づいたものであった。そのため、彼らの幸福論も、人間や社会に関する学問的な知識と矛盾したり相容れなかったりする、的外れなものであったおそれがある。

だれの幸福論を参照するにしても、まずは科学的な知見と照らし合わせてから判断することが重要だ。ある幸福論が人間や社会というものに関する事実からあまりにかけ離れている場合、単純にいって、それは間違ったものである可能性が高い。間違った幸福論を実践すると、幸福になるどころか不幸になってしまう可能性があるだろう。

わたしの関心は、幸福に関する議論の正解はどれなのか、ということにある。どれだけ口当たりがよくて魅力的な議論であっても、もしそれが間違っているのであれば、そんな議論はお呼びでないのだ。

とはいえ、「幸福」とは曖昧で多義的なものである。

アイスクリームを食べたときに感じるおいしさやセックスするときに感じる気持ちのよさ、仕事や趣味に熱中しているときの没頭感や成果を出せたときの達成感、会社で出世をしてひとかどの人間と見なされることや子どもを作って親になること、あるいは子どもの頃に見た真っ青な空やはじめての恋人と手をつなぎながら川べりを歩いたときの思い出。これらをひとつの指標に還元することはできそうにもない。しかし、これらのいずれもが「幸福」に関わっていそうなものである。

アイスクリームを食べたりセックスしたりすることで得られる「快楽」であれば、もしかしたら頭に電極を刺して脳波を測定したりすれば数値化することができるかもしれない。だが、他者からの承認や思い出の価値を測定することはできないだろう。幸福について研究するためには、次元の異なる複数の事象を総合的に扱う必要があるのだ。だからこそ、幸福に関する研究では、総合的な学問やメタ学問としての「哲学」が常に顔を出してくる。心理学の研究や経済学の研究で幸福を扱おうとするときにも、哲学から逃れることはできないのだ。

心理学に「ポジティブ心理学」というジャンルがある。１９９０年代の後半に心理学者のマーティン・セリグマンによって創設されたこの分野は、現在では幸福に関する研究のなかでも代表的な存在となっている。そして、ポジティブ心理学の特徴のひとつは、古代ギリシャの「徳倫理」を参照していることにある。とくに、アリストテレスが『ニコマコス倫理学』で論じた「ユーダイモニア」は、現代流にアレンジされたうえでポジティブ心理学の中心的な概念となっているのだ。

今回は、ポジティブ心理学と古代ギリシャのユーダイモニアの幸福論、それらに対比されるヘドニズムの幸福論について紹介しながら、幸福論の正解がどこにあるかを探ってみよう。

「病理モデル」に偏っていた従来の心理学

従来の心理学は、うつ病や人格障害などの精神疾患にばかり注目してきた。だれかの心に発生したネガティブな問題を特定して、それを取り除く方法について考える、「病理モデル」に偏っていたのである。

マイナスを取り除いてゼロの状態に戻すことを目的とする病理モデルの心理学に対して、ポジティブ心理学では、日々の生活に幸福というプラスを重ねていく方法が検討される。

ポジティブ心理学では、実際に存在する「幸福に生きている人たち」を理想としたうえで、彼らや彼女らが幸福に生きられている理由が分析される。幸福な人を模範とすることで、まだ幸福でない人たちが幸福に生きるためにはどうすればいいのか、という方法を発見しようとするのだ。実は、この発想自体が、きわめて徳倫理的なものである。徳倫理とは、抽象的な原理や原則を参照する代わりに「徳を持っている人」の実際の振る舞いや生き様を見聞することで、道徳的に生きたり幸福に生きたりするための秘訣を学ぼうとする考え方であるからだ。

そして、ポジティブ心理学では、わたしたちが求めるべき幸福が「繁栄（flourish）」や「ユーダイモニックな幸福」といった言葉であらわされる。ここで参照されているのがアリストテレスだ。彼が語った「ユーダイモニア」とは、「幸福」とも「人間の繁栄」とも訳される概念である。

ポジティブ心理学でも古代ギリシャでも、ユーダイモニアに基づいた幸福論は、ヘドニズム（快楽主義）の幸福論と対比されてきた。

ヘドニズムでは、快楽や喜びなどの「よい気分」が最大化されて、不快感や苦痛などの「よくない気分」が最小化された人生こそが、もっとも幸福な人生であるとされる。つまり、ある人が幸福であるか不幸であるかは感覚や感情のベクトルと量によって判定することができる、という考え方である。

ユーダイモニアの幸福論でも感情や感覚が無視されるわけではないが、幸福な人生の中核となる要素は他にあるとされる。人生が幸福であるかどうかには、「自分の人生に向き合う態度」

や「人生における目標」、それらに関連する「活動」などが関わってくる、と論じられるのだ。

美食や酒に明け暮れて、一日中セックスだけをして過ごしている人は、快楽だけなら他の人よりもずっと多く感じているかもしれないが、それだけでその人が幸福だということはできない。なにかを達成しようとしたり、自分の欠点を克服して成長しようとしたりするための努力をおこなうことは、それ自体が快楽とは言えずしんどさや辛さを感じる行為であるかもしれないが、そのような努力を含まない人生は虚しいものであると思う人も多いはずだ。また、身近な人を助けることができていたり、社会に貢献する仕事ができていたりする人は、自分がラクをして快楽を得られるチャンスを他人のために犠牲にしている可能性があるかもしれないが、それでもその人の人生は充実していて満足のいくものである可能性が高いだろう。

ヘドニズムの幸福論では、気分のよさや快楽の合計値が幸福のバロメーターとされる。しかし、気分のよさとはアイスクリームを食べたりセックスをしたりしたその時点では生じているが、やがて消えていくものでもある。また、うれしい出来事のあとにいやな出来事があった場合には、ただ単にいやな出来事が起こった場合よりもさらにいやな気分になるかもしれない。

くわえて、わたしたちはすぐに快楽に「適応」してしまう。とびきりおいしいアイスクリームを食べたりセックスがいつもよりうまくいったりした場合、その直後には、わたしたちは普段よりも大きな満足感や興奮を得られて、かなり気分がよくなることだろう。しかし、数十分もすればその気分のよさは徐々に消えていって、数時間もすれば、いつもとほとんど同じような気分に戻ってしまっているはずだ。気分のよさを取り戻すためには、再び、アイスクリームを食べたりセックスをしたりする必要がある。しかし、たとえアイスクリームが前回と同じくらいおいしかったりセックスが前回と同じくらいうまくいったりしたとしても、最初のときと同じくらいの気分のよさを得ることは難しい。快楽や刺激に身体が適応することで、「すごくいい」と思えるようになるための閾値は上がってしまうからである。

なによりも、すぐに消えてしまう快楽を求めて同じ行為をし続けることにはキリがない。この問題は、「快楽のトレッドミル」と呼称されている。トレッドミル（ルームランナー）のうえでは好きなだけスピードを上げて好きなだけ走り続けることができるが、いくら走っても、結局は同じ場所に留まり続けてしまうことになるのだ。

快楽とは、短期的で不安定なものである。ほんとうの意味での幸福を目指すなら、まずトレッドミルから降りて、目的地をしっかりと定めたうえで、そこに向かって走る必要がある。そのために、ポジティブ心理学では、長期的な視野に基づいた行動や生き方から生じる「持続的な幸福」が注目されるのだ。とくに快楽を得ていたり刺激的な出来事が起こったりした直後ではない、自然で平穏な状態のときに「自分は幸福に生きている」と実感できているかどうかのほうが、人生が幸福であるかどうかを判断するバロメーターとしては適切なのである。

前回の記事では、ストア哲学が「心の平静」を重視していることや、心理学者のアブラハム・マズローが人間には「自己実現」への欲求が備わっていると主張したことについて論じた。

心の平静も自己実現も、ユーダイモニアに関わっている。短期的な欲求に左右されない安定した精神を保つことは、人生に対する長期的なスタンスを整えて持続的な幸福を得ることにつながるはずだ。また、自己実現に向けた努力をおこなうこと、目標を達成するために自分の能力を発揮することは、それ自体が人生に満足感をもたらすことなのである。

ユーダイモニアはいかに論じられてきたか?

ここでポジティブ心理学からはいちど離れて、古代ギリシャでは「ユーダイモニア」がいかに論じられていたかについて、倫理学者ジュリア・アナスの『徳は知なり——幸福に生きるための倫理学』を参考にしながら解説してみよう。

アナスによると、ある人にとってのユーダイモニアとは、その人の人生が全体として目指すもの(これを古代ギリシャでは「テロス」と呼ぶ)に関わっている。

普段のわたしたちは、自分が日常的におこなう行為の意味について、「朝早くに起きるのは、仕事に行くためだ」といったように、直線的な時系列に基づいて単純に考えるものだ。しかし、「そもそも、なぜ、わたしは仕事なんてしているのだろう?」と深く考えるときもある。その深い問いを探ってみると、「仕事をしている理由はよいキャリアを得たいからだ、よいキャリアを得たい理由は将来の年収を増やしたいからだ、将来の年収を増やしたい理由は自分と家族に上流層の暮らしを味あわせたいからだ、その理由は……」というふうに、ある行為をすることの目標にはまた別の目標が入れ子状になって存在していることに気がつくだろう。日常における何気ない行為であっても、さかのぼって考えてみると、人生における重大な目標とつながっているのだ。

また、人生における目標について深く内省すると、自分が抱えているいくつかの目標が相互に矛盾することに気がつくかもしれない。たとえば、「愛する家族を養うために、仕事に打ち込んで出世したい」という目標と「愛する家族を大切に扱うために、彼女たちと共に過ごす時間を増やしたい」という目標は、両立しないことが多いだろう。さらに、言語化するのも難しい曖昧な目標を抱いていることに気がつく場合もある。そんなときには、様々な目標のあいだの矛盾をなくしてクリアなものにさせるために、目標を調整したり再編成をおこなったりすることが必要とされる。そうした調整や再編成を経ていくうちに、諸々の目標が統一されていって、自分の人生全体の目標が明確に認識できるようになる。それに伴い、その目標を達成するために自分がなにをすべきか、という課題もはっきりして、その課題に対処するための努力や行動の方法を具体的に考えられるようにもなるのだ。

アリストテレスは、幸福とは究極の目標であると論じた。幸福という言葉の定義上、「幸福になるために、なにかをする」という主張は成立するが、「なにかをするために、幸福になる」という主張は成立しない。そのため、人が自分の行動について内省して、「なんのために、この行動をするのか」という問いをさかのぼって考えはじめた場合、だれであっても、最終的には「幸福になるために、この行動をしているのだ」という結論にたどり着くはずなのである。

幸福は客観的に優劣を判断できる

ただし、だれもが幸福を人生の目標にしているといっても、そのかたちは人それぞれに異なる。幸福とは、「自分はいままで人生をこのように歩んできて、こういうことを経験してきた」というライフストーリーや、「自分にはこういう特徴があり、こういう気質を持っている」というパーソナリティに関する認識に基づきながら、自分なりにかたちを作っていくべきものなのだ。とはいえ、「自分がこれを幸福だと思っているのだから、これが幸福なのだ」と言い張ってしまえるほどには相対的なものでもない。幸福とは、客観的に優劣を判断できるものでもある。

エウダイモニア主義者の考えでは、心のなかではっきりとそう思っていようがいまいが、私たちは幸福を求めている。なぜなら、私たちは、自分のただ一つの人生を歩むなかで、自分の数々の目標をどのように調整すればよいのかについて、誰でもそれとなく考えているからである。幸福は、それぞれの人にとって、あなたの幸福として、よく生きることをあなたがどのように達成するかの問題として位置づけられる。それは、外から押しつけられる何らかの計画ではなく、自分の人生についてのあなた自身の考えから生まれる要求とは別に、何らかの理論によって課される要求でもない。それと同時に、幸福は単に、あなたがそうあってほしいと思っているものでもない。幸福の追求の仕方には優劣がある。というのも、人生の数々の目標や目的をどのように組織立てるか、またそれらを全体的に達成する人生をどのようにして歩もうとするのかについては、うまいやり方もあれば下手なやり方もあるということは明らかだからである。（アナス、２１１頁）

そして、先述したように、ユーダイモニックな幸福とヘドニスティックな幸福とは別物だ。ただ快楽を追求し続けることは、人生全体の目標とはなり得ない。それと同時に、ユーダイモニアとは、生まれ持った性質やいま自分が生きている状況や環境に左右されて、自分の意志と関係なく与えられるようなものでもない。それは、自分の人生に向き合い、そこで起こる問題に対処しながら培われる「態度」や「生き方」のうちに存在するものであるのだ。

アナスは、ユーダイモニアとは、自分の人生で与えられた「素材」をどのように扱うかにかかっている、と論じている。美しさや健康、権力や財産があるからといって、ユーダイモニックな人生が歩めるとは限らない。それらの有利な条件を持っている場合にはそれをうまく扱うこと、そしてそれらを持っていない場合には困難にうまく対処するということ、このような実践や活動のなかにこそ、ユーダイモニアは存在するのである。

つまり、自分が生まれ落ちた状態やおかれている環境がどのようなものであっても、ユーダイモニアを得ることは可能だ。ただし、そのためには自分の直面している状況について冷静に省察すること、そして「自分はどんな人生を歩んできた、どんな人間であるか」をきちんと理解することが欠かせない。この点では、ユーダイモニアとは活動的なものであると同時に知的なものでもあるのだ。

幸福は「徳」と結びついている

ユーダイモニアの幸福論の特徴は、幸福が「徳」と結びついていることを強調する点にある。徳とはひとつに限られるものでなく、たとえば「正直さ」や「勇敢さ」、「誠実さ」や「義憤」などの種類がある。しかし、ヘドニズムの幸福論からすれば、いずれの徳についても幸福とのあいだに必然的なつながりはないはずだ。勇敢さや義憤を発揮して自分の身のまわりに起こっている不正義に立ち向かったところで、それで快楽が得られるようには思えない。また、正直さや誠実さなんて捨ててしまって、人を騙したり都合よく利用したりしながら生きるほうが、より多くの快楽が得られそうなものである。

しかし、親であれば、自分の子どもに対して「この子には狡猾な人や臆病な人になるのではなく、正直な人や勇敢な人として育ってほしい」と願うものだし、子どもが徳を身につけられるような教育を施したいと思うものだろう。その願いは、「世間に迷惑をかけたくない」という消極的な理由や「自分の子どもには世間から羨まれるような人間になってほしい」という親としての虚栄心だけに基づくものではないはずだ。大半の親は、「徳を持った人間に育ったほうが、その人の人生は幸福なものになる」ことを常識として理解しているのである。

アナスによると、徳とは**「技能」**であり、それぞれの人が訓練や実践や反省を経ながら、自分の人生を通じて発達させていくものだ。そして、正直さや勇敢さなどの徳を発達させていくためには、「自分は、なにを大切にするか」という「価値付け」が不可欠である。

たとえば、勇敢さという徳を発揮するためには、自分のまわりで起こっている不正義に立ち向かうために「安寧で快適に過ごすこと」を犠牲にしなければいけない場合がある。その一方で、どんな些細なことにもいちいち怒って食ってかかるような人は、勇敢であるというよりも傍迷惑なトラブルメーカーでしかないだろう。適切に勇敢であるためには、「安寧や快適を犠牲にしてでも守らなければならない価値とはどのようなものであり、人生について勇敢さが求められる場面とはどのようなものか」についての理解を深めることが必要とされるのだ。そして、徳に関する理解を深めることによって、「自分にとってほんとうに価値のあるものとはなにか」「自分の人生において優先しなければならないことはなにか」ということについても、明晰に考えられるようになる。

ユーダイモニアは人生の全体目標（テロス）とも関わっていることを思い出してほしい。自分の人生における価値や優先順位がはっきりしていくにつれて、人生における目標も明確になっていくだろう。それに伴い、自分にとって幸福とはどのようなものであるか、ということについても手応えのある考えを持てるようになるのだ。

この点は、個々の徳ではなく、徳全体の発達について考えるならば、さらにはっきりする。性格の全体が発達するとき、それが全体的に統一性のあるかたちに向かって発達するかぎりは、幸福観も同じように統一性をもつようになる。性格が発達し、衝突する諸価値に関連するもろもろの徳を相互に結びつけるようになれば、そのような衝突する諸価値に対する肩入れは弱まる。理想的な発達を遂げた場合には、自分の人生のなかで価値のあるもの、追い求めるに値するものに関する統一的な見方が、すなわち自分の幸福に関する明確な考え――それは性格の統一的な発達を促進するものであると同時に、その発達によって深まるものでもある――が生まれる。（アナス、270頁）

幸福をあらわす「フロー」の概念

さて、先述したように、ポジシティブ心理学における幸福論では、アリストテレスのユーダイモニア論が大いに参照されている。

たとえば、ポジティブ心理学でも、幸福のためには徳や**「強み」**が欠かせないものだとされている。ポジティブ心理学を創設したセリグマンと、彼と同じく心理学者のクリストファー・ピーターソンは、洋の東西を問わずにどの文化でも妥当だと考えられる「徳と強みのリスト」を作成した。そのリストでは知恵・勇気・ヒューマニズム・正義・節制・超越性という六つの大カテゴリが設けられており、様々な徳や強みは六つのカテゴリのいずれかに分類されている。具体的には、知恵のカテゴリには好奇心や向学心、ヒューマニズムのカテゴリには親切さや愛情深さ、超越性のカテゴリには審美眼やスピリチュアリティなどの徳が収められているのだ。

どんな強みや徳を持っているかは人それぞれに異なるために、幸福のかたちはだれにとっても同じとはならない。ただし、アナスも指摘していたように、「うまいやり方」と「下手なやり方」の違いはある。自分の強みを活かせるような仕事に就いたり、他者との関わりのなかで徳を発揮することができたりすれば、その人の人生は幸福なものとなる可能性が高いだろう。その一方で、自分の性質にまったく合っていないような仕事に就いており、他者とのコミュニケーションにおいても愛情や誠実さに欠けているような人は、たとえ趣味などの限定的な場面で徳や強みを発揮する機会を持っているとしても、どちらかといえば不幸な人生を過ごしてしまう可能性が高い。大半の成人にとっては「仕事」と「他者との関わり」は人生の時間の大部分を占めるものであり、そこがうまくいっていないとすれば、他のところで補うのは難しいものであるからだ。

また、ユーダイモニアとは、知的なものであると同時に活動的なものであった。

ポジティブ心理学のなかでも、活動的な幸福をあらわす「フロー」という概念が強調されている。この概念は、セリグマンやピーターソンと同じポジティブ心理学に創立当初から関わっている心理学者、ミハイ・チクセントミハイによって定義付けられたものだ。フローとは、簡単にいえば、「やりがいのある事柄に挑戦しているときに、その行為に没頭している状態」のことである。フローの具体的な内容については、ポジティブ心理学者のひとりであるジョナサン・ハイトの著書『しあわせ仮説』でうまく説明されているので、引用しよう。

チクセントミハイの大発見は、多くの人がセックスの後のチョコレート以上に価値をおく状態があるということである。それは、その人の能力にほぼ適しているが少し挑戦的な課題に取り組んで、完全に没頭している状態である。よく「のっている」と言われている状態だ。チクセントミハイはこれを「フロー」と名づけた。なぜなら、それは努力のいらない動きのように感じられることが多いからである。フローが起こると、あなたはその流れに身を任せる。フローは、何か身体的な動作をしている時、スキーで滑っている時やカーブの続く田舎道を高速で運転している時、団体競技をしている時などに起こることが多い。フローは音楽や他人の行為によって促進され（たとえば、合唱する、ダンスをする、あるいは、ただ友人との会話に熱中するだけでも）、どの場合も、その人自身の行動に時間的な構造を与える。フローは、絵を描いたり、文章を書いたり、写真を撮ったりといった一人きりの創作活動においても起こりうる。フローの鍵となるものは、注意を完全に注ぐ挑戦があること、その挑戦に見合った能力を有していること、そして、課題解決の各段階において、どの程度できているか、すぐにフィードバックが得られること（進歩の原理）である。うまくターンできたたびに、高音を正しく出せたたびに、思い通りの場所へ筆を入れることができたたびに、ポジティブな感情の波が次から次へと押し寄せてくる。フローを経験しているあいだ、象と象使いは完璧に調和している。象（自動的なプロセス）が滑らかに森の中を走り抜け、大半の仕事をしているあいだ、象使い（意識的な思考）は、問題やチャンスを探し出すことに没頭して、彼が手伝えることをしている。（ハイト、144-145頁）

フローには喜びなどの感情や没頭感などの感覚が含まれてはいるが、ヘドニズムが重視するような「気分のよさ」や「快楽」だけで構成されるものではない。ハイトやセリグマンは、フローのことを「充足」と表現している。アリスクリームから得られる快楽とは違い、フローは複雑な活動を通じてでないと得られない。また、スキーの上級者が初級コースを滑ってもフローを得ることは難しいように、自分が成長するにつれてフローを得られる行為のハードルも上がり続ける。「これをすれば、フローが得られる」と保証されている行為などないのだ。

しかし、フローは快楽よりも複雑で得ることが難しいものであるからこそ、快楽のように

「適応」が起こることはない。フローによる充足は飽きがこないものであり、フローが訪れるたびに、わたしたちは新鮮な経験を味わうことができる。そして、フローは課題への挑戦とそれの達成を伴うものであるから、フローのたびにわたしたちは前へと進むことができる。このため、フローでは「快楽のトレッドミル」で起こっていたような問題を回避することができるのだ。

アナスも、徳を実践する行為とは、課題や目標を達成するために技能を用いる営みであると論じながら、その営みにはフローが伴うことを指摘している。また、徳を実践するためには自分の強みや性質についての理解が必要であるのと同じように、フローを得るためにも自己理解は欠かせない。易しすぎて苦もなく達成できるような課題や、難しすぎて達成が不可能であったり、根本的に自分には向いていない分野の課題に挑戦をしても、フローは得られない。いまの自分にはどんな技能があるか、自分が挑戦するに適した分野とは何であるのかについて、あらかじめ把握しておくことが求められるのだ。

古代ユーダイモニア論と現代ポジティブ心理学の共通点

さて、ここまで述べてきたことでは、ポジティブ心理学についてもユーダイモニアについても、ほんの一部にしか触れられていない。

たとえばポジティブ心理学では、幸福には自発的な活動のほかにも「生物学的な設定点」や

「生活条件」が関わるということが論じられている。ポジティブな感情が発生しやすいかネガティブな感情が発生しやすいか、うつ病になりやすいか否かといったことは、脳の特徴に関する遺伝的な差にもかなり影響される。このことを、ハイトは「大脳皮質くじ」と表現している。くじに外れてネガティブな脳を持って生まれてきた人は、それだけでハンディキャップを背負うことになるのだ。

また、配偶者や親友の有無、就いている仕事の内容から通勤時間の短さなど、自分の外側にいる他者や環境に左右される要因も、幸福には関わってくるのである。前章でも論じたように、「気の持ちよう」を変えることで幸福を得ようとするストア哲学的な発想には限界があるのだ。

そして、ユーダイモニアについても、アリストテレスやアナスの本ではもっと詳しく複雑な議論が展開されている。

とはいえ、古代のユーダイモニア論においても現代のポジティブ心理学においても、同じような物事が重要視されている点を示すことはできただろう。どちらの議論でも、幸福とは受動的な快楽ではなく積極的な活動のなかに存在することが強調されている。また、自分の徳や強みを認識すること、それを適切に発揮しながら充実した人生を過ごすことが、幸福な人生のためには必要であると論じられているのだ。

幸福になるためにはまず行動が必要であり、適切な行動を選択するための意志や理性も求められる。また、どんな徳や強みを持つかは人それぞれにバリエーションがあるが、なんらかの美点や能力を持つこと自体は、幸福には欠かせない。つきつめてみると、ポジティブ心理学やユーダイモニアの幸福論は**能力主義的**なものといえるだろう。

ここまでの議論を読んできて、「当たり前のことばかり書かれているようで、つまらない」と思われた読者もいるかもしれない。人生における目標を定めることが大切だとか、快楽ばかりを求めていたらダメだとか、勇敢さや誠実さなどの美徳を実践するべきだとか、ユーダイモニアの幸福論には学校の「道徳の時間」で聞かされるお説教みたいな感じがつきまとう。

ポジティブ心理学の保守性は、文化批評家であるバーバラ・エーレンライクの著書『ポジティブ病の国、アメリカ』をはじめとして、様々な論者からも指摘されているところだ。たとえば、ポジティブ心理学では人間とは社会的な生物であるということが前提となっているために、他人との関わりや仕事を通じて幸福を目指すべきだと強調される。しかし、左派の論客からすれば、この発想は個人が社会に順応することを後押しして社会批判の視座を失わせるものであるのだ。また、徳や強みにはある程度のバリエーションがある一方で、人間のどんな特徴でも肯定されるというわけではなく、あくまで特定のカテゴリの範囲内に収まるものとされる。ユーダイモニアの幸福論では、怠惰や怒りっぽさ、恥知らずや強欲といった性質が肯定されることはないのだ。これについても、ずいぶんと不自由で堅苦しい考え方だと感じる人はいるはずである。

民主主義的なヘドニズム幸福論

ヘドニズムの幸福論では、ある人がどんな人格をしていても、どんな生き方をしていても、快楽を得ることさえできていれば、その人は幸福であるとされる。自分の強みや物事の優先順位についてくどくどと考えたり、人生における目標をどのように定めるか悩む必要もない。

ユーダイモニアに比べると、ヘドニズムの幸福論は自由で開放的だ。「他人に配慮したり、望ましい仕事に就いたりする必要なんてなくて、酒とセックスさえあれば幸福になれる」といってしまうこともできる。おそらく、パンクミュージシャンやラッパーの大半は、本人は自覚していなくともヘドニストであるだろう。

それと同時に、ヘドニズムの幸福論は**民主主義的**なものでもある。意志が弱く、理性に欠けており、能動的な行動もできず、なんの徳も強みも持たないような人には、ユーダイモニアやフローを得ることはできない。しかし、(ヴィーガンでなければ) だれだってアイスクリームを食べることはできるし、セックスだって (おおむね) だれにでもできる行為だ。快楽だけで幸福が得られるということは、つまりだれもが幸福になれるということである。文句のつけようがない、素晴らしいことではないか?

パンクっぽくて、かつ民主主義的でもあるヘドニズムは、単純ながらも魅力的だ。そのために、多くの人がヘドニズムに惹きつけられる。

たとえばTwitterのようなＳＮＳを眺めてみれば、そこで投稿されて拡散されている「幸福」のかたちは、そのほとんどが「快楽」であることに気がつくだろう。若者たちに限らず大人たちまでもが、数百円も払えば食べられるような牛丼やチェーン店のイタリア料理の写真を投稿する。また、飲み会のあとのストロングゼロの空き缶や、コンビニで買ってきたつまみを片手に週末にひとり酒をするＯＬのイラストなどが、退廃的でありながらも、たしかな幸福のイメージとして提示されているのである。

おなじ食事や飲酒であっても、上等なコース料理や、高価なワインや蒸留酒などの写真がシェアされることは少ない。キャリアプランニングについて語る「意識の高い」ツイートも鼻白まれてしまいがちだ。自分の強みを発見して活かすことの重要性を論じようとしても、「自己啓発」のレッテルを貼られて揶揄されてしまうのがオチである。愛する恋人や家族と過ごした時間の大切さだって、うかつに語ることはできない。恋人や家族を持てない人からの妬みの対象になるからだ。

現代の思想家や表現者たちが「強さ」よりも「弱さ」を言及や表現の対象としたがることも、この現象に一役買っているはずだ。そもそも、言論や芸術に惹かれるような人たちは、もともと社会とのズレを感じたり、健全な生活を営む資質に欠落したりしている人が多い。そして、そのズレや欠落こそが、彼らの思想や表現の中核に据えられる。たとえば文学作品では、人間の美徳ではなく欠点や不完全さをテーマにして描いたほうが、上等なものになりやすい。また、大半の思想家にとっては、自分の言論が「道徳の時間のお説教」と思われることはなによりの侮辱であるだろう。そのために、彼らは健全な美徳を鼻白んで退廃的な悪徳を讃えるような主張をしたがるものなのだ。しかし、個々の思想家や表現者たちは自分なりの考えや人生経験に基づいて「弱さ」を肯定しているのだとしても、彼らの言論や表現が世の中に積み重なることで、「強さを否定して弱さを肯定するほうが、クールで高尚なものだ」という風潮が出来上がってしまうのである。

心優しいヒューマニストや多様性を重んじるリベラリストたちも、他者に対して「強さ」の価値を説くことには尻込みして、それよりも他者の「弱さ」を認めようとする。とくに日本のSNSでは「生きづらさ」に関する話題が豊富に論じられており、インターネットで展開されている言論の風景は「病理モデル」を思わせるところがある。ただし、心理学における病理モデルではマイナスを取り除くことが目指されていたのに対して、SNSでは「生きづらさを抱えた人」や「がんばれない人」のことを理解してあげて、ありのままに肯定することが求められる。学校や社会では「がんばれない人」であっても尻を叩かれて、それにより自分なりの努力の方法を見つけて幸福のかたちを摑める可能性もあるだろうが、インターネットのぬるま湯に浸かっているあいだは、がんばることを拒み続けてしまえるのだ。

「幸福になる権利」を得るのに資格は必要か？

ここまでくると、話はアリストテレスというよりもニーチェによるルサンチマン論のほうに近づいてくる。

わたしが思うに、人々がヘドニズムの幸福論に魅力を感じる最大の理由は、それによって幸福の定義を「引き下げ」ることができるからだ。幸福を快楽と同一視することができれば、どんな人であっても幸福になることができる。ヘドニズムがただしいのであれば、意志力や理性が優れている人が他の人よりも幸福であったり、徳のない人が他の人よりも不幸であったりする、ということは起こらない。権利意識の浸透した現代の社会では、おそらくほとんどすべての人が「自分には幸福になる権利がある」と思っているはずだ。ヘドニズムは、まさにその権利を実現してくれるのである。

実際、ユーダイモニアの幸福論がただしいとすれば、だれもが「幸福になる権利」を満たせるとは限らなくなる。怠惰に過ごしている人は奮起して努力をしなければいけないし、自分の徳や強みを発見できていない人はそれを探さなければならない。そして、そもそも徳が備わっておらず、人生の目標を定めて生き方を改めることもできなくて、どうあがいても幸福になれない人が存在するという可能性を否定することもできないかもしれない。

アナスやポジティブ心理学者たちがおこなう議論は、実践的で妥当な幸福論を目指すものだ。そのために、彼女たちの議論では「幸福になれない人がいる」という可能性に触れられることは、基本的にない。いっても詮無いことではあるし、そんな悲惨な可能性に言及したところで「これから幸福になろう」と思っている人にとって、なにかプラスになることもないからだろう。

しかし、アナスによるユーダイモニア論は、口当たりよく毒抜きされたものであるかもしれない。他方で、彼女と同じく古代ギリシャの徳倫理について紹介する哲学者リチャード・テイラーの著書『卓越の倫理』では、アリストテレスの議論に含まれる能力主義や残酷さが、容赦なく示されているのだ。

古代の道徳学者たちが考えていたように、道徳哲学の目的が「人間の自然本性」についての理想を描き、その実現への道筋をつけることであるとするなら、「賢者も愚者もみな等しく理想に到達できる」と想定するのはほとんど不可能である。事実はその反対であって、「少数の人を除けば、どのような人でもいずれは理想に到達できる」などということはなさそうだ。だから、理想を実現した人は理想を実現できなかった大多数の人々よりも文字通り「より善い」のである。このような前提なしに古代の古典的道徳学者たちを理解しようとするのは、義務の観念を削除してカントの道徳哲学を理解しようとするようなものである。

このようなエリート主義、すなわちアリストテレスが価値ある人々とそうでない人の間にはっきりとした不公平な区別を設けたことは、決して気まぐれではないし特異な嗜好でもない。これと同じようなことは、「奴隷と友人になれるか」――アリストテレスによると奴隷とは「生きた道具」にすぎない――という難しい問題をやや苦心しながら論じた箇所で繰り返されているし、アリストテレスが真の友人関係は比較的少数の「善き」人々、つまり「個人の卓越」の厳格な水準に達した人々の間でしか成り立たないとしている箇所にも見られる。まさしく**エリート主義はアリストテレスの倫理概念全体に固有**なものなのである。（テイラー、110-111頁）

子供、白痴、未開人、さらには動物にも快苦を経験する能力が完全にある。しかし彼らのいずれも、本書における意味で「幸福」になることはできないのである。確かに「幸福な子供」とか「幸福な知恵遅れ」と言うのは正しいのだが、そうした事例には注意する必要がある。

例えば「幸福な子供」とは、良い生活をしている子供である。言い換えれば、「しあわせ」の条件に合致している子どものことである。これらの条件には愛情、信頼感と安心感、愛情のこもった躾などが含まれている。実際こうした恵まれた条件にある子供は不機嫌でも不安でも憂鬱でも陰気でもない。これは明らかに幸福を意味するから、その意味では

「幸福な子供」と言えるのかもしれない。

しかしながら、やはりこの子は哲学的に重要な意味においては「幸福」ではない。すなわち「何かを実現している」とか「最高の個人的善に恵まれている」という意味では「幸福」ではないのである。この種の「幸福」は子供の場合は、将来に期待するしかない。「幸福な子供」という場合の「幸福」とは、確かに現実的なものであるから大切ではある。だが所詮は「気持ちいい感じ」、つまりある種の健全な生活を送る時に感じる「感覚」の域を出るものではないのである。もちろんそれはそれでよいことなのだが、道徳的生活の目的である「偉大な善」ではない。偉大な善を獲得するには通常、人生の大半の時間を要するのである。（テイラー、183頁）

テイラーの示すような幸福論とヘドニズムの幸福論とを並べられたら、大半の人は、後者のほうが正解であってほしいと思うはずだ。幸福になるためには「偉大な善」を獲得することが要求されるなんて、ずいぶんとしんどい話であるだろう。

しかし、ここで、わたしが冒頭で述べた問題が舞い戻ってくる。幸福論を選ぶ際には、「人間とはどういう存在であるか」という科学的知見に基づいたものを選ばなければいけない。ポジティブ心理学者たちは、人間は快楽だけを享受していても「快楽のトレッドミル」などの問題により幸福になれない、という事実に基づいてヘドニズムの幸福論を否定した。そして、彼らがユーダイモニア論を現代に復活させたのは、その議論は現代の科学的知見に照らし合わせても妥当であると考えられるからなのだ。

ヘドニズムの幸福論がいくら魅力的であるとしても、それが真実であるかどうかは別の話だ。おそらく、世界はそこまで都合よくできていない。だからこそ、幸福になりたいと願うなら、わたしたちは理性を駆使したり意志力を鍛えたりして徳を実践しながら人生における目標を定めなければいけないのである。結局のところ、パンクで民主主義的な快楽賛歌よりも、道徳の時間で聞かされるようなお説教のほうが正解であるということなのかもしれない。

参考文献

・ジョナサン・ハイト『しあわせ仮説――古代の知恵と現代科学の知恵』藤澤隆史・藤澤玲子訳、新曜社、2011年。
・ジュリア・アナス『徳は知なり――幸福に生きるための倫理学』相澤康隆訳、春秋社、2019年。
・リチャード・テイラー『卓越の倫理――よみがえる徳の理想』古牧徳生・次田憲和訳、晃洋書房、2013年。
・マーティン・セリグマン『ポジティブ心理学の挑戦――〝幸福〟から〝持続的幸福〟へ』宇野カオリ監訳、ディスカヴァー・トゥエンティワン、2014年。
・イローナ・ボニウェル『ポジティブ心理学が1冊でわかる本』成瀬まゆみ訳、国書刊行会、2015年。
・バーバラ・エーレンライク『ポジティブ病の国、アメリカ』中島由華訳、河出書房新社、2010年。

第12章
仕事は禍いの根源なのか、それとも幸福の源泉なのか？

仕事につきまとう根本的なジレンマ

仕事によって不幸になる人は数多くいるが、仕事がない人たちの多くも不幸になっている。これが、仕事というものにつきまとう根本的なジレンマだ。

このジレンマは、言論や思想の世界にも反映される。仕事とは人々に苦役をもたらして不幸にするものであるのか、それとも、幸福な人生を過ごすためには欠かせないものであるのか？すくなくとも最近の日本では、前者を主張する言論のほうが優勢となっているようだ。

たとえば、経済学者の植村邦彦による著書『隠された奴隷制』では、前半でロックやアダム・スミスやヘーゲルなどの哲学者たちが「奴隷」という存在や「奴隷制度」についてどのように論じていたかという思想史の整理がおこなわれて、マルクスの著書に含まれている「隠された奴隷制」というキーワードについての議論がおこなわれたのちに、本の後半では現代社会における労働や資本主義についての議論がなされている。そこで植村がおこなう主張とは、「過去の奴隷たちに比べると現代社会の賃金労働者たちは自由で自発的に生きているようにみえるが、実際のところは、彼らも巧妙に隠避された奴隷制のなかで働いているにすぎない」といったものだ。

植村がとくに問題意識を抱いているのは、長時間労働による過労死や自殺がいまだに絶えない、日本の労働環境に対してである。新自由主義と自己責任論が拡がった日本では、労働者たちは「働かざるもの食うべからず」や「仕事に責任を持って真面目にこなさない人には、賃金を得る資格はない」といった規範を内面化している。そのために、しなくてもいい長時間労働を自発的におこなってしまって、自分の心身の健康を損なってしまい、命まで危険にさらしている、というのが植村の主張だ。

資本主義の構造のもとでは、労働者はどれだけ真面目に働こうが資本家に搾取される立場であり続ける。だから、自己責任論を真に受けて仕事に責任感を持ってコミットしても、損をするだけだ。仕事が大変になったら逃げてもいいし、サボったり休んだりすることにもなんら罪悪感を抱かなくてもよい。植村は、人類学者のジェームズ・スコットや、思想家のアントニオ・ネグリやマイケル・ハートの議論を参照しながら、以下のように書く。

今一度、スコットが挙げる「底流政治」の具体例を書き写してみよう。それは、「だらだら仕事、密漁、こそ泥、空とぼけ、サボり、逃避、常習欠勤、不法占拠、逃散といった行為」だった。それにハートとネグリの「脱出」の具体例を重ねてみる。「妨害行為や共同作業からの離脱、さまざまな対抗文化の実践、全般化された不服従」。

私たちに密猟や不法占拠をする機会があるかどうかわからないが、だらだら仕事、空とぼけ、サボり、常習欠勤、不服従、といった行為なら、今すぐにでもできそうな気がする。これが現在もっとも手近で現実的な資本主義からの「脱出」の方法であり、ハートとネグリに言わせれば、労働者による「階級闘争」の一形態なのである。（植村、221頁）

植村の主張は、人類学者デヴィッド・グレーバーによる反・資本主義論やアナーキズム論にも影響されたものだ。そのグレーバーの著書『ブルシット・ジョブ――クソどうでもいい仕事の理論』は2020年に邦訳されて、日本でもかなり大きな反響を呼んだ。

グレーバーによると、現代の社会でわたしたちがおこなう労働のほとんどが、やっている本人にも意味が感じられず、そして実際に意味なんて存在しない、**ブルシット・ジョブ**である。ブルシット・ジョブにも複数の種類があり、ただ「仕事をしている」という体裁を保ったり管理を成立させるためだけに存在する労働もあれば、雇用主のために相手を攻撃したり無益な生産物を世の中にまき散らしたりすることを目的とする労働もある。

無意味で有害なブルシット・ジョブは、それをおこなう人の精神を摩耗させる。また、ブルシット・ジョブに多大な賃金が支払われることで、医療や介護などの社会にとって欠かせなくてほんとうに意味のある仕事（エッセンシャル・ワーク）に支払われる賃金は減ってしまう。したがって、ブルシット・ジョブは百害あって一利なしなものである、とグレーバーは主張するのだ。ではなぜブルシット・ジョブがこんなにもたくさん世の中に存在することになったかというと、それはネオリベラルな政治権力による支配や、「人間としての価値は自分がおこなう仕事によって決定される」というピューリタン的な勤労道徳が人々に刷り込まれていることや、合理性や効率という浅薄な観点からでしか物事を分析できない近代経済学の発想が原因となっている、などなどとグレーバーは論じるのである。

植村やグレーバーは、資本主義とそれを支える政治体制に抵抗や反逆をおこなって、現状における経済や労働のあり方に縛られないオルタナティブな社会へと脱出するという理想を奉じる、**アナーキズム**の考えを支持しているようだ。先述したように植村は「サボり」によって資本主義に抵抗することを若者たちに説いているし、グレーバーは２０１１年におこなわれた「ウォール街を占拠せよ」デモをはじめとしたさまざまな反資本主義運動やアナーキズム運動の理論的支柱となっている。

だが、わたしからすれば、彼らの議論はアナーキズムや反資本主義に寄りかかっているために、魅力的ではあるかもしれないが役に立たないものとなっているのだ。

サボりで資本主義から脱出などできない

たとえば、植村による「サボりのすすめ」が現実の労働者たちにとっての助けになるとは、わたしにはまったく思えない。

そもそも、労働者というものは、だれに言われなくとも、隙あらばサボろうとするものだ。2020年から2021年にかけてコロナ禍によりリモートワークが普及したが、すくなくともわたしのまわりには、リモートで「仕事していることになっている」時間中、律儀に働きつづけているやつはほとんどいない。上司や同僚の目がないリモートワークでは、会社側による管理がよほど巧妙かつ厳密でない限り、サボることは実に容易だ。そのため、かなり多くの労働者が仕事をするフリをしたり成果の報告をごまかしたりするなどの工夫をしながら、勤務時間中に家事をしたり読書をしたり筋トレをしたり買い物や遊びのために外出したり酒を飲んだりセックスしたりしているのである。たとえば、わたしの知り合いのなかには、わざと夕方から仕事を開始してダラダラと深夜まで仕事をすることで、いつもと変わらない仕事量で多額の残業代をせしめているやつがいる。

そして、経営側にいる人たちも、自分たちが雇っている労働者たちがサボりたがりな存在であることは重々承知である。だからこそ、サボりを防ぐための管理に腐心しなければならないのだ。リモートワークには感染症対策のほかにも地域雇用を促進したり多様な働き方を実現させたり環境負荷を軽減させたりするというメリットがあるために、その普及の必要性は以前から叫ばれていたが、コロナ禍の現状ですら頑なに導入を拒む会社が数多く残っている。しかし、社員のサボりを防ぐためにリモートワークの導入をためらう会社が多いのは、もっともで合理的なことでもあるのだ。

リモートではない通常の勤務体系においても、会社は労働者を監視するためにさまざまな方策を立てる。それに対して、労働者たちのほうからも、監視の目をくぐり抜けるための対策を考案して実行する人間が必ずあらわれる。労働者と会社はサボりをめぐっていたちごっこの競争をしているのであり、現代の会社で監視や進捗管理に関する業務が肥大化していることには、サボる労働者たちにも責任がなくもない。

では、労働者たちがサボっていたり、だらだら仕事していたりするからといって、それでハートとネグリが言うように資本主義から「脱出」しているといえるのだろうか？　そんなわけはないだろう。サボりやだらだら仕事をしていようが、労働者がなんらかの労働をしていることには変わりがない。そして、彼らが労働をしているのは、賃金を得るためだ。

勤務時間中にずっとサボっていてもバレることがない仕事に就けている人は、ごく少数である。上司から進捗を管理されている場合には、だらだら仕事だっていつまでも続けられるわけではない。そして、もしサボりや手抜きがバレてしまった場合には、減給や懲戒処分などのペナルティを課されるおそれがある。労働でラクをするためにサボったせいで、労働の目的である賃金が減らされてしまうとしたら本末転倒だ。

また、上司や同僚の目を気にしながらサボるという行為は、それはそれで神経や気力をつかうものである。よほどあつかましい人でない限り、多かれ少なかれ罪悪感を抱くことにもなるはずだ。そして、仕事中にいつまでもサボっているような人が簡単に出世できるほど世の中は甘くないし、転職をするためのスキルや実績を得ることも困難になるだろう。長期的にみると、サボりは本人に損をもたらす可能性が高いのである。若者の将来のことを考えると、彼らに対して安易に「サボりのすすめ」を説くのは無責任なことなのだ。

サボりという行為の裏には、「ラクをしたい」「働きたくない」という欲求と「お金がほしい」「生活の不安をなくしたい」という欲求との綱引きが常に存在する。働くという行為には気力や時間などのコストがかかるが、サボりという行為にもリスクが存在する。労働者たちは、仕事の進捗や職場の環境や上司の性格や昇進のチャンスなどの諸々の条件やタイミングを考慮しながら、働くかサボるかを日毎に選択している。それは、資本主義の枠内で当たり前におこなわれる営みなのだ。

自分のつらさに共感してくれる議論を求める

グレーバーの議論にも、さまざまな難点が含まれている。

経済学者の林貴志が論じているように、経済学とは、世の中で人々が営んでいる行為や発生している問題について **「合理性」** の観点から分析する学問だ。ここでいう合理性とは、それぞれの人がそれぞれに置かれている状況や持っている情報などからそれぞれに導きだす、それぞれの人にとっての合理性ということである。[*1] 各人が自分の立場からすればもっとも合理的な行為をしているとしても、人々のあいだに情報の非対称性や立場の違いや利害の不一致などが存在することで、全体的にはみんなが損をする非合理な状況が発生する場合もある。「それをどう調整すれば、世の中をもっと合理的にまわせてみんなに得をさせることができるのか」を考えるのが経済学の主な役割であるのだ。

ブルシット・ジョブが発生する理由についても、経済学の枠組みで分析することは可能なはずだ。しかし、グレーバーの著書では、合理性を重んじる経済学の発想自体がブルシット・ジョブを生み出すものであるとして否定される。そのために、問題が発生する原因について合理性の観点から分析して対策を考案することが不可能になっているのだ。

合理的な分析を放棄する代わりにグレーバーがおこなうのが、「ネオリベラリズム」や「ピューリタン的な勤労道徳」などを悪玉であると指差して、いま社会で起こっている幾多の問題の責任をその悪玉たちにおっかぶせる議論だ。

グレーバーは、世の中を良くするための具体的で実行可能性のある対策を提言する代わりに、いま人々にもたらされている苦しみやつらさはすべて悪玉たちによる「権力」や「支配」のせいだと言いつのる。

そして、これこそが、読者にとってグレーバーの著書が通常の経済学の本に比べてずっと魅力的なものとなっている理由でもある。「自分はブルシット・ジョブをやらされていて、つらくしんどい日々を過ごしている」という被害感情を抱いている労働者からすれば、ブルシット・ジョブが発生する原因をいくら合理的に分析されたところで、満足できるものではない。彼らが求めているのは、問題の原因に関する客観的で正確な分析ではなく、自分のつらさに共感してくれる主張であるのだ。

グレーバーの著書は、たしかに労働者の気持ちに寄り添っている。さらに、グレーバーは「悪玉をやっつけることさえできれば、自分も他の人たちもブルシット・ジョブから解放されて充実した人生を過ごすことができて、世の中がずっとよくなるのだ」という夢想を労働者たちに与えてもいる。著書のなかでおこなわれている分析の妥当性や提言の実現可能性などについて冷静に考えをめぐらすことさえしなければ、本を開いているあいだは、労働者たちは気分が高揚して心地よい読書体験を得られることになるであろう。読み終えたあとにはこれまでと変わらない労働の日々が待っているとしても。

＊1—https://gendai.ismedia.jp/articles/-/69930（「意味のないクソ仕事」をしてる風な人に、高い給料が払われる理由）

労働の外側の問題／内側の問題

仕事や労働という問題については、**「政治的」**に考えることがすっかり定着している。

仕事に関する議論が政治的なものとなりやすい背景には、カール・マルクスの影響があるだろう。わたしもマルクス主義についてきちんと理解できているわけではないが、ごく簡単に説明することはできる。まず、資本主義の構造の下では労働者はどうあがいても資本家に搾取される立場でしかない。もし労働者本人が仕事に対して前向きであったり、つらい思いを感じていないとしても、自覚されていないだけであって、彼が搾取されていることに変わりはないのだ。ストライキなどを通じて労働現場の状況を改善するにこしたことはないが、それも所詮は対症療法にすぎず、労働者が搾取されて資本家が肥え太る不正な状況は放置されたままになる。だから、最終的には、革命を起こして資本主義体制を打倒することが必要とされるのだ……。だいたいこんなところだろう。

グレーバーのブルシット・ジョブ論も、マルクスによる「疎外」論の焼き直しであるといわれている。疎外とは、意味がなくて無駄なように思える仕事や、自分が世の中に対して価値を生み出せているとはまったく思えないような仕事をさせられることによって、労働者に虚しさやつらさが生じることだ。

21世紀になっても経済不況や格差拡大などの問題は起こり続けているが、すくなくともマルクスが生きていた19世紀に比べると、現代ははるかに豊かになっている。そのために、すべての労働者が搾取を実感していて、搾取に関する問題意識を抱いているわけではない。だが、どれだけ賃金が高かったり人から羨まれるような職業についていたりする人であっても、自分のやっていることに虚しさを感じる可能性はある。『ブルシット・ジョブ』が欧米でも日本でも話題になって多くの人に読まれたのは、現代の労働者たちの多くが感じている問題をテーマにしたからであろう。

ところで、疎外やブルシット・ジョブの問題をもっと日常的な言葉で表現すると、「仕事に**やりがい**が感じられないという問題」ということになる。そして、「やりがい」という言葉を使うことで、この問題が労働者の**感覚**に関わる問題であることが、より明白になるはずだ。

疎外論やブルシット・ジョブ論では、問題の原因は資本家などの悪玉であったり、資本主義や新自由主義のイデオロギーであったり、あるいはもっと漠然とした「構造」であったりする。いずれにせよ、労働者の**外側**に存在するものが問題を引き起こしている、ということにされるのだ。しかし、無意味で価値のないように思える労働をすることで生じる「やりがいのなさ」や「虚しさ」それ自体は、労働者の**内側**に発生しているものであるということを見落とすべきではない。

感覚についての議論をしようとするなら、その感覚を発生させる外部の状況だけでなく、その感覚を感じる対象である個人についても注目しなければ不充分なものとなるはずだ。しかし、議論が政治的なものになると、人々のおかれている環境や構造などばかりが注目されて、個人の主観という問題はどこかにいってしまう。さらに、政治的な議論とは、「道徳的」な議論と一直線につながっているものだ。そのために、悪玉を指定してそれをやっつければ問題が解決するはずだという、単純な善悪論に着地してしまうことになりがちなのである。

わたしたちの「やりがい」に注目して、「仕事や労働はわたしたちを幸福にしているのか」といった観点から問題を捉えようとしてみれば、もはや政治や道徳だけで語ることはできなくなる。仕事や労働とやりがいや幸福との関係を本気で考えるためには、政治的な議論だけでなく、**実存的な議論**が必要とされるのだ。

働くことの実存的な問題

仕事に関して論じている本は多々あるものだが、そのなかでもとくにわたしが気に入っているのが、ノルウェーの哲学者、ラース・スヴェンセンによる『働くことの哲学』だ。この本では、『ブルシット・ジョブ』のようにラディカルな主張や読者を興奮させるような議論が展開されているわけではないが、「働くという行為が人生にもたらす意味とはなにか」といった、まさに実存的な問題について、バランスがよく穏当な観点から論じられている。読み返すたびに発見がある、味わい深いタイプの本である。

『働くことの哲学』から、印象的なエピソードをひとつ紹介しよう。スヴェンセンには、会社の下っ端として倉庫係の仕事を長年続けている友人がいる。会社側は彼を昇進させようと何度も打診しているのだが、スヴェンセンの友人はそれを拒み続けている。昇進したら給料も増えるかもしれないが、仕事に割かれる時間や仕事について負うべき責任も増してしまう。それよりも趣味や遊びに割く時間を増やしたい、というのが彼の考えであったのだ。このエピソードを語ったうえで、スヴェンセンは以下のように論じるのである。

なにしろ、彼の望みはただ、かぎられた責任しか負うことのない簡単な仕事につくことであり、そうすれば生きる楽しみを自分に与えてくれる、仕事以外のあらゆること――友人とともにすごすとか、短編小説を書いたり、作曲をしたりといった――に自身の関心を集中することができる。

こうした彼のやりかたが正しいともまちがっているとも、私には決めかねる。彼は仕事をもっぱら手段とみなす立場を採っており、仕事をたんに生計を立ててゆくうえでおこなわねばならない手だてとしかみえていない。こうした見方からするなら、仕事には内在的な価値などゼロで、もっぱらそれがもたらす収入という観点からみて意味があるにすぎない。だが、仕事と私たちとの関係は、道具主義的な（つまり、仕事を金を得るための手段とのみ見る）かかわりに尽きるものではありえない。なにしろ、仕事をするなかで私たちは自己形成を遂げてゆくのであり、仕事とは私たちがなにものなのかを表現するための大切な要素だ。一日のうちの多くの時間を費やして何年もなんねんもおこなっていることによって、私たちはいやおうなく一個の人格としてかたちづくられてゆく。私たちが人生のなかのこれほどまでの時間を費やしておこなっていることがらが、ある意味で私たち自身にとって重要なことがらでないわけがない。あきらかに仕事は、たんなる金銭的な必要以上に必要ななにかをかなえてくれるものだ。私たちの人生に意味を提供するという点で、仕事が果たす役割は、はるかに根本的なものだ。（スヴェンセン、168‐169頁）

スヴェンセンは、哲学や社会科学における議論では労働の「悲惨さ」ばかりが強調されて、労働が人間に与える「満足感」にはほとんど注目されていない、ということも指摘している。とくに日本では長時間労働や過労死の問題が社会問題となっていることもあり、労働のポジティブな側面は注目されづらい。ビジネス書や自己啓発書ならいざ知らず、アカデミシャンやジャーナリストが書いた本では、搾取や疎外の問題ばかりが取り沙汰されている。しかし、すべての仕事が搾取的であったり、労働では疎外の感覚だけしか発生しない、ということはないはずだ。スヴェンセンも論じているように、仕事とは、わたしたちに賃金だけでなく「意味」や「満足感」をもたらす可能性を秘めたものであることは間違いない。世の中にはブルシットでない仕事も多数あるし、ブルシットな仕事すらからも、なにかしらの意味や満足感を得られる可能性は残っているのだ。

マルクス主義的議論の副作用

植村やグレーバーがおこなっているようなマルクス主義的な議論には、論者たちが想定していないであろう副作用が存在している。それは、彼らの議論に影響された労働者たちやこれから労働者になる予定の学生たちが、「資本主義体制は搾取構造となっている以上、労働者として働く時点で、自分は犠牲者となって不幸になるのだ」と思うようになってしまうことである。

本を読まずとも、多少なりとも知的好奇心がある若者であれば、大学の授業を聞いたりインターネットの言論を見たりしているうちに、どこかでマルクス主義的な主張に触れるものだ。**「働いたら負け」**という言葉は2000年代から存在する有名なネットミームであるが、わたしが学生であった10年前のことを思い返すと、同級生たちのなかにはこの言葉を本気で信じているやつが多数いた。しかし、問題なのは、よほど恵まれた立場にいる人でない限り、結局は誰しもが人生のどこかの時点から働かなければいけないということである。もちろん自分で起業したり自営業者になったりするということも可能性としてはあるのだが、現実的には、大半の学生には会社か役所に勤めるしか選択肢がないものだ。どうせやらなければならない行為について、やる前から「負け」と見なすことは、どう考えても本人のためにはならない。

日本に過労死やブラック企業が依然として存在することはもちろん重大な問題であるが、それらばかりが注目されることで、労働したり会社で働いたりすること一般に過剰なマイナスイメージがついているきらいがある。実際、わたしもわたしの友人たちも、社会人になるまでは

「働く」ということや「会社」というものをかなり恐れていた。わたしも含めて、会社員になることを恐れるあまり、フリーターやニートになってモラトリアムを延長するという「逃避」の選択をするやつも何人かいたものだ。

けれども、先述したように、働くことから逃げつづけることはできない。そして、いざ会社に入って働きはじめてみると、もちろんキツかったりつらかったりすることも多々あるのだが、想像していたよりかははるかにマシで拍子抜けしたものである。むしろ、「働くということのつらさがこの程度であるなら、キャリア形成やスキルアップの観点から、新卒の時点からきちんと就活して会社に入っていればよかったな」と後悔したものだ。10年前のわたしたちのように労働や会社に恐れを抱いていて、逃避を選択したいと思っている若者たちは、現在の大学にも多数いることだろう。しかし、その選択は本人にとって不利益をもたらすものである可能性が高い。労働の悲惨さばかりを強調する大人たちは、10年前のわたしたちのような若者たちに非合理な恐れを抱かせてまちがった進路に導いていないかということについても、すこしは考えをめぐらせてみるべきだろう。

仕事とアイデンティティの関係

「やりがい」という単語も、近年では「やりがい搾取」に関する議論のなかで揶揄的に用いられることが多い。やりがい搾取という言葉には、軽い気持ちでそれを使っている当人たちが思っている以上に、マルクス主義的な意味が含まれている。この言葉が用いられる文脈では、やりがいとは「虚偽意識」でしかない。やりがいとは、労働者に賃金以外の感情的な報酬を与えることで低賃金のまま搾取しつづけるために資本家たちが伝播させたイデオロギーである、と見なされるのだ。

だが、実際のところ、仕事にやりがいをまったく求めないことは困難である。そもそも、やりがいのない仕事をすることは疎外であったりブルシット・ジョブであったりして、回避されるべき苦痛であるということは、マルクス主義者たちも認めているのだ。スヴェンセンの友人のように「自分は仕事では賃金を得ることしか求めていない、人生の意味や満足感は趣味や余暇から求めることにしている」と公言する人に出会うことはたまにある。しかし、そのような人たちの人生をはたから眺めてみると、あまり楽しそうであったり幸せそうであったりするようにはみえないものである。大半の人にとっては人生における大部分の時間を仕事に割く必要があることを考えると、仕事に意味や満足感を求めようとしないことは、一見すると合理的であるようにみえて、実はかなり非合理的な態度であるのだろう。

仕事は、やりがいとは別の経路でも労働者の幸福に寄与している。幸福と密接に関わっている要素として、**アイデンティティ**というものがある。そして、大人が自分のアイデンティティを形成するためには、仕事の存在はほとんど不可欠であるのだ。

仕事には別の側面もある。すなわち、仕事は食料や衣服、住居といった――さらには車や液晶テレビといった――外部に実在する商品の生産にかかわるばかりでなく、ときに娯楽や個人的成長といった内面にかかわる財をつくりだすことにも関係する。私たちは仕事をつうじてのみあるべき自分になりうる、すなわち自分の人間としての可能性に気づけるようになると説く者さえいる。仕事において私たちは、おのれの外部になにかをつくりだすばかりでなく、自分自身の自己同一性《アイデンティティ》をも構築する。私たちは、起きている時間の多くを長年にわたって占めている活動をつうじて、自分自身について多くのことを学ぶ。自分の能力や他人とのかかわり、社会の組織のなかでの自己の役割などをだ。私たちがみずからの人生設計を組織するうえでの中心軸となるのが仕事だ。自分がこの人生でなにをしようとしているのかを考えるとき、あるいは生きるなかでなにをなしとげたいのかを考えるとき、仕事の問題は避けてとおれない。（スヴェンセン、24 - 25頁）

前章では、ポジティブ心理学者たちやアリストテレスによる「ユーダイモニア」の幸福論を紹介した。幸福な人生を過ごすためには、自分のライフストーリーやパーソナリティを考慮したうえで人生における目標を定めて、自分の「徳」や「強み」を発揮しながら積極的に活動することが不可欠である、というのがユーダイモニア論の要点である。

徳や強みは家族や友人との関わりのなかでも発揮することはできるし、終業後や休日などの余暇におこなう創作活動を人生の目標に定めることもできるだろう。だが、仕事では、事務処理やプレゼンテーションや数値の分析や人間関係の調整に関わる一般的な技能から、職種や業界ごとのさらに細分化された技能まで、実にさまざまな技能を駆使する機会があるものだ。つまり、ほとんどだれにとっても、自分の徳や強みを発揮できる仕事に就けるチャンスはあるはずなのである。そして、先ほども言及した通り、ひとたび社会人になれば起きている時間のうちのかなりの部分は「勤務時間」ということになる。人生における目標を仕事におかず、余暇や人間関係に注力することがだれにとってもまちがいであるということはないだろうが、多くの人にとっては分の悪い賭けであるはずなのだ。

そして、アイデンティティとは、「自分はこういう人間だ」と自分で思えばそれで形成できる、というものではない。よほど強靭な意志を持って自己完結した思考をできる人でない限り、「自分は他人からこういう人間だと思われている」ということも、アイデンティティ認識にとって重大な要素となるはずだ。現代社会では、だれかと初めて会ったときには、(その人が子どもでない限り)「ご職業はなんですか?」と聞くものである。昔からの友人であれば、相手がどんな職業に就いているかに関係なく、そいつがどんなやつであるかということをこれまでの交流から認識することができる。しかし、初対面の人や関わりの薄い人を含む社会的な場においては、「自分がどんな人間であるか」は、自分が生活のためにどんな仕事をしているのかということによってまず判断されるのだ。

自分がフリーターやニートを経験していたときのことを振り返ると、きちんとした定職を持たないことのつらさとは、自由に使える収入の少なさや将来への展望を抱くことができないことによる不安だけでなく、他人に対して「自分はこういうことをしている」と胸を張って言えることがないというところからも生じていた。そのために、新しい人と知り合う意欲はどんどんなくなってしまうし、自分に自信がなくなることで昔からの友人と会うこともためらってしまう。そして、仕事を得たあとであっても、「この仕事は自分に向いていない」「自分の資質や強みを活かせない仕事をしている」という自覚がある場合には、自己紹介はぎこちないものとなるのだ。いまの仕事の代わりにどんなキャリアを目指せばいいかまったくわからない場合にも不安になるだろうが、自分の強みや徳を自覚している場合にも、それを活かせない仕事に就き続けていることにフラストレーションが溜まって「人生の航路をまちがった」という後悔を抱いてしまうものである。その不安や後悔は外に漏れて、他人にも伝わってしまうことだろう。

ユーダイモニア論によると、自分の人生における目標や幸福とは、徳を実践する活動を通じて「自分はどのような物事を大切にしたいのか」などと自己に関する理解を深めることによって、そのかたちを発見することができる。スヴェンセンも、同様の議論をおこなっている。

有意義な人生を送るには、しかるべきことがらに、それも可能であればしかるべき相手に気づかいを示さねばならない。あなたの気づかうことがらが、あなたの人生に目的をもたらす。そのことがらを本当にきちんと気づかっていれば、そのふるまいのうちにあなたがどのような人間であるかが表現されていることがわかる。つまり、なにかを気づかうことで、自身のアイデンティティに気づくことができるのだ。（中略）そうした気づかいをつうじて自分の人生に意義とアイデンティティをもたらそうと思うなら、その対象は気づかいを示すに足るものとして、あなたを惹きつけるものでなければならない。（スヴェンセン、86頁）

わたしたちが自分の内側にアイデンティティを形成して人生の意味を発見するためには、徳の実践や気づかいなどの「活動」が必要となる。その活動は、ランニングや押しピン投げのようにひとりでおこなえる自己完結したものではなく、自分の外側にいる他人や社会と関わるものでなければならない。ひとり自室にこもっておこなう創作行為ですら、その成果を他人に見せて評価をもらったり相手に影響を与えたりすることが、その意義の大部分を占めているのだ。

仕事と幸福についての心理学的考察

ここまでにわたしが述べてきたような、仕事がもたらす「やりがい」やアイデンティティに関する議論、あるいは仕事を持たないことによって生じるつらさに関する主張は、マルクス主義者やアナーキストたちからは鼻白まれるものであるだろう。

やりがいやアイデンティティの重要性をどれだけ述べ立てられようと、それはプロレタリアートを労働に縛りつけるために編み出された資本主義のイデオロギーを後付けで肯定するための議論にすぎない、とマルクス主義者たちは言うはずだ。「仕事と幸福とのあいだには必然的な結びつきがある」という発想は社会的に構築されたものであり、いま支配的になっている発想から解き放たれたら、定職に就かず自由気ままに生きながら幸福になることができる、とアナーキストは主張するのである。

しかし、ほんとうに、わたしたちは仕事や労働から逃避しても幸福になることができるのだろうか？

幸福とは、つまるところ、わたしたちの気持ちや感情や思考などのこころの問題でもある。となれば、ここは心理学者の意見をうかがうべきであるだろう。

「仕事と幸福との結びつき」というテーマに関しては、前章でも紹介した心理学者ジョナサン・ハイトの著作『しあわせ仮説――古代の知恵と現代科学の知恵』のなかで興味深い議論がなされている。

ハイトは、１９６０年代に社会学者のメルヴィン・コーンとカーミ・スクーラーが数千人のアメリカ人を対象にしておこなった、労働者の満足度に関する調査について紹介している。調査の結果、コーンとスクーラーは、「職業的な自己主導性」が仕事の満足度に重大な影響を与えていることを発見した。

工場でのライン作業のように単純であり、また上司や会社からきっちりと管理されている労働に従事している人は、たしかに「疎外」の感覚を抱きやすい。その一方で、複雑で変化があり、またあまり厳密には管理されておらず自分で裁量できる範囲が広い仕事に就いている人は、仕事に満足度を抱きやすいのである。

また、ハイトによると、労働者が、自分がおこなっている仕事に対して抱く認識は、「労働」「キャリア」「天職」の三種類に分けられる。

自分の仕事を「労働」であるとみなしている人は、仕事からやりがいや満足感を得ることはまったく期待しておらず、ただお金のためだけに働いている。彼らは仕事しているあいだずっと「はやく勤務時間が終わらないかな」と考えており、終業後の余暇や趣味の時間だけを楽しみにしながら働いているのだ。

自分の仕事を「キャリア」と思っている人はもっと前向きな態度で働いており、仕事で活躍して周囲からの評価や賛辞を得たり、昇進したり昇級したりすることを目標としている。そのためには残業を厭わない場合もあるし、明確な目標を持っているおかげでエネルギッシュに仕事に打ち込むことができる。しかし、彼らの目標はあくまで評価や社会的地位や給料にあるため、仕事そのものに意義を感じているわけではない。そのために、ある日ふと虚しくなって、「なんのために自分はこんな仕事をしているのだろうか?」と自問自答してしまうこともある。

自分がおこなっている仕事そのものに対して満足を抱いている人は、仕事を「天職」だとみなしている。彼らは、自分が仕事を通じて価値のある物事を生み出したり、道徳的に賞賛される善行を実践できていたり、社会的な意義のあるプロジェクトに貢献できていることを実感しているのだ。そのため、仕事をしているあいだも満足感を抱き続けられて、前章で説明した「フロー」状態（行為に没頭して、時間を忘れるくらいの充足を得られること）も頻繁に訪れるのである。もちろん、退社時間を心待ちにしながら勤務することはないし、自分の仕事に虚しさを感じることもない。

コーンとスクーラーによる調査が示したように、一般的には、管理された単純労働に従事している人は自分がおこなっている仕事を「労働」だと感じやすく、「天職」だとは感じづらいものだろう。企業の管理職で働いている人も、自分の仕事を「キャリア」だとみなしている人が大半であり、「天職」だとみなしている人は少なそうなものだ。

しかし、ある人が自分の仕事をどう見なすかは、職種や業務内容や労働条件などの環境的・客観的な要因だけで決定されるものではない、とハイトは論じる。たとえば、仕事の内容が本人の徳や強みに合致しているかどうかも、大きな影響を与える（自分に向いていない仕事をしている人は、いくらその仕事に客観的な意義があるとしても、それを「天職」だと感じることは難しい）。そして、職業的な自己主導性やそれによって得られる仕事の満足度とは、本人自身の仕事に対する向き合い方によっても大きく変動するものであるのだ。

ニューヨーク大学の心理学者であるエミー・ウェズニスキーは、彼女が研究したすべての職業に、この三つの指向がほぼすべて見られることを発見した。たとえば、病院労働者の研究では、嘔吐物を拭いたりベッド用の痰受け皿を清掃したりする、おそらくは病院で最もランクの低い労働者である清掃員の中にも、人を治癒するという目標を持つチームの一員であると考えている人がいた。彼らは、最低限要求されていることをはるかに上回る仕事をしていた。たとえば彼らは、重病人の病室を明るくしようとしたり、命令を待つよりもむしろ、医者や看護師の要求を予想したりした。それによって、職業的な自己主導性を増加させ、効力動機づけを満足させる労働を創り出していた。このような方法で働いていた清掃員は彼らの仕事を天職として見なしており、それを労働として見なしている人たちよりもずっと楽しんでいた。(ハイト、319-320頁)

つまり、自分の仕事を「労働」とみなして疎外の感覚を抱くかどうかには、本人の態度や行動などの「気の持ちよう」も大きく関係してくる、ということだ。

「働いたら負け」論や「やりがい搾取」批判の盲点はここにある。労働による疎外の感覚から労働者たちを救いたいと思うなら、資本家を批判したり労働条件を改善したりするだけでは足りない。労働者たち自身が仕事に対する前向きな態度を持てるようにして、やりがいを発見できるようにしてやることも不可欠であるのだ。しかし、先述したように、労働者たちがおかれている環境や構造などの**外側**の問題をあげつらうことは、労働者の**内側**に副作用をもたらす。「自分は、資本家に搾取される被害者である」とひとたび自己規定してしまうと、自分がおこなっている仕事を「キャリア」やましてや「天職」だと見なすことは困難になるだろう。

その仕事の内容に没頭できているか

ハイトはポジティブ心理学者のひとりであるために、彼の幸福論もユーダイモニア的なものだ。ハイトは、人間が仕事から幸福を得るためには、その仕事の内容自体に没頭できて楽しめていること（つまり、フローが起きること）と、本人による「自分の人生の意味付け」に合致していることが欠かせないと論じている。

また、仕事を楽しめたり意義を感じられたりするかどうかには、道徳的な問題も関わっている。他人や世の中にとって役立つものを生産したりクオリティ高く仕事を仕上げることが、より多くの収入を得たりキャリアをステップアップさせることに直結している仕事に就いている人は、仕事から満足感を得やすい。その逆に、他人や世の中に対して害を与えるものを生産したりクオリティの低さをごまかしたりしないと、収入を増やしたり昇進したりすることができないような仕事に就いている人は、仕事に対して不満を抱きやすいのだ。

やりがいが感じられやすい健全な分野の具体例として、ハイトは「遺伝学」などのアカデミックな分野を挙げている。その逆の不健全な分野の例として挙げられているのは「ジャーナリズム」だ。質が良くて社会的に有益な記事を提供することは、会社やジャーナリスト個人の金銭的利益とは相反することが多い。そのために、大半のジャーナリストは質の悪い記事や社会的に有害な記事を量産する羽目になって、自分のなかの道徳的基準が破られることに苦しむのである。

仕事による幸福に道徳的な問題が関わるといっても、それは**各人ごとの**道徳的な基準にも影響される、という点を忘れるべきではない。「これをするのは悪いことだ」という基準は、人によってまちまちだ。わたしがこれまで働いてきた経験を思い返してみても、クライアントに提出する成果物の内容をごまかしたり有害無益な情報を社会に発信することをまったく罪悪感を抱かずにおこなえる人は、世の中にはごまんといるようだ。そして、実際のところ、そういう人はわたしよりも幸せそうに働いていた。逆に、わたしのように倫理学を勉強していたり社会問題に対する意識が高かったりするような人は、他人よりも厳しい道徳基準を内面化してしまい、仕事をしているときにも「これって悪いことをしているのではないか」と、罪悪感を抱く機会が増えてしまうのだ。

人間が「社会的な生物」であること

わたしたちが幸福や人生の意味を感じるためには仕事の存在が欠かせないこと、それには自分のなかの道徳的基準が関わってくることについて、ハイトは「階層間コヒーレンス」という概念を用いて説明している。

「コヒーレンス」という単語は一緒にまとまること、くっつくことを意味しているが、たいていは、体系（システム）や思想や世界観の各部分が一貫した効果的なかたちで適合していることを指して用いられる。コヒーレントな物事はうまく機能する。インコヒーレント（コヒーレントではない）な世界観は内なる矛盾によって妨害されるのに対して、コヒーレントな世界観は、ほとんど何でも説明することができる。遺伝学のようなコヒーレントな専門職は、遺伝学のビジネスと歩を揃えて進めていくことができる一方で、ジャーナリズムのようなインコヒーレントな専門職では、自己分析や自己批判に多くの時間を割くことになる。ほとんどの人が、問題があると知りながらも、どうしていいのかについては意見がまとまらない。

多階層でのシステムの分析が可能な時は常に、階層同士が調和して相互にうまく連動する時、特別なコヒーレンスが起こる。性格の分析に、この階層間コヒーレンスを見ることができる。下層である性格が、対処メカニズムとうまく調和し、それがあなたのライフストーリーと一貫している場合、性格はうまく統合されており、日常生活をうまくこなしていくことができる。これらの階層がコヒーレントでないと、内部矛盾とその神経症的な葛藤に引き裂かれたりしがちだ。その調整のためには、逆境が必要なこともある。あなたがもしコヒーレントに達したなら、物事が一体となったその瞬間は、人生における最も意味深い時となるだろう。最初の30分に何を見逃してしまったかが後でわかった映画鑑賞者のように、突然人生がより理解できるものとなる。階層間のコヒーレンスを見出すことは、悟りを開くようなものであり、人生における目的という問いに答えるためには不可欠だ。

人は別の面でも多階層なシステムと言える。私たちは、物理的なもの（肉体と脳）であり、どういうわけかそこから心が出現する。そして、心から何らかのかたちで、社会や文化が形成される。私たち自身を完全に理解するためには、物理、心理、社会文化の三つの階層すべてを研究しなければならない。

（中略）

ここで、進行中の統合によって生まれた、最も重要な考えの一つを紹介しよう。人生が、その人の存在の三層間でコヒーレントである時、人生の意味が感じられるというものである。（ハイト、326-327頁）

コヒーレンスは「一貫性」と訳すこともできる。つまるところ、わたしたちは、自分の持っている徳や強みに自分が抱いている人生の目標や自分のなかの道徳的基準などの内面的な要素と、自分がやっている仕事の内容や自分が他人からどう見られているかということや社会における自分の立ち位置などの外面的な要素とが、矛盾なく調和して生きられることを願う存在であるのだ。

『しあわせ仮説』をはじめとしたポジティブ心理学の本では、人間は**「社会的な生物」**であるということが繰り返し強調される。幸福を得るためには他者の存在が不可欠であるし、社会に対してなんらかのコミットメントをしなければならない。そして、大半の人にとっては、社会にコミットメントする方法とは仕事でしかありえないのだ。

それでも、管理された単純労働や自分のなかの道徳的基準が破られるような仕事に就いてしまった場合には、不幸になってしまう可能性があるだろう。だが、仕事から逃避する選択をしても、結局のところはツケがまわってきてしまうのだ。労働者が幸せになるためには、仕事に対する前向きな気持ちを捨てずに、自分が満足感を抱けるような仕事を、探しつづけるしかないのかもしれない。

心理学や生物学に造詣が深い人であれば、ピューリタン的な勤労道徳やネオリベラリズムのイデオロギーをあげつらうマルクス主義者やアナーキストたちの議論のほうが、イデオロギッシュなものであると気がつくはずである。

わたしたちの身体には、どんなことに欲求を抱いて、どんなことによって幸福になれるかを決定するメカニズムが組み込まれている。そのメカニズムには、社会的な生物として進化してきた人類の歴史が刻まれている。わたしたちが仕事にやりがいを求めて、仕事を通じて社会に参加すること、アイデンティティを形成することを求めるのは、搾取を容易にするために資本家が形成したイデオロギーのせいではなく、人間という生き物が**そういうふうにできているからだ**。

もちろん、長時間労働を原因とする過労死や自殺は悲劇であるし、ブラック企業は批判されるべきだ。しかし、悪質な労働環境についての議論と、労働や仕事そのものに関する議論を混同すべきではない。知識人たちに求められているのは、仕事からの逃避を推奨する夢想的で無責任なアジテーションではなく、仕事と幸福との結びつきに関する事実の認識に基づいた、穏当で建設的な議論である。結局のところ、そのような議論のほうが、大半の若者たちや労働者たちの幸福に寄与するはずなのだ。

参考文献

・植村邦彦『隠された奴隷制』集英社、2019年。
・デヴィッド・グレーバー『ブルシット・ジョブ――クソどうでもいい仕事の理論』酒井隆史・芳賀達彦・森田和樹訳、岩波書店、2020年。
・ラース・スヴェンセン『働くことの哲学』小須田健訳、紀伊国屋書店、2016年。
・ジョナサン・ハイト『しあわせ仮説――古代の知恵と現代科学の知恵』藤澤隆史・藤澤玲子訳、新曜社、2011年。

終章

黄金律と「輪の拡大」、道徳的フリン効果と物語的想像力

道徳とは「つめたい」ものであるべき

ちょっと変な質問をしよう。あなたは、「道徳」というものは**「あたたかい」**ものであると思っているだろうか？　それとも、**「つめたい」**ものであると考えているだろうか。

多くの人は道徳について「あたたかい」イメージを持っているように思われる。なにしろ、道徳というものは、困っている人に優しくしたり、苦しんでいる人を助けたり、弱っている人を守ったりすることに関わっている。「だれかを助けたい」という想いを持ったことや、「あの人に優しくしてあげたい」という感情を経験したことのない人はほとんどいないだろうが、それらの気持ちはたしかに「あたたか」なものであるように感じられたはずである。また、道徳とは悪いことをしている人に対して怒ることや、自分の利益のために他人に害を与えたり利用したりすることに対してペナルティを与えることにも関係しているが、それだって、背景には

正義感や義憤などの「アツい」ものが存在するように思われる。

だれかに恋していたり、だれかと親密な時間を過ごしたりしているときに、そのだれかに対してのみだけでなく、ほかの人たちや世の中全体に対して優しくなったり、寛容な気持ちになったりしたことはないだろうか？　すくなくともわたしには、何度かそのような経験がある。あるいは、自分がなにか道徳っぽい気持ちを持ったり道徳っぽい行動をしたときに、心が激しく動いたり、「いままでの自分とはちがう人間になれた」という感覚を抱いたりしたことはないだろうか？　道徳にはロマンティックさやドラマチックさが伴うこともあるのではないだろうか？

わたしたちは道徳にあたたかさやアツさを期待するのであり、実際にそれらを感じることもあるものなのだ。

しかしながら、本書では、道徳とは「つめたい」ものであるべきだということを強調してきた。

わたしたちの心のなかに発生する、ケアや共感をふくめた道徳的な感情とは所詮はオートモードの「直感」に属するものであり、生存と繁殖を最大限に有利にする進化のメカニズムによって構築されてきたものにすぎない。自分の家族や自分が好きな人や自分が属している集団に対しては道徳的な感情がはたらいて優しくなったり寛容になったりすることはあっても、自分が好きでない人たちや集団の外側にいる人たちにまで優しさや寛容の気持ちを抱けることは、そうそうないものだ。感情に基づいた道徳とは身内びいきや不公正さを伴うものであり、「内」に対する優しさと「外」に対する厳しさは表裏一体になっている。そして、感情に基づいた判断とは近視眼的なものであり、長い目でみて最善の結果をもたらす行動を選択できるとは限らない。世の中をより良くするためには直感ではなくマニュアルモードの「理性」に基づいた判断が必要とされる。これが、ジョシュア・グリーンのような功利主義者やウィリアム・マッカスキルのような効果的利他主義者の基本的な主張であった。

終章では、これまでのいくつかの章でおこなってきた議論を振り返らせてもらう。まずは、ピーター・シンガーが１９８１年に出版した著書『The Expanding Circle: Ethics, Evolution, and Moral Progress（輪の拡大――倫理学、進化、道徳の進歩）』を紹介したのちに、進化心理学者のスティーブン・ピンカーが著書で示したことで有名になった「道徳的フリン効果」という現象についても紹介しながら、道徳においてつめたい理性が果たす役割について改めて論じよう。そのうえで、想像力や愛情などのあたたかな要素が道徳にどう関係しているかについても、わたしなりの考えを書かせてもらうことにする。

人間の利他的行動をめぐる論争

シンガーの『輪の拡大』は、１９７０年代の中頃からおこなわれていた「社会生物学論争」を背景にして執筆された著作だ。

社会生物学論争の火付け役は、昆虫についての研究を専門とする生態学者のエドワード・オズボーン・ウィルソンだ。彼は、1975年の著作『社会生物学』や1978年の著作『人間の本性について』などで、人間が利他的行動をおこなう理由を生物学に基づいて論じたのである。

ごく単純に考えると、利他的な行動をおこなうことは「**損**」であり、その個体の生存や繁殖にとって寄与しない。自分以外のものを助けるエネルギーがあるなら、そのエネルギーを自分が生き残ったり繁殖したりすることにまわしたほうが「**得**」になるはずだろう。

しかし、自然淘汰の単位は個体ではなく「遺伝子」であると仮定すれば、すくなくとも血のつながっている家族や親族を助けることは「得」となり得る。家族や親族たちには自分と同じ遺伝子が含まれているのだから、彼らを助けることは、自分の遺伝子を残すことにつながるのだ。最悪の場合には自分が早めに死んだり子どもを残せなかったりしたとしても、大量の血族や親族を助けることができれば、自分の遺伝子は問題なく後世に残すことができる。この考え方は「血縁選択説」と呼ばれ、とくにハチやアリなどの社会性昆虫がおこなう利他的行動を説明するうえでは有力な仮説であると考えられている。そして、ウィルソンは人間の利他的行動も血縁選択説によって説明できると主張したのである。

また、利他的行動を生物学的に説明する方法は、血縁選択説に限られない。チスイコウモリやサルをはじめとして、群れで暮らすほ乳類動物たちには、しばしば「互恵的利他主義」が見受けられる。チスイコウモリは、仲間が血が吸えなくて飢えている場合には自分が吸ってきた血の一部を分け与える。また、サルは仲間の体にノミがたかっていた場合には、毛づくろいをしてノミを取ってやるものだ。仲間を助けるための行動が「得」となり得るのは、コウモリやサルたちは自分に血を分けてくれたり自分のノミを取ってくれたりした個体を覚えていて、相手が困っている場合には「お返し」をする、という習性があるからだ。これにより、チスイコウモリたちはいわば「保険」を互いにかけ合っており、血が得られなくて餓死するというリスクをみんなで分担して減らしながら生きているのだ。

ただし、互恵的利他主義のポイントは、血を分けたりグルーミングをおこなったりした側も、「自分が恩を与えた相手」を覚えていることにある。以前にグルーミングをしてもらった相手に対して自分からはグルーミングをおこなわないサルは恩知らずの裏切り者であると判断されて、以降はグルーミングをしてもらえなくなったり、群れから追い出されてしまったりするなどの「罰」を受けることになるのだ。互恵的利他主義が保険という「得」をもたらすのは、フリーライダーを特定して制裁するメカニズムが機能している場合に限られる、ということである。

利他的行動を生物学的に説明するもうひとつの考え方は、「集団選択説」や「群淘汰」と呼ばれる発想に基づいたものだ。進化による淘汰の範囲は、個体や遺伝子のみならず、集団という単位にも及ぶかもしれない。つまり、同じ生物種のなかでもある集団と別の集団は競争状態にあり、より効率的に機能して生産力を上げられたり戦争遂行能力を上げられたりする集団のほうが競争に勝ちやすくなって、そのような集団に属している個体や遺伝子も残りやすくなる、という考え方である。

集団選択説によると、自分がルールを破ってもバレずに罰せられないとわかっている場合にも集団の秩序にしたがうことや、集団間で戦争が始まった場合には自己犠牲をおこなってでも集団を守ろうとすることは、ミクロにみれば「損」であるが、マクロにみれば「得」となる。ルール違反者が多くて規律が成立しなかったり、だれもが保身に徹するせいで戦争に参加する兵隊が確保できなかったりするような集団は、競争に負けて滅んでしまう。ルールを破ったり戦争から逃避したりすることで短期的にはいくら「得」を得ていたとしても、自分の属する集団が滅んでしまったら元も子もない。だからこそ、人間のような社会的な生き物にはルールを遵守したり自己犠牲をおこなったりするなどの利他的行動がインプットされている、と考えられるのである。

ウィルソンをはじめとする当時の生物学者たちは、上記のような利他的行動に関する生物学的な説明は、倫理学に取って代わるものだと主張していた。つまり、「人間が利他的行動をおこなう背景にはこのような進化論的な理由がある」という事実を理解することで、「人間はどのような行動をするべきであるか」「人間はどのように生きるべきか」という道徳的な規範の問題についても論じることができる、と彼らは考えていたのだ。

一方で、シンガーは、道徳に関する人間の行動や思考がどのようなもの「であるか」について生物学はたしかな知識を提供すること、その知識は道徳的な規範について考えるためにも不可欠なものであるということを認めたうえで、ウィルソンのような生物学者たちの主張は「である」から「べき」を導き出す**自然主義的誤謬**であると批判した。そして、生物学者たちによる倫理学の「乗っ取り宣言」が失敗する運命にあることを、道徳において「理性」が果たす役割を強調しながら示したのである。

道徳は生物学だけでは説明がつかない

上述してきたような利他的行動に関する生物学的な説明は、いずれも、個体の生存や繁殖という観点からみれば「損」であるはずの利他的行動は、長期的な互恵性という概念を導入したり淘汰の単位を個体から遺伝子や集団に置換したりすると「得」になりえる、と論じていた。

しかし、本書でこれまで論じてきたような「道徳」のなかには、互恵性とはまったく関係がなくて、淘汰の単位をどのように置換しても説明できないような利他的行動が数多く含まれている。

たとえば、効果的利他主義では、わたしたちには「身内びいき」のバイアスが生物学的に備わっていることを理解したうえで、それを乗り越えて、自分の属している集団の外側や海の向こうにいる弱者を支援することが求められた。さらに、種差別を否定して人間以外の動物たちへの道徳的配慮を実践することは、わたしたちにとって得になるようなことでは全くない。わたしたちは動物たちとはどのようなかたちでも血がつながっておらず、種差別を肯定して畜産業などのために動物を搾取してしまったほうが人間の集団は効率的に機能するはずだ。そして、「道徳とは互恵的であるべきだ」という考え方を否定して、お返しが期待できない相手でも道徳的配慮の対象とすることが、種差別批判の根本となる発想であったのだ。

つまり、効果的利他主義や種差別批判はわたしたちにとって「損」をもたらす考え方である。それにも関わらず、倫理学の世界ではこれらの考え方を主張する人が数多くいて、その主張は説得力のあるものだとして受け止められている。効果的利他主義や種差別批判に完全には賛同しない人たちであっても、倫理学者たちの議論をよくよく検討してみれば、ある程度の妥当性は感じざるを得ないはずだ。

血のつながった家族を支えることや、相手から受けた恩を返すこと、集団のために自分の身を捧げることなど、生物学的な説明がおこなえる行為にも、たしかに「道徳っぽさ」は含まれている。しかし、最貧困層の人々を助けるために寄付をおこなうことや、動物を苦痛から解放するために動物性食品をボイコットすることにだって、感情的には反発を覚えるとしても、そこになにかしらの「道徳っぽさ」が存在することを認めないのは難しいはずだ。

どうやら、道徳には生物学だけでは説明がつけられない要素もあるようだ。

では、それはなんなのか？

道徳の「黄金律」

道徳には「**黄金律**」が存在する。「自分が他人からしてもらいたいと思うような行為を、他人に対しておこなえ」という教訓と、その裏返しである「自分が他人からされたくないと思うような行為は、他人に対しておこなうな」という教訓は、ユダヤ教やキリスト教に儒教やマハーバーラタ（ヒンドゥー教の叙事詩）、そしてギリシャやローマの哲学など、古代から世界各国の伝統のなかで教えられてきたものだ。

シンガーは、世界各国の文化が、それぞれ独立した経路によって黄金律にたどり着いたことに注目する。黄金律が世界中に存在しているといっても、ある文化でいちど黄金律が発見されたあとに別の文化にも輸入された、というわけではない。世界各国のそれぞれの社会において、知恵のある人や宗教の指導者などが「道徳とはなにか」について考えをめぐらしたすえに、みなが黄金律にたどり着いたのだ。だからこそ、黄金律は普遍的な道徳と呼ばれているのである。

また、道徳には、文化間だけでなく個人間でも普遍性がある。ケアの倫理について論じた第8章で紹介した、ローレンス・コールバーグによる道徳性の発達段階理論は覚えているだろうか？　この理論によると、青少年が道徳的な思考に関する考えを発達させるときには、性別や出身を問わずにだれであっても「慣習以前のレベル」から「慣習的レベル」、そして「脱慣習レベル」という順番で段階をふまえていくのであった。

コールバーグの議論のポイントは、道徳性が発達する順番は前後・行き来することがなく、きちんと道徳性を発達させ続けられて「脱慣習レベル」に至った人は、だれしもが「社会において人々の幸福は守られなければいけない」や「すべての人間は目的として扱われるべきである」といった道徳的原理を認めるようになる、ということにある。また、ただ漫然と年齢を重ねながら生きているだけの人は大人になっても「脱慣習レベル」にまでたどり着くことができない。経験を積み重ねつつ、「道徳とはなにか」ということについて考えつづけられた人だけが、道徳性を最終段階まで発達させることができるのだ。

ここに、道徳に関して「理性」が果たす役割をうかがうことができる。黄金律にせよ道徳性の発達段階にせよ、それは普遍性を伴うものだ。それはすべての文化や個人のなかで**自然と**到達されるようなものではない。ただし、ゼロの概念や万有引力の法則などと同じように、道徳とは考えたすえに**発見**されるものであるのだ。

わたしたちは「進化の奴隷」ではない

血縁利他主義や互恵的利他主義などの生物学的な道徳と、黄金律や脱慣習レベルの道徳との最大のちがいは、後者は「損」になり得る、ということにあった。「他人から自分にしてもらいたいと思うような行為を、他人に対しておこなえ」というルールや「すべての人間は目的として扱われるべきである」というルールを実践するためには、「他人と自分とは、同じような利益を持っている、同等の存在である」ことを理解したうえで、他人に対して公平さを発揮する必要がある。自分自身や自分の家族とそうでない人とを平等に扱って、自分が恩を着せられていない相手や無下に扱っても罰せられたり反撃されたりすることがない相手であっても尊重することが、黄金律や脱慣習レベルの道徳では求められるのだ。

進化論だけでは、このような道徳を人間が発見して実践できることの説明がつかない。自然淘汰の単位をどのようにとっても、その単位の維持や再生産にとって不利になる特徴を持つ存在は、その特徴を持たない存在に敗北して、進化の歴史の流れにかき消えてしまうはずだからである。しかし、わたしたち人間に備わった理性は、進化のメカニズムから独立して動くことができる。そのために、わたしたちは生物学的な必然に由来しない道徳を獲得できている、と考えられるのだ。

ややこしいのは、理性が人間に備わっていること自体は、進化の産物であるとしか考えられない、ということだ。生物に備わる機能のすべてにはコストが存在しており、自然界は生存や繁殖に役立たない機能を身につけた個体の遺伝子が残り続けられるほど甘い場所ではない。無駄な機能は無くされてしまうはずなのだ。したがって、他の動物が持たないような理性を人間が持っていることも、理性にはわたしたちの生存や繁殖（あるいは、遺伝子なり集団なりの維持や再生産）に貢献する効果が備わっていることに由来しているはずだ。

おそらく、人間は理性によって他の動物と比べてもとりわけ複雑な社会生活を送ることが可能になり、また幅広い種類の問題に対して柔軟に対応して解決することも可能になったから、これまで生き残ってきたのであろう。

なお、男女ともに高度な知能を示す相手を好んで選択するうちに「性淘汰」と呼ばれる現象がはたらいたことで人間の理性は進化していった、と主張する心理学者もいる。この主張によると、理性は生存というよりも、繁殖において重要であったということになる。

わたしたちが理性を獲得してきた進化的なメカニズムがなんであるにせよ、理性の最大の特徴は、進化のメカニズムをオーバーライドできることにある。ストア哲学について論じた第10章で紹介した、ウィリアム・アーヴァインによる「生物学的インセンティブ・システム」の議論、そして**わたしたちは「進化の奴隷」ではない**というアーヴァインの主張を思い出してほしい。理性をもちいれば、なんらかの問題の前提や性質についての理解をおこなったうえで、その理解に応じて認識を上書きして、そして上書きされた認識にあわせて行動を修正することができる。進化のメカニズムに関しても、自然淘汰というものがどのようにはたらき、それによってわたしたちはどのような欲求や志向を身につけさせられているかということを理性によって確認したうえで、それらの欲求や志向に左右されないような行動を選択することが、わたしたちにはできるのだ。

たとえば、黄金律や脱慣習レベルの道徳を実践しようとするときに、身内びいきの感情が湧いてきて邪魔をするとしよう。進化論について理解している人であれば、「ここで身内を優遇したいという感情が湧いているのは、進化論的な理由によるものだ」と認識することができる。そのうえで、「しかし、ここで身内を優遇すると、もっと多くの人がつらく苦しい思いをすることになる」と推論をはたらかせることもできるだろう。そして、身内を優遇することの根拠が「進化によって自分の内側に身内びいきの感情を湧かせられていること」でしかないことが理解できれば、それが他の人々につらく苦しい思いをさせることを正当化する理由にはならないことも理解できる。したがって、最終的には、身内を優遇せずに他の人々を救う判断を選択することができるのだ。

以下は、『輪の拡大』の最終章の最後の一文である。

（人間の遺伝について）わたしたちがもっと知識を得れば、わたしたちはもはや遺伝子の奴隷ではないということを疑いなく主張することができるようになるだろう。（シンガー、173頁）

シンガーとアーヴァインの両者ともに、「進化（遺伝子）の奴隷」という単語を否定的な文脈でもちいていることは重要だ。社会生物学が登場した1970年代にせよ、進化心理学が影響力を持つようになった2020年代にせよ、人間の生物学的な特徴とその背景にある進化や遺伝のメカニズムに関する理解が広く普及するたびに、「人間のおこなう行動や思考は、生物学や進化論によってすべて説明することができる」と考えてしまう人があらわれる。だが、生物学的な研究は、これまでに見逃されてきたような人間と他の動物たちとの共通点を発見するとともに、他の動物たちから人間を隔てさせる一線をより明瞭に描き出してもいることを見逃してはいけないのだ。

道徳的実在論

２０１４年にシンガーがカタジナ・デ・ラザリ＝ラデクと共に著した『The Point of View of the Universe: Sidgwick and Contemporary Ethics（普遍的な観点から――シジウィックと現代倫理学）』では、道徳に関して理性が果たす役割の重要性が『輪の拡大』よりもさらに強調して論じられている。

１９８１年に『輪の拡大』の初版を執筆したときのシンガーも、理性をもちいればどこの国のどんな人であっても「ある人自身が持つ利益は多くの利益の集合のなかのひとつなのであり、他の人が持つ同様の利益よりも重大ではない」という黄金律に関わる原則にたどり着くことができる、とは論じていた。ただし、この原則が客観的に真実であるとまでは、当時のシンガーは主張していなかった。自分だけでなくほかの人たちのことも考慮しながら道徳について真剣に考える人は遅かれ早かれこの原則にたどりつくはずであり、そしてこの原則は充分に合理的なものであるということは論じられているのだが、だからといってその原則がたとえば数学の公式や物理学の法則のような客観性を持っているとまでは断定されていなかったのである。論じられるようになった。

しかし、2014年のシンガーとラザリ゠ラデクの共著では、道徳は客観的なものであると論じられるようになった。この著作のなかでは、倫理学者のシャロン・ストリートによる「道徳的な真実が仮に存在するとしても、道徳的な真実を理解することは生存や繁殖にとって貢献しないのだから、進化のメカニズムからして、わたしたちは道徳的な真実を理解する能力を持ちようがない」という議論を取り上げたうえで、以下のような反論がおこなわれているのだ。


道徳的真実を認識するという特定の能力はわたしたちの繁殖的な成功を増させない、とストリートは正しくも指摘している。だが、理性をもちいる能力にはわたしたちの繁殖的な成功を増させる傾向があるはずだ。

（中略）理性がわたしたちの生存を妨げるような諸々の問題を解決することを可能にしたために、わたしたちは理性的な存在になったのだろう。しかし、理性をもちいることが可能になってからは、わたしたちの生存に寄与しないような真実も理解して発見することが、わたしたちには避けられなくなったのかもしれないのだ。このことは数学や物理学に関するいくつかの複雑な真実について当てはまるだろう。また、デレク・パーフィットが示唆しているように、わたしたちにとっての規範的で認識的な信念のいくつかにも当てはまるかもしれない。たとえば、ある議論が妥当であり前提が真であるときにはその結論も真であらなければならない、という信念などだ。この信念は、議論の結論を信じるということへの決定的な理由をわたしたちに与えるのである。(シンガー、ラザリ＝ラデク、182頁)

シンガーとラザリ＝ラデクは**「道徳的実在論」**と呼ばれる考え方を主張している。この考え方によると、あらゆる文化で黄金律が採用されていることは、古来から数学や物理学に関する普遍的な真理がそれぞれの文化で独自に発見されてきたのと同じように、道徳的な真実についてもそれぞれの文化で独自に発見されてきたことをあらわしている。つまり、ゼロの概念や万有引力の法則が自然界に存在しているのと同じように、「道徳とはこういうものである」「こういうときにはこうするのが道徳的に正しい」という法則も自然界に存在している、と考えられるのだ。

道徳的実在論は倫理学のなかでは決して特異な考え方ではなく、シンガーに限らず多くの論者が主張しているのだが、一般の人にとっては奇妙で受け入れがたく思えるものかもしれない。「客観的な道徳的真実」が存在するかどうかはさておき、本来はわたしたちの生存や繁殖を有利にするために進化したはずの理性が、わたしたちの生存や繁殖を不利にしてでも他人を助ける考え方を選択できる、という点は重要だ。『輪の拡大』のある箇所にて、シンガーは理性を自動車に例えている。自動車とは、そもそもは人をある場所から別の場所へと効率よく移動させることを目的として作られたものであった。しかし、自動車が普及すると、人々は移動することではなくドライブそのものを楽しむことを目的として運転するようにもなった。同じように、進化の歴史のなかから理性という「道具」が作られた目的がなんであったとしても、その道具を別の目的のために使用することはできるのである。

また、『輪の拡大』のなかの別の箇所では、理性はエスカレーターに例えられている。エスカレーターとは、いちど乗ってしまったら降りることができずに、終点にまで運ばれていくしかないものだ。同じように、理性的な推論とは、いちど始めると自分の望むところで止められるものではない。

「自分がおこなった行為はただしいものである」と他人に対して説得しようとするときには、**推論**をおこなうことが必要とされる。その状況においてはどういう条件があったかを明らかにしたうえで、自分の行為はどのような理由からただしさがあるのかを論じなければならないだろう。しかし、このような議論をおこなっているうちに、別の条件であれば別の行為がただしくなることや自分のただしさには不確かな要素があることを、論じている本人が気づくことになる。そして、ひとたび自分の主張には矛盾があったり別の行為のほうが正しかったりする可能性に気がついてしまうと、自分のなかに不一致や不整合の**感覚**が生じてしまうのだ。多くの人は不一致の感覚を放置することはできないため、自分が間違っていたことを認めて、他の人の意見のほうがただしいことを受け入れるようになる。つまり、他人に説得するためにおこなったはずの推論が、自分自身を説得することになるのだ。

理性とは恣意的な範囲に限定させることのできない、拡張的なものだ。論理的に思考することは、わたしたちを「自分が苦しいときには自分は助けられるべきだと主張するなら、別の人が苦しいときにはその人が助けられるべきだと主張しなければ、矛盾になる」といったことに気付かせて、自己中心主義や身内びいきを捨てるように迫る。そして、多かれ少なかれ、わたしたちは実際に自己中心主義や身内びいきを捨ててきたのだ。そのなかに入っていたら道徳的配慮の対象となる「輪」は、自分自身から自分の家族や血族、自分の属する集団、集団を超えた人類全体、そして動物全般へと、これまでの人類の歴史において何度も拡大し続けてきたのである。

非道徳は世界から着実に減りつづけてきた

さて、ここまでの文章を読んでいても、「その『輪の拡大』とやらはほんとうに起こっているのか?」と疑う人は多いだろう。

道徳に関して論じる言説の多くでは、わたしたちは道徳的な存在**ではなく**非道徳的な存在である、ということが強調されている。いくら綺麗事を並べたところで世界ではいまでも戦争が続いており、日本の国内でも殺人や強盗などの重大犯罪は毎日のように起きている。世の中には自分と関係のない他人にはなにをしてもいいと思っている人もいるし、親戚や家族ですら搾取の対象だとしかみなさないような人も存在する。女性やＬＧＢＴ、人種マイノリティや外国人に対する差別は現在でも深刻だ。ヴィーガンになる人の数が増えつづけているとはいえども、大半の人は肉や卵を食べており、動物実験も許容されているのである。

２０２０年代の現在、わたしたち人類がおこなっていることについて少しでも考えをめぐらせてみれば、これまでの人類の歴史において道徳的配慮の輪が拡大してきたなんて、いかにも嘘っぱちな綺麗事に聞こえるのではないのだろうか？

この問いに対する答えは簡単だ。たしかに、現在でも、人類はひどいことをいっぱいしている。しかし、もっと前には、人類はもっとずっとひどいことをさらにいっぱいしてきた。近代や中世や古代の人類に比べると、現代のわたしたちは、すくなくとも**ずっとマシな存在にはなっている**のだ。

シンガーの書いた『輪の拡大』は哲学の本であるために、倫理学の理論に関する議論が主な内容となっている。そのシンガーの理論に、データによって裏付けを与えたのが、２０１１年にスティーブン・ピンカーが著した『暴力の人類史』である。日本語版では上下巻で合計１０００ページ近いこの大著では、歴史学や人類学をはじめとする様々な学問分野の膨大な資料を参考にしながら、「データを見てみれば、暴力や差別などの非道徳は、世界から着実に減りつづけてきた」という主張が展開されているのだ。

ピンカーによると、二度の世界大戦が繰り広げられた20世紀ですら、過去に比べてとくに暴力的な時代であるというわけではない。戦争による死者や負傷者数の絶対数は増えているとしても、人類の総数も増えていることをふまえると、戦争の被害を受けた人類の割合はわたしたちがイメージするほど上昇したわけではないのだ。また、戦争にもルールが必要であるという発想や、非戦闘員を殺傷することは道徳的に認められないという考え方が近代以降に強まったことによって、現代の戦争は昔に比べてはるかに多くの道徳的ルールによって雁字搦めにされている。使われている武器の殺傷能力や精度は上がれども、戦争の野蛮さは、原始時代や古代に比べると近代や現代ではむしろ抑制されるようになっているのだ。

国内の問題に目を向けると、犯罪は世界中のほとんどの国で歴史的に減少しつづけてきた。差別の問題ですら、現在は昔ほどにはひどくない。信じられないような差別的な言動をマイノリティに対しておこなう人がいまも存在することは疑いようがないけれども、現代ではそのような人たちは「差別主義者」というカテゴリに入れられて、ふつうの人々から軽蔑されたり、場合によって犯罪者として扱われて逮捕されたりする。その一方で、近代以前の人類は、偉大な思想家や聖人も含めてそのほとんどが現代の基準でいえば差別主義者であったのだ。

不完全といえども、人類の社会は過去よりも安全で穏やかになってきた。ピンカーは、社会が進歩してきた道筋を様々な観点から描いている。たとえば、農耕が発達したことにより国家という制度が誕生して、それに伴い司法や警察も発展して、安定していて信頼のおける治安維持が社会のなかで実現するようになった。そして、治安が維持されることで詐欺や強盗の心配なく商売をおこなうことが可能になったために、活発な経済活動も実現するようになった。また、国内の市場で遠くの地方の人と交渉したり、別の国にいる人たちとの貿易が活発におこなわれるようになったことは、商売の都合から、自分の集団に属さない相手とも友好的に接する能力を身につけることをわたしたちに要請した。さらに、立ち振る舞いや言葉づかいに関する礼儀作法が発展したことも、わたしたちが初対面の相手と互いに不愉快にならず喧嘩や闘争の心配もなく交流できるようになった理由のひとつとなっている。

ＩＱという指標

しかし、わたしたちが過去よりも道徳的な存在となった理由は、前述したような慣習的なものや制度的なものには限られない。シンガーと同様に、ピンカーも、わたしたちに備わった「理性」が道徳において担っている役割を強調している。

ただし、ピンカーの議論では、シンガーが持ち出さなかったような具体的で明け透けな指標が持ち出されている。それは「ＩＱ」だ。

ピンカーは、シンガーの議論に対して以下のような疑問を呈する。

シンガーの比喩に一つだけ難点があるとすれば、道徳的配慮の歴史はエスカレーターというよりも、むしろエレベーターに似ているということだ。エレベーターは地面にずっとくっついているように見えながら、いきなりがたんと揺れて上昇を始め、次の階に着くと、またしばらくそこでじっとして、それからまた動きだしていく。シンガーの論では、この二五〇〇年ほどの歴史を通じて四種類の大きさの輪しかできていない。つまり階を一つ上がるのに、六二五年も待たなくてはならないわけだ。これはエスカレーターとしてはいささか断続的すぎる。シンガーも道徳の進歩が円滑でないことは認めていて、その原因を、偉大な思想家がめったに出ないことだとしている。

（中略）

だが、それでも謎は残る。そのような傑出した思想家はごく稀にしか世界の舞台に出てきていないようだし、理性の拡張にしても、そんなにのんびりしていていいのかと思う。なぜ人間の合理性は、奴隷制はどこかちょっとばかり間違っているという結論に達するのに数千年もかかったのだろう? あるいは子どもを叩くことや、独身女性をレイプすることや、先住民族を皆殺しにすることや、同性愛者を投獄することや、王の傷つけられた虚栄心を癒すために戦争をすることに関してでもいい。それがおかしいということはアインシュタインでなくてもわかるだろう。

考えられる一つの可能性は、理性のエスカレーター説が歴史的には正しくなく、人類に道徳的進歩の斜面を昇っていかせたのは頭よりも心だったということだ。さもなければもう一つの可能性は、少なくとも部分的にはシンガーの説が正しいのだが、ただしエスカレーターは傑出した思想家の散発的な出現によって動かされるだけでなく、全員の思考の質の向上によっても動かされるということだ。ひょっとしたら私たちがよくなっているのは、私たちが賢くなっているからかもしれない。（ピンカー、下巻、497-498頁）

『暴力の人類史』の第7章では、ピンカーが「権利革命」と称する現象について論じられている。20世紀後半の世界では、アフリカ系アメリカ人の権利を守るための公民権運動を嚆矢として、女性、子ども、同性愛者、そして動物の権利を守る運動が連鎖的に引き起こされた。また、それらの弱者に対する暴力の数も、20世紀後半になってからは格段に減ったのである。

権利革命が起こった要因としてピンカーが挙げているのは、社会の民主化、テクノロジーの発達や出版文化の隆盛によるアイデアと人の拡散、情報が蓄積されたことによる社会運動の戦略の向上などである。そして、それらの要素とならんで、20世紀に入ってから市民たちの**知能**が全体的に向上しつづけたことも、権利革命を引き起こした要因であるかもしれないとピンカーは示唆しているのだ。

フリン効果はなぜ生まれたか

『暴力の人類史』の第9章では、わたしたちの知能が向上していることを示すために、心理学者のジェームズ・フリンによって発見された**フリン効果**という現象について論じられている。ここでは、フリン本人の著書『なぜ人類のＩＱは上がり続けているのか？――人種、性別、老化と知能指数』から引用してみよう。

全米規模の標本《サンプル》を使ってメンタル・テスト（精神検査）の成績向上が著しいという証拠をはじめて説得力のある形で示したのは、リード・タッデンハムである。タッデンハムは、米軍兵士向けのメンタル・テストの平均成績が第一次世界大戦から第二次世界大戦のあいだに約14ポイント上昇したことを示した（標準偏差を15として）。学校で教わることばかりが出題されたこともあって、この結果はおもに学校教育の結実だとタッデンハムは結論づけた。だが、この研究は理論的価値もなければ、離床心理士が使う知能検査とも違うとの理由から実用的価値もないとして世間から見向きもされなかった。

その後、私は、ウェクスラー式とスタンフォード＝ビネー式の知能検査を使ってアメリカ人のＩＱが著しく上昇していることをあきらかにし、もっとも純粋なＩＱ測定法でも、すべての工業国で同じ結果になることを示した。すると、このＩＱ上昇の現象に世間は注目した。それから10年もしないうちに、*The Bell Curve* の著者リチャード・ハーンシュタインとチャールズ・マレーは、この現象を私の名前をとって「フリン効果」と名づけた。

ＩＱに関するデータが残されているのは31カ国。スウェーデン、ノルウェー、フィンランドのスカンジナビア諸国は着実にＩＱを伸ばしていたが、１９９０年頃を境にゆるやかに下方に転じている。いっぽう上昇しつづけている国もいくつかある。なかでもアメリカ人のＩＱは、年平均で０・３０ポイントずつ伸びつづけている。アメリカの心理学者レーヴン考案の知能検査「レーヴン漸進的マトリックス（ＲＰＭ）」によるイギリス児童の最近のＩＱの伸びを見てみると、１９８０から２００８年の期間はアメリカに比べていくらか落ちるが、１９４３から１９８０年の期間よりは大きい。また、２００７年におけるドイツ成人の語彙力の向上は、アメリカ成人よりもわずかに大きい。さらに、１９８９から２００２年にかけて韓国児童のＩＱの伸びは、アメリカの２倍である。

（中略）

なかでももっとも衝撃的だったのがオランダのデータだ。ＲＰＭの短縮版（40問）で、若いオランダ男性のＩＱが、１９５２から１９８２年にかけて20ポイントも伸びていた。後述するように、ＲＰＭは文化や環境の影響を受けにくいと考えられている検査法なので、文化の発展にともなってＩＱは上昇しないはずだ。またサンプルに偏りはなく、サンプル年齢（18歳）はＲＰＭの成績がピークに達する年齢を過ぎている。つまり、いまの子供が昔よりも早熟であることがこのＩＱ上昇の引き金になったとは考えにくいのだ。成熟後も、いまの世代は前の世代よりもはるかにＩＱが高いのである。（フリン、17‐21頁）

21世紀に生きるわたしたちのＩＱが、20世紀までに生きていた祖父母やその前の世代に比べてずっと高くなっていることは、フリンのほかの研究者たちによっても確認された、再現性のある事実だ。

では、フリン効果はなぜ起きたのか？

まず、人類の知能が上がったとしても「一般知能」が上がったわけではない、という点を誤解すべきではない。一般知能とは、数学や幾何学から語彙や論理や文章読解など、知能っぽいことのありとあらゆることに関係している知能である。そして、一般知能は遺伝要素がきわめて高いものであり、遺伝の傾向が一世代や二世代程度で変わることはありえないのだ。フリン効果は遺伝ではなく環境を原因として起こっているとしか考えられない。したがって、知能が上がっているとしても、上がっているのは一般知能ではなく一部の分野に関する知能に限られているはずなのだ。

ＩＱテストのなかでも、20世紀になってからとくに点数が上昇している分野とは「分類」と「行列推理」である。「分類」の項目では、たとえば「ネズミとクジラの共通点はなにか？」という問題が出される（正解：「どちらもほ乳類であること」）。「行列推理」では、複数の抽象的な図形や数字の表が提示されて、それらの図形や表に共通するパターンを推理したうえで、欠けている部分に当てはまる図形や数字を答えることが求められる。そして、フリンによると、「分類」や「行列推理」の問題に答えるためには頭のなかで記号を操作する**抽象的な思考**をおこなうことが必要とされるのだ。
19世紀以前や20世紀初頭の人類は、抽象的な思考がひどく苦手であった。大半の人が農業や工業に従事していた時代には、そもそも、記号をもちいながら概念を操作したり論理的な推論をおこなったりした経験のある人がほとんどいなかったからだ。1920年代にロシアの小作農に対しておこなわれた知能テストの様子は、以下のようなものである。

問い：魚とカラスの共通点は何だい？
答え：魚は水のなかに棲む。カラスは空を飛ぶ。魚が水面すれすれを泳いでいたら、カラスは捕まえることができる。カラスは魚を食えるが、魚はカラスを食べない。
問い：魚とカラスをひと言で表現すると？
答え：**動物**は正しくない。魚は動物ではないし、カラスも違う。カラスは魚をついばむけれど、魚は鳥を食べられない。人間は、魚は食べてもカラスは食べない。
（フリン、29頁）

問い：ドイツにラクダはいない。B市はドイツの都市だ。では、B市にラクダはいるか、いないか？

答え：ドイツの村を見たことがないからわからない。大きな街ならラクダくらいいるだろうさ。
問い：でも、ドイツのどの場所にもラクダはいないとしたら？
答え：そこは小さな村で、ラクダには狭いのかもしれないな。

（フリン、29－30頁）

もちろん、前者の問題の答えは「動物」だ。小作農は、自分でもその答えを口にしているのに、それが答えだとは気がつかない。空を飛ぶか水のなかを泳ぐか、食べるか食べられるかといった具体的なイメージにばかり惑わされて、魚とカラスを結びつける抽象的な概念にまで考えをめぐらせることができなかったのだ。同じように、後者の問題についても小作農は具体的な世界にとらわれてしまったがために、仮定と推論による三段論法によって答えにたどり着くことができなかった。抽象的な思考ができないということは、自分の経験や自分の身のまわりにある世界、あるいは自分がイメージできる具体的な事象の範囲を超えて考えをめぐらせることができないということであるのだ。

言うまでもなく、現代の世界に生きるわたしたちは、ロシアの小作農が答えられなかった問いに答えることができる。20世紀以降の飛躍的な経済発展により、わたしたちの社会は高度に情報化した。医学や法学やＩＴスキルをはじめとした専門知識が必要とされる仕事に就く人の数は増大した。専門知識を要しないふつうの事務職やアルバイトですら、ヒトやモノやお金に関する情報を管理することが求められる。現代ではどんな職場でもパソコンが欠かせないことは、20世紀の仕事は19世紀以前のそれに比べて、知的な負荷がはるかに高いものになっていることを表しているのだ。

仕事で抽象的な思考が必要とされるようになるに伴って、学校における教育のレベルも上がっている。現代の小学校では、知識を丸暗記させたりすることよりも「自分で考える力」を身につけることを重視した教育がなされている。算数や国語の授業の目標とは、ただ単に知識を丸暗記させることではなく、記号を操作する思考や仮説を立てて検証したうえで推論するという思考を子どもたちに習得させることにある。科学や哲学などの高度な学問であっても、まずは算数や国語の授業で教わるような思考の方法を習得していることが前提となっており、そこから考え方を発展させていかなければならない。わたしたちは、小学校の低学年の時点から、抽象的な思考をおこなうように訓練されているのだ。

抽象的な思考は現代ではあまりに普及しているので、それは生まれつき備わっているのではなく学習によって身につけられる必要のある思考であるということが、ついつい忘れられてしまう。

新聞のはじにパズルが掲載されていたり、テレビでクイズ番組が定期的に放送されたりすることを通じて、わたしたちは娯楽を通じて抽象的な思考を日常的にトレーニングしている。スマホのアプリでゲームを楽しむことやYouTubeでお笑い動画を視聴することですら、抽象的な思考を抜きにしてはおこなえない。いまどきのゲームを楽しむためには分類や推論をおこなうことは欠かせないし、ギャグを理解するためには瞬発的な概念操作能力が必要とされるためだ。おそらく、19世紀以前の人類の大半は、現代では当たり前となっているエンターテイメントの多くを楽しむことができなかったであろう。

仮定に基づいた推論が不可欠

さて、抽象的な思考に関するわたしたちの知能が向上したことは、道徳とどう関係しているのか?

実は、「黄金律」を実践するためにも、抽象的な思考が不可欠である。サイエンスライターのマイケル・シャーマーによる説明を引用しよう。

すべての道徳において、抽象的な推論と科学的な思考は基礎として欠かせない認識能力である。「己の欲せざるところを人に施すなかれ」という黄金律と呼ばれるルールを実行するためにはどのように頭をはたらかす必要があるか、考えてみよう。黄金律を実行するためには、自分から他人へと立場を変えることと、ある行為Xがその行為Xを実行する人や加害者にとってではなくその行為Xの対象となる人や被害者にとってはどのように感じられるかということを推定することが、求められる。黄金律は数千年前から存在していたが、過去の黄金律は今日に比べると非常に限定されたやり方でしか実行されなかった。ジェノサイド・幼児殺し・レイプ・他の部族の人々からの略奪などの物語にあふれた旧約聖書が良い証拠だ。（シャーマー、2015年）

道徳的配慮の輪を拡げるためには、**他人の立場に立つ**こと、**他人の視点を取得すること**が必要とされる。黄金律をただしく実践するためには「もし自分がその人であったとすれば、自分はどのようなことを感じて、なにを考えて、なにをしてほしいと思うだろう」ということを思考しなければならない。そのためには、自分が経験してきたことや感じてきたことだけにとらわれず、自分の周囲にある現実から飛び出して、**仮定に基づいた推論**をおこなうことが不可欠であるのだ。

たとえば、あなたがイスラム教徒の友人たちを招いてホームパーティーをすることになったとしよう。あなたは料理が上手で、特別な材料を使わなくても充分に美味しい料理が作れるが、たまたま特別に上等な豚が丸ごと手に入って、この豚を丸焼きにすればすごく美味しい料理をパーティーの客たちに振る舞うことができる（ここでは、丸焼きにされる豚の気持ちは考えないことにしよう）。豚の丸焼きはあなたの大好物であったとすれば、それを振る舞うことは「他人から自分にしてもらいたいと思うような行為を、他人に対しておこなえ」という黄金律の教えにも適っていそうなものだ。……しかし、いうまでもなくイスラム教徒にとっては豚を食べることは禁忌だ。パーティーで友人から豚の丸焼きを振る舞われてしまうと、うれしいどころか不愉快で侮辱されたような気持ちになるだろう。あなたが「してもらいたい」と思うことでも、属性や背景などの諸々の事情が異なる他人にとっては、「してほしくない」と思うことであるかもしれない。あなたは、友人たちの幸福や利害について**友人たち自身の立場から見ること**を怠ってはいけないのだ。

公民権運動が盛んだった1955年、フリンは人種差別的な傾向のある父親に対して「明日の朝に目を覚ますと黒人になっていたら、どう思う?」と質問した。すると、19世紀生まれの父親は「バカを言うな、朝起きたら黒人になるなんてことが起こるはずがないだろう」と答えたのである。フリンの父親は、上述したロシアの小作農と同じように、抽象的な思考ができなかった。だが、フリンの父親が問われていたのは知能テストではなく、現実の世界で起こっている差別に関する問題だ。もし、人々の抽象的思考能力が19世紀のままであったなら、20世紀に権利革命が実現することはなかったかもしれない。シャーマーが論じるように、黄金律が古来から存在しているとしても、それをただしく実践できるだけの思考能力を持つ人は限られたままになっていたからだ。

これこそが、**道徳的フリン効果**である。産業構造の変動や技術の発展、学校教育制度の拡充などによって、それまでは一部の智者しかおこなえなかった抽象的な思考を、ふつうの人たちまでもがおこえなるようになった。それにより、多くの人が「自分が黒人だったら公民権を欲しいと思うはずだ」「自分が女性だったら就職や進学の機会を制限されたくない」「自分が同性愛者だとすれば、異性愛者と同じように結婚できたらいいと思うだろう」「自分が動物だったら、農場に閉じ込められたあげくに食べるために殺害されたくはないものだ」という思考をおこえなるようになった。そして、その思考は行動へと結びついたのである。

また、シャーマーは、道徳的フリン効果による「輪の拡大」は権利革命のほかにも様々な現象をもたらしたことを指摘している。人々の知能が上がるにつれて、死刑制度に反対する人の数が増えた一方で、歴史的な不正義に対して国家が補償することに賛成する人の数も増えた(アフリカ系アメリカ人やアメリカ先住民に対してアメリカ政府が補償することなど)。さらに、ほかの政治体制よりも民主主義を支持する人々の割合や、ポピュリズムやナショナリズムよりもリベラリズムを支持する人々の割合も増えていったのだ。

フリンやシャーマーは、現代の人々は「科学の眼鏡」をかけながら物事を考えている、と表現している。抽象的な思考は**科学的思考**の土台でもあり、因果関係に関する複雑な推論や確率や比率の概念をもちいた定量的な思考を可能にするものであるのだ。科学的思考によって、わたしたちはトロッコ問題で適切な判断を下して効果的利他主義を実践することができるようになった。また、動物を傷つけたり殺したりすることが「種差別」であることを理解するためには、まず「性別」や「人種」を理由にした差別が問題であることを理解したうえで、それらのカテゴリを「生物種」と入れ替えるという、記号の操作が必要となる。さらに、動物を傷つけることと植物を傷つけることのちがいや、賢い動物を殺すことはそうでない動物を殺すことよりも危害が大きくなるということを認識するためには、ただ単に科学的知識を身につけるだけでなく、行為の影響の大小や危害の蓋然性の高低を比較するという科学的な思考をおこなうことも必要とされるのだ。

ここまで書けば、道徳において論理や理性などの「つめたい」要素がどれだけ重要であるかは、もう充分に示すことができただろう。わたしたちは感情や心などの「あたたかい」要素を道徳に期待したがるかもしれないが、結局のところ、それだけでは道徳には不充分であったようだ。黄金律の教えも虚しく、人類の歴史の大半において道徳的配慮の輪の拡大は限定されており、せいぜい親族や自集団にとどまり続けていた。いま現在、世界中で多くの人が自分以外の国の人々のことも気にかけていて、人種的マイノリティや性的マイノリティに対する支援の機運が高まっており、動物たちのことまでもを気にかけられているようになっているのは、抽象的で科学的で冷ややかな理性のおかげだったと考えられるのである。

物語的想像力の必要性

……と、ここで話を済ませることもできるかもしれない。

しかし、道徳が抽象的な思考**だけ**で成り立つとは、にわかには信じがたい人も多いはずだ。たしかに、黄金律を実践するためには概念の操作をおこない、仮定に基づいた推論をおこなうことが必要かもしれず、そういう意味では道徳とは科学や数学のようなものであるかもしれない。だが、実験室で研究をしている人たちや参考書を片手に数学の勉強をしている人たちと、マイノリティに対する差別に抗議している人たちや飢えに苦しむ子どもや野良猫などを助ける活動をしている人たちのあいだには、かなりのちがいがあるように思える。後者には、社会の不正義に対するアツい憤りや、弱者に対する温かな慈愛などの感情があるはずではないだろうか？　このことは、どう説明すればいいのか？

ここで、人文学の意義に関して論じた第２章で紹介した、哲学者マーサ・ヌスバウムの議論を思い出してもらおう。ヌスバウムも、民主主義の社会が適切に機能するためには市民が「異なる人の立場に自分が置かれたらどうなるだろうかと考える」ことが重要であると論じていた。先述した通り、これは黄金律を実践するということである。

しかし、ヌスバウムによると、知識と論理だけでは黄金律を実践することはできない。他人の視点を取得して他人の立場に身を置くためには**物語的想像力**が必要とされるからだ。そして、物語的想像力を身に付けるためには人文学や芸術が不可欠である、と彼女は主張していたのである。

ピンカーも、道徳において物語的想像力が担う役割を積極的に認めている。『暴力の人類史』の第4章では、17世紀から18世紀にかけて「人道主義革命」が起こり、それまで当然とされていた奴隷制度や囚人に対する拷問、異端尋問や魔女狩りなどを疑問視する声が巻き起こって、反奴隷制運動をはじめとする様々な社会改良運動につながったことが示されている。そして、科学革命によってもたらされた啓蒙主義とあわせて、グーテンベルクによる活版印刷の発明を経て書籍の流通数が増大して人々に**読書**の慣習が身に付いたことも、人道主義革命が起きるに至った要因を担っている、とピンカーは論じるのだ。

18世紀のイギリスの人々は、当時の小説家サミュエル・リチャードソンが書いた『クラリッサ』や『パミラ、あるいは淑徳の報い』を読むことを通じて、他人の眼を通して世界を見るということをはじめて経験した。19世紀には、アメリカではハリエット・ビーチャー・ストウの『アンクル・トムの小屋』が多くの人に読まれたことが奴隷解放運動を後押しして、イギリスではチャールズ・ディケンズの『オリヴァー・ツイスト』が読まれたことで貧困に苦しむ労働者階級の状況を改善する必要性を多くの市民が認識するようになったのである。

20世紀になってからは、テレビ番組が小説の役割を取って代わった。シリアスな刑事ドラマや愉快なシットコムのなかに人種マイノリティや性的マイノリティの人々が主要な人物として登場するようになると、画面の向こうで演じられているキャラクターへの**共感**を通じて、視聴者たちはマイノリティが自分と同じように笑って泣く血の通った存在であることに気づかされることになる。そして、物語の登場人物について想像することは、現実に生きる隣人たちの人生について想像することにもつながるのだ。

しかし考えてみれば、フィクション上での経験が現実での経験にも同じような効果をもたらすのは当然のことで、人はしばしばその両者を記憶のなかでごっちゃにしてしまうのである。数は少ないが、フィクションがたしかに共感を拡大できることを示唆している実験もある。

（中略）

これらの実験から想起されるのが、人道主義革命の一連の過程だ。あのときに小説の隆盛が歴史上の改革に先んじていたのは、決して偶然の一致とばかりも言えないだろうということが、これらの実験で裏づけられているように思える。視点取得の練習は、たしかに人びとの同情の輪を拡げる役割をはたしているのだ。（ピンカー、下巻、390-391頁）

もっとも、人道主義革命とは、結局は不徹底なものであった。たとえばアメリカで黒人奴隷を解放したといっても、白人と同等の権利が制度的にも黒人に認められるようになるためには、20世紀の権利革命まで待たなければならなかったのである。ケアの倫理について論じた第8章で紹介した『反共感論』の著者ポール・ブルームと同様に、ピンカーも、共感に基づく道徳とは公平性に欠ける恣意的なものであるとみなしている。そして、権利革命が人道主義の革命の限界を超えられたのは、前者は共感だけでなく理性や抽象的な思考を可能にする知能に裏打ちされたものだったからである、と主張するのだ。

たしかに、共感だけに基づいた道徳には限界があるのだろう。とはいえ、人道主義革命が権利革命よりも**先に**到来したという事実は重要であるはずだ。

仮定の話をしてみよう。

もし、読書をしたりフィクションを楽しんだりするという習慣を18世紀以降になっても人々が身につけず、弱者やマイノリティについて物語的想像力をはたらかせるという経験を人々がしないまま現代社会が到来して、抽象的な思考をおこなう能力だけが上昇していたとしたらどうなっていただろう？　理論上は、概念を操作したり仮定に基づいた推論ができたりする人であれば、黄金律は実践できるはずだ。しかし、他人に対する共感がない人が、そもそも「他人の立場に立ってみよう」という動機や意欲を抱けるものだろうか？

仮にシンガーの言うように道徳はこの世に実在するものであり、それは理性によって発見できるものであったとしても、発見した道徳の通りに人々が生きるかどうかはまた別の話であるかもしれない。

わたしたちが自己中心的な道徳的配慮の輪を拡大させるためには、なんらかの**動機**が必要であるように思われる。そして、悲劇的な物語を読んだり観たりして、心が否応なく揺れ動かされることは、それまでは狭い範囲にとどまっていた自分の価値観や考え方を拡げさせられて、他者に関心を向けて想像力をはたらかせる重大なきっかけとなるはずなのだ。

愛情も他者への関心を拡げる

物語と同じく、他者に対する関心を拡げるきっかけを与えるものが存在する。それは**愛情**だ。

この章の冒頭で、だれかに恋をしているときには他の人たちに対しても優しくなれるものだとわたしは述べた。恋をしているときには、ただ単に胸がドキドキしたりそわそわしたりなどの感情を経験するだけでなく、相手のことを**真剣に考える**ようにもなるものだ。恋をしている相手と関わっているときには、その相手が自分の言葉や行動で喜んでくれるのか、それとも嫌な思いをさせてしまうか、いちいち気にして検討しながら接してしまう。また、相手が目の前にいないときにも、「いま相手はなにをしているだろう」「どんなふうに時間を過ごしているだろう」とつい想像をめぐらせてしまうものだ。とすれば、物語の登場人物に感情移入することが現実の他人について想像をめぐらせて共感をするための練習になっていたのと同じように、恋をしている相手について考えたり想像をしたりすることは、他の人たちについて想像をすることの練習にもなるはずだ。

わたしたちに恋愛感情が備わっていることや、わたしたちが恋をしている相手のためには自己犠牲をいとわないことについては、生物学でも容易に説明がつけられるだろう。とはいえ、人間の恋愛には感情だけでなく**思考**も関わってくる。そして、これまでに述べてきた通り、思考とは拡張性を伴うものだ。これにより、配慮の輪は、恋している相手までにとどまらず、さらに拡がることになる。逆にいえば、遠くの他人にまで道徳の輪を拡げるためには、自分だけが含まれた輪に別のだれかを含むための**一歩目**が必要だということかもしれない。多くの人の人生においては、恋愛（あるいは友情）がその一歩目になっているだろう。

とはいえ、相手のことを真剣に考えるような関わりは、恋愛以外にも存在する。たとえば、子どもを作って育てることや、高齢になった親を介護することは、これまで自分がおこなわなかったような思考や想像を経験するきっかけとなるかもしれない。わたしの印象では、子どもを持っている人たちはそうでない人たちに比べて社会や政治のことを真剣に考えていることが多い。「自分の子どもが成長したときに不幸にさせないために、いまのうちに社会を良くしておきたい」という動機も強いだろうが、きっとそれだけではないはずだ。おそらく、自分の子どもについて真剣に考えることは、よその家の子どもについても配慮することや、自分と同じように子どもを育てているほかの親たちの気持ちについて想像することにもつながっているはずなのである。

第8章では、理性を否定してケアや共感だけを道徳の基盤にしようとするフェミニスト倫理学者たちの主張を批判した。とはいえ、他人の立場に身を置いて黄金律を実践するためには、理性だけではなく情緒的な要素が必要とされることは否めないようだ。

第8章でも紹介したフェミニスト倫理学者のローリー・グルーエンは、「動物の権利運動に参加している人の多くは、猫や犬などのペットを飼育した経験をきっかけとして家畜や野生動物にも道徳的配慮をおこなうようになった」ということを指摘している。論理的には、生物種が人間とはちがうからという理由で動物の利益に配慮しないことが「種差別」であることを理解したうえで、「畜産業によって家畜たちは多大な苦しみを受けている」という事実についての知識を得たら、それだけで、動物性食品をボイコットしたりデモなどをおこなったりするなどの行動を実践するのに充分な条件となるはずだ。しかし、実際には、ペットを飼育して一緒に暮らす経験を通じて動物たちにも人間と同じような情緒が存在することを体感している人でないと、動物を助けるための行動を実践するまでに至ることは難しいものである。そして、動物たちが受けている苦しみについて真剣に想像することは、人種差別や性差別やグローバルな貧困によって人間たちが受けている苦しみについて想像することの窓口にもなる（逆もまた然りである）。動物をケアするという行為や経験も、遠くの他者への道徳的配慮につながる経路となり得るのだ。

抽象的な思考・物語的想像力、どちらも必要

さて、結局のところ、道徳とは「あたたかい」ものであるのだろうか、それとも「つめた

い」ものでしかないのだろうか？

月並みな結論になるが、あたたかい共感や想像力とつめたい理性や抽象的思考のどちらもが、道徳には必要であるのだろう。たとえば、医療資源の分配やグローバルな貧困などの厳しい道徳問題について向き合うためには、どう考えても共感だけでは力不足であり、マニュアルモードの理性が必要となるはずだ。しかし、そのような厳しい道徳の問題に対して向き合おうとする動機が理性だけで得られるとは思えない。物語の登場人物の気持ちを考えてみたり、愛する人が考えていることを真剣に推察してみたりするなど、具体的な他人の視点を取得する経験をした人でないと、「他人のことに配慮して、道徳的な判断をしよう」という意志を獲得することは難しいはずなのだ。

ヌスバウムが言うように、黄金律を実践するためには抽象的な思考と物語的想像力の**どちらもが**不可欠だ。もしかしたら、理性的な判断をくだすことと共感をしたり想像をしたりすることを二項対立で論じること自体が間違っているのかもしれない。共感や想像をおこなうことには、理性をはたらかすときのように抽象的な物事を対象にしたり原理やルールを重視したりすることはないといえども、ある種の**思考**がふくまれているからだ。

シンガーの論じるような道徳的配慮の輪の拡大は、人類の歴史のなかで起こってきただけでなく、わたしたち個人の人生史のなかでも起こることであるかもしれない。自分のことしか考えない人が愛する人についても考えられるようになって、そこからさらに多くの人についても考えられるようになって、というふうに……。そして、相手がだれであれ、対象のことを真剣に考えているうちに「自分はなにをするべきだ」「この場合にはどんなことをするべきか」「このときにはどんなことを優先するべきか」という問いが次々に浮かんでくるはずだ。

　おそらく、そういうときにこそ、道徳や倫理について学んだことが意味を持つようになるのだろう。

参考文献

・Lazari-Radek, Katarzyna de, and Peter Singer. *The Point of View of the Universe: Sidgwick and Contemporary Ethics*. Oxford University Press, 2014.

・Shermer, Michael. "Are We Becoming Morally Smarter?" *Reason.com*, Reason, 17 Feb. 2015, reason.com/2015/02/17/are-we-becoming-morally-smarte/.

・Shermer, Michael. *The Moral Arc: How Science and Reason Lead Humanity toward Truth, Justice, and Freedom*. Henry Holt, 2015.

・Singer, Peter. *The Expanding Circle: Ethics, Evolution, and Moral Progress; with a New Afterword by the Author*. Princeton Univ. Press, 2011.

・スティーブン・ピンカー『暴力の人類史』幾島幸子・塩原通緒訳、青土社、２０１５年。

・ジェームズ・R・フリン『なぜ人類のＩＱは上がり続けているのか?――人種、性別、老化と知能指数』水田賢政訳、太田出版、２０１５。

あとがき

この本の原型は、晶文社の「SCRAP BOOK」というサイトに連載した、「動物と人間のあいだ」というシリーズである。当初はもうすこし「動物としての人間」という観点を強調したり動物倫理に関するトピックを盛り込んだりする予定であったが、書いているうちに、テーマはずばり「道徳」にしたほうがいいと考えを改めた。この本に収められている文章の半分以上は書き下ろしであり、サイトに掲載されている論考についても大幅な加筆と修正を施している。

本文を読まれた読者は勘付かれたかもしれないが、この本では進化心理学をはじめとする最近の学問の知見を参照しながら「これからの道徳はこうなるべきだ」と論じると同時に、21世紀の現在において流行っている特定のタイプの道徳論に対して古典的な思想家たちの議論を参照しながら批判を行なってもいる。つまり、未来志向とアナクロニズムが併存した本であるのだ。『21世紀の道徳』という書名にも、ダブルミーニングを込めている。

連載がはじまる直接的なきっかけとなったのは、講談社「現代ビジネス」というサイトにわたしの記事が掲載されたことだ。ではフリーライターでもなければ学者でもないわたしになぜ講談社や晶文社からの記事の執筆や連載の打診がきたかというと、わたしの運営している「道徳的動物日記」というブログが編集者たちの目に留まったからである。

本文中でもすこし言及したが、わたしがブログをはじめたのは、2014年に大学院を修了してからだ。ブログの更新を本格的におこないだしたのは2015年からで、2016年や2017年の前半にはかなりの量の記事を公開した。

大学院を卒業したあとは2017年の夏まで3年間半、京都の実家に住みフリーターをして過ごしていた。2017年の秋からは就職のために東京に引っ越した。28歳になって初めて経験する一人暮らしに慣れるのには時間がかかり、そして会社員としての生活を過ごすことによる時間的な制限や精神と体力の消耗により、しばらくは文章を書くどころか本を読む気力もなくなってしまった。転職をきっかけとしてブログの更新や読書をぼちぼち再開できるようになったのは2019年だ。本と文章の世界から一年以上離れてしまったが、結果的には、自分の問題意識も書く文章の内容もより地に足のついたものとなったように思える。

ふつう、アカデミックな物事に興味がある人は、大学院に残って教授などの「師匠」から指導を受けたり院生仲間と切磋琢磨したり学会に参加して発表したりしながら論文を書いていくことで、なにかしらの専門的な知識や思考方法を身につけていくものだろう。大学院に進学しなくても、向学心に溢れた人なら学部生の頃から読書会に参加したり、社会人になっても在野の研究グループを作ったり批評サークルに参加したり同人誌をつくってコミケで売ったりしながら、活動をつづけていく。要するに、勉強や研究とはひとりで淡々とすすめるものではなく、なんらかの「共同体」に属しながらおこなうことが前提となっているらしい。

わたしがこのことに気が付いたのは大学院に入ってからである。そして、そのような営みに自分はまったく向いていないらしいことにも気付いてしまった。学部生のときにも院生のときにも、学問や研究に関して価値観が共通していたり話が合ったりする友人はほとんどおらず、学者を目指していたり読書会を開催したりしているタイプの学生たちの大半とも気が合わなかった。それよりも、卒業後にはふつうの会社員や公務員になったりフリーターになったりしてしまったタイプの友人たちと、映画や週刊少年ジャンプの話題で盛り上がることのほうが、ずっと楽しかったのだ。

いうまでもなく、「共同体」に属せずにひとりで本を読んで勉強をすすめることには、さまざまなリスクがあるだろう。自分の間違いや思い込みが訂正される機会がなかったり、独り善がりになってしまったり。とはいえ、「共同体」に属している人々のほうにも、価値観を共有する仲間に囲まれたり同調圧力に屈したりすることで考え方が偏向する、問題意識を等しくする人としか議論しないから感覚がマヒして自分がやっていることの意義を客観視できなくなる、というリスクがあるようだ。したがって、「共同体」から距離を置いて自分ひとりで思索をつづけることにも、それなりの価値が存在するのである。

アカデミアに限らず、出版や物書きの世界にも似たような問題は存在している。日本はメディアの世界もアカデミアの世界も東京に偏重していることは多くの人によって指摘されていることであるが、上京してから、ようやくそれをリアルに実感することができた。出版社に勤める人にせよ物書きになる人にせよ東京のいいところの大学を出ている人が大半であり、21世紀の現在でもコネの力が物を言っていて、内輪ノリが存在している。関西や他の地方で生活してきた人々の大半にとっては縁もゆかりもない世界だ。正直なところ、わたしはいまだに快く思っていないところがある。

京都の私立大学で学生生活を過ごして、フリーター仲間たちと一緒にアルバイトを数年間続けて、学問とも出版とも関わらない業界の会社員として生きながら、わたしは自身と周囲の人々たちが持つ「ふつう」の考え方や価値観を忘れないようにしてきたつもりである。

そして、ブログを書き続けることにも、考え方や価値観のバランスを保つ効果があるように思える。はっきり言うと、個人が書いたブログ記事にわざわざコメントをしたり、ＳＮＳで論評したりするタイプの人は、「ふつう」とは言い難い。それでも、自分の書いた記事に対してどれくらいの反応がついたかは、その記事のなかで論じられている内容について世間の人々がどれ程の興味や関心を抱いているかを測る指標となる。また、どんな人が好意的な反応をしておりどんな人が否定的な反応をしているかをみることで、自分の議論や主張が社会のなかではどのようなポジションにあるかを相対視することができるのだ。

ブログを開設した当初は、大学院で研究した動物倫理学の考え方について紹介することを目的にしていた。しかし、すぐに、他のトピックについても色々と書くようになった。読者たちからの反応が大きかったトピックについては、この本のなかでも改めて取り上げている。一方で、反応が少なかったけれど、重要性が高いとわたしが考えていたりほかの議論を理解する補助線となったりするトピックも、この本のなかに盛り込んである。

功利主義や学問論、ジェンダー論に幸福論など、この本で取り上げたもののほかにも、ブログでは様々なことについて書いてきた。たとえば安楽死や出生などに関する生命倫理学の議論についてもブログ記事を書いてきたが、これらはかなりセンシティブなトピックであり書籍のなかで扱うためには相応の準備が必要となるから、今回は見送った。また、歴史学や経済学などの社会科学の本の感想や書評も書いてきたが、「哲学」や「道徳」を主軸としているこの本のなかで歴史学や経済学の議論を紹介することは難しかった。

もうひとつ、わたしのブログを特徴づけているポイントは、いわゆる「ポリティカル・コレクトネス」に対する批判的な姿勢だ。ポリティカル・コレクトネスというテーマについては別のところで書籍化の企画が進行しているのでこの本では直接的に扱うことはしなかったが、ジェンダー論について扱った第3部の論考には片鱗が見えているかもしれない。

動物倫理学にせよポリティカル・コレクトネスにせよ、どちらも「平等」を掲げたり「世の中を善くすること」を目指したりする発想であることはたしかだ。したがって、動物倫理学を紹介しながら同時にポリティカル・コレクトネスを批判することは、矛盾した営みであるように思われるかもしれない。だが、わたしの目的は、「この問題についてはこう考えればいいんだ」という風に世間では**「標準」**とされている考え方に、ブログ記事を通じて疑問を呈することにあった。

ほとんどの人は肉や魚を食べているために、だれにとっても動物倫理学は他人事ではない。しかし、大半の人は、自分の行動や価値観を批判してくる考え方を受け入れることができない。人が求めるのは、自分の行動や価値観を肯定してくれる議論なのだ。したがって、インターネットやＳＮＳには、動物倫理学の考え方を曲解して紹介したうえでそれを「論破」するタイプの本や記事や投稿ばかりが溢れることになる（書籍にもその傾向はある）。その「論破」が実際には動物倫理学に対する反論としては成立していなくても、大半の人はそれに気付くことができない。……わたしがブログで動物倫理学の考え方を紹介してきたのは、このような状況をすこしでも是正するためであった。とはいえ、現在では動物倫理学について紹介する書籍は数多く出版されているし、動物倫理に関するブログもちらほらと増えてきたので、以前よりも状況はよくなっているだろう。

動物倫理と同じく、ポリティカル・コレクトネスに関係する様々な考え方も、人の価値観や行動を批判して、「このように価値観を改めるべきだ」「このように行動すべきだ」などと指示するものである。ポリティカル・コレクトネスに関しては、その考え方を拒み続ける人たちもいまだに存在しているが、大半の人々は、多かれ少なかれ受け入れるようになっている。しかし、たとえば「インターセクショナリティ」や「白人特権／男性特権」や「マイクロ・アグレッション」など、ポリティカル・コレクトネスに関連する個別の考え方については、その前提となっている事実認識や分析枠組みなどに疑問を抱く余地がある。だが、基本的に、このような考え方に興味を持って紹介する人とは、もとからその考え方に親和性が高くて賛同的である人が多い。したがって、その考え方に対してなされている批判が紹介されたり、問題点や懸念点が提示されたりすることはほとんどないのだ。だから、わたしはポリティカル・コレクトネスの「発祥の地」であるアメリカの議論をいろいろと調べて、ポリティカル・コレクトネスに対する批判を紹介するブログ記事を書いてきた。

いずれにせよ、目指したのはバランスをとることだ。わたしが考えるところの「中庸」から世間の標準がズレていて一方の極に傾いているから、ブログを通じて読者を啓蒙することで、世間の標準を真ん中へとすこしでも戻らせる。……こういう風に書くと大層で傲慢であり、かつ無謀な試みのように思えるかもしれない。しかし、自分の意見や考えを文章にして発表している人であれば、多かれ少なかれわたしと同じような目標を持っているはずだろう。他人に文章を読ませるという営みの根本的な目的は、相手の価値観や考え方や感情になにかしらの影響を与えることにあるからだ。

というわけで、ブログと同じように、この本でも読者のみなさまを啓蒙することを目指した。

もちろんそう簡単にはいかないだろう。「ある章の議論には納得できたけれど、別の章の議論には納得できない」という読者もいれば「一章から最終章まですべて的外れでありなにひとつ賛同するところがなかった」という読者もいるはずだ。とはいえ、わたしの議論に感化されるところが僅かでもあれば、塵も積もって山となり、世の中に影響を生じさせることができるかもしれない。だから、ひとりでも多くの人にこの本を手に取ってもらえれば幸いである。

ベンジャミン・クリッツァー

著者について

ベンジャミン・クリッツァー
Benjamin Kritzer

１９８９年京都府生まれ。２０１４年に大学院（修士）を修了後、フリーターや会社員をしながら、ブログ「道徳的動物日記」を開始（２０２０年からは「the★映画日記」も開始）。批評家として、倫理学・心理学・社会運動など様々なトピックについての記事をブログやＷｅｂメディアに掲載。論考に「動物たちの未来は変えられるか？」（『ａｔプラス 思想と活動』32、太田出版、２０１７年）、「ポリティカル・コレクトネスの何が問題か　アメリカ社会にみる理性の後退」（『表現者クライテリオン』２０２１年５月号、啓文社書房）、「ウソと『めんどくささ』と道徳」（『ＵＳＯ３』、rn press、２０２１年）などがある。

犀の教室
Liberal Arts Lab

21世紀《せいき》の道徳《どうとく》
学問、功利主義、ジェンダー、幸福を考える

２０２１年12月10日　初版

著者　ベンジャミン・クリッツァー
発行者　株式会社晶文社
東京都千代田区神田神保町１-11　〒１０１-００５１
電話　０３-３５１８-４９４０（代表）・４９４２（編集）
ＵＲＬ　https://www.shobunsha.co.jp
印刷・製本　ベクトル印刷株式会社

ISBN978-4-7949-7283-5 Printed in Japan